长安与丝路文化传播学科创新引智基地资助项目

《史记》文化符号新论

齐效斌◎著

陕西师范大学出版总社

图书代号　　WX22N1069

图书在版编目(CIP)数据

《史记》文化符号新论／齐效斌著. —西安：陕西师范大学出版总社有限公司，2022.9
　　ISBN 978-7-5695-3093-3

　　Ⅰ.①史…　Ⅱ.①齐…　Ⅲ.①《史记》—研究
Ⅳ.①K204.2

中国版本图书馆 CIP 数据核字（2022）第 125251 号

《史记》文化符号新论
SHIJI WENHUA FUHAO XINLUN

齐效斌　著

责任编辑	冯新宏
责任校对	张俊胜
封面设计	金定华
出版发行	陕西师范大学出版总社
	（西安市长安南路 199 号　邮编 710062）
网　　址	http://www.snupg.com
经　　销	新华书店
印　　刷	西安市建明工贸有限责任公司
开　　本	787 mm×1092 mm　1/16
印　　张	14.25
插　　页	2
字　　数	230 千
版　　次	2022 年 9 月第 1 版
印　　次	2022 年 9 月第 1 次印刷
书　　号	ISBN 978-7-5695-3093-3
定　　价	58.00 元

读者购书、书店添货如发现印装质量问题，请与本社高等教育出版中心联系。
电话：(029)85303622（传真）　85307826

序

丁丑岁末,效斌送来了他的书稿《〈史记〉文化符号论》,嘱我为其写序。效斌从事《史记》的符号学研究很有些时日了,他发表的不少学术论文我都读过,留下了深刻的印象。当时我就认为,他从文化符号学的角度研究《史记》,不仅可以开拓出《史记》研究的新路子,而且对中西学的交汇互用也会积累下有借鉴意义的经验。现在,他把自己几年来精心研究的成果写成专著,有了较为完整的系统,读后越发令人耳目一新,的确是一本有较高学术价值的书。

效斌勤学好思。1969年他大学毕业,在那个动荡的年代里,尽管他受到诸多方面的干扰,可他始终没有忘记读书。从解放军农场锻炼归来,他便全身心地投入到教学中,一搞就是十余年。这期间,文学概论课数易教材却不能满足同学们的需要,更不适应发展迅速的现实,教与学两方面都强烈要求重新编写教材。效斌身处教学第一线,对此早有觉察,是时他已经在悄悄地钻研文化符号学的有关著作,并在课堂教学中运用其学理来分析和阐释文学作品,深受同学们的欢迎。当我们决定编写《文艺学导论》时,他欣然接受了"文学文本及其构成"的撰写任务。这是他在教材中首次运用符号学原理论述文学文本,对《史记》的符号学研究则是在此基础上的进一步深化与拓展。我之所以说他勤学好思,是有感于他在这十余年间学术行为呈现的如下特点:首先,他非常重视自己学术视野的拓展。改革开放以来,西学大量涌进,不少学人面对这种情况很是茫然了一阵子。效斌却不是这样,他意识到人文学者绝不能眼界狭窄,对自己尚不熟悉的西学,应当去认识而不是排斥。他就是本着这样的态度对20世纪

1

西方文艺学诸多学派的著作进行认真研读,结果并不是受了什么毒害,而是受益匪浅,使他能够多角度地审视自己的研究对象,学术视界大为扩展。其次,他能深入研究。有的学人喜欢趋时,什么时髦研究什么,结果"蝌蚪跟着鱼儿浪,浪得自己没了尾巴"。效斌在了解西方诸多文艺学学派理论的基础上,抓住符号学深入钻研下去,力求把它弄通搞精,并形成自己的见解和治学的方法,这就很不容易。再次,他潜心于中西学的互用研究,不做空头理论家,这本《〈史记〉文化符号论》即是明证。关于《史记》的研究,国内学界从史学与文学的角度对其进行探讨的成果是十分丰硕的。换一个角度看《史记》,学术上的出新自不待言,但能如效斌这样从文化符号学中提炼出一种方法,并把《史记》看作是历史符号与心灵符号的结合,是民族文化精神符号与作家主体精神符号的结合而进行研究的,却是首创。其价值绝不囿于《史记》研究领域,在中西文化的交融互补上,它更显示出自己独特的意义。出此成果者,怎能不是勤学好思之人呢?

《〈史记〉文化符号论》这本书,读者读了肯定会仁者见仁智者见智,但它关于《史记》的符号学特征及阐释、司马迁的思维逻辑与《史记》的符号空间、《史记》的叙事结构分析等篇章,还有作者关于《史记》典型人物独具己见的阐释,一定会让读者获得新的启迪,并从中体会到关于《史记》文化符号学研究的特色与方法。我相信效斌同志的这本书不仅会推动《史记》研究的进一步发展,而且有利于人们深入思考西方文化与文论同中国文化建设的关系,为寻找建设中国文论的新路径提供个案性的经验。

这是效斌同志的第一本学术专著,开始的这一步他走得坚定、实在,其良好的学风足以让人们有信心在可见的未来读到他新的学术著作。我们期待这一天的到来。

畅广元

1998年春节于陕西师范大学

第二版序言

  我的《〈史记〉文化符号论》这本小书,在一片赞扬声中,不知不觉走过了整整二十年。这二十年恰恰是中国学人或借鉴西方学术思想,开发中国学术智慧,或潜心于独创,标新立异,以至于形成智慧谷的一个大写的新时代。以《史记》研究为例,从一开始零散的研究论文,到后来的学术专著;从学术专著到后来的学术文库,可谓数不胜数。看来,学者翘首以待的"史记学"已经建构起来了。比较而言,自己深感带有"先锋"意味的《〈史记〉文化符号论》已经落后于这种势头。它在"史记学"研究的深度和广度两个方面都有所欠缺,因而亟待进行新的开拓。

  就广度而言,以往我们虽然承认《史记》是一部百科全书,几乎涉及人文社会科学的各个领域,但其主体仍然是文化哲学,即文本学、文化学。笔者并没有就文化学和文本学进行较为全面的阐述。就本书符号论的论旨,符号、篇章、文本实际上是包容与被包容的关系,倘若论题始于符号而又终于符号,肯定有失偏颇。

  就深度而言,拙著尽管厘清了"成一家之言"的"言"之所指,认为这里的"言"不仅具有名词功能,即有理论、思想的意思,而且有动词言说的意思。不过笔者并没有以此为契机,将《史记》如何言说,即叙事的模式、叙事的本质以及叙事话语的特征作具体阐释,而是仅仅点到为止。这一切,都牵扯到作为元叙事的《史记》在叙事学方面的贡献,但在第一版中,都是弱项,当然也是这次再版的意图之一。

此外,司马迁的思维方式和机遇思想也需要进一步精确化与系统化。

依照新的思路,我首先删掉了原版中第三章、第六章,增添了"《史记》文化形态学的建构与文化学的意义""文化符号域与太史公机遇思想的形成""'一分为三'的历史视域与太史公思维的深层结构"和"《史记》的叙事艺术分析"等四章内容。在《阅读典型》两章中,增添了《对话:千古一帝秦始皇》和《细读〈李斯列传〉——历史符号转换中的情节机制》两个小节。至于新观念、新方法,也尽可能体现在筛选之后各个章节的重修之中,而大部分章节标题虽然还是原来的,但内容已经有所置换。

有鉴于此,再版时,书名加一"新"字,改为《〈史记〉文化符号新论》,以区别原版《〈史记〉文化符号论》。

当然,需要补充的新内容不限于这些,再版也不可能穷尽一切,况且还有一些未知领域,需要再开发、再认识。

毋须讳言,《史记》自诞生之日起,就在研究的视野上,为我们开辟了广阔的空间。历代学人,从政治史、哲学史、思想史、精神史、科学史、经济发展史、文学史、美学史,以及法治史、教育史、堪舆学等方面钩沉索隐,潜心研究,积累了大量的历史资料,也为我们留下丰富的研修经验。这种风气即使在万马齐喑的20世纪70年代仍旧断断续续。20世纪90年代,又是百花齐放、百家争鸣的盛世,《史记》研究也迈上一个新台阶。而我恰恰有一套"文革"期间因"评法批儒"而购买的中华书局1959年版《史记》,现在正好派上用场,我欣喜若狂,便顺势搭上"史记学"这学术之舟。当然,研究的方法是结构主义符号学,这在文学界、历史学界毕竟是一个尝试,但我坚持了下来。功夫不负有心人。由于先前的积累及后来的努力,我的《〈史记〉文化符号论》终于在1998年出版了。不久,便得到积极的回应。首先是青年学者张新科教授将这一研究成果通过自己的论文推荐给学界同人,呼吁关注这种创新性研究。接着著名比较文学教授赵毅衡先生著文预言中国文学界、语言学界照此发展下去,有可能出现一个"形式主义转向"。此后著名符号学专家王铭玉教授在《中国符号学研究二十年》这篇长文中,肯定了我的研究思路及其影响。让我感到激动而又不安的是,西安某大学的一位教师,闻得此书已经出版,跑遍了整个西大街的书店,也未买到。于是,相识的不相识的同行学者都希望我重新出版这本书。当然,也有不同的声音,甚至有强烈的否定性声音。

所以,无论从哪一方面看,自己这本小书都有以崭新的面貌与读者再见面的必要。可以告慰学人的是,这些年来,本人一直笔耕不辍,心得体会屡见刊物,自认为在某些问题上已有新的研究。春种秋收,现在修订,正逢其时。本人如果能以修订后的《〈史记〉文化符号新论》为正在风行的《史记》研究向纵深发展提供可资参考的信息,并能继续得到同行专家的指教,便是最大的荣幸。

齐效斌
2020年秋月

目 录

导论：文化符号学的界定与《史记》文化符号新论的可能性 …………（1）

第一章 《史记》文化符号学的性质与特征 …………………………（12）
 一、两种思维的互渗性 ……………………………………………（13）
 二、所指优势与能指优势 …………………………………………（16）
 三、以诗运史的独特创造 …………………………………………（21）
 四、语言形式的审美追求 …………………………………………（24）

第二章 《史记》文化符号域的构造及其本体论维度 ………………（27）
 一、《史记》文化符号域的基本构成 ……………………………（27）
 二、《史记》的本体论维度与意识形态指向 ……………………（33）
 三、界限与突破：司马迁生存语义场的初步断想 ………………（38）

第三章 《史记》文化形态学的建构与文化学意义 …………………（46）
 一、文化形态学的界定 ……………………………………………（47）
 二、主流政治文化与非主流政治文化 ……………………………（48）
 三、浪漫传奇文化 …………………………………………………（51）
 四、悲剧文化（包括忧患意识文化）……………………………（55）
 五、喜剧文化、亚文化与乐感文化 ………………………………（59）

第四章　文化符号域与太史公机遇思想的形成 （63）
一、太史公机遇思想形成的历史文化背景 （63）
二、"愤发蜀汉,还定三秦":地缘性文化符号域 （68）
三、"著著在事外,步步在人前":时缘性文化符号域 （70）
四、"切近世,极人变":人缘性文化符号域 （72）
五、机遇性与预见性 （76）

第五章　"一分为三"的历史视域与太史公思维的深层结构 （79）
一、"成于三"是一个生成的、超越性的理论视域 （80）
二、"成于三"是一个呼吁新的社会动力的诉求 （82）
三、"成于三"是平衡和稳定社会结构的精神武器 （85）
四、"成于三"是重建历史哲学的"文化灵魂" （88）

第六章　发愤著书效应及其精神分析 （92）
一、发愤著书的社会成因 （93）
二、发愤著书的心理成因:性压抑的两次转移 （96）

第七章　道与司马迁的存在意识 （106）
一、作为儒家之道的生存意识 （107）
二、生存意识的觉醒 （109）
三、新的存在意识的基本内涵 （113）
四、存在之家的诗语归宿 （115）

第八章　《史记》的叙事艺术分析 （118）
一、《史记》的叙事类型与叙事本质 （118）
二、叙事话语与话语模式 （130）

第九章 阅读典型（上） ……………………………………（137）
    一、对话：千古一帝秦始皇 ………………………………（138）
    二、阅读视野嬗变中的《伯夷列传》 ……………………（143）
    三、两种不同文化符号域中的西楚霸王 …………………（150）

第十章 阅读典型（下） ……………………………………（162）
    四、忍：强者的哲学——以越王勾践、伍子胥为例 ……（162）
    五、隐：智者的哲学——以张良、范蠡为例 ……………（167）
    六、细读《李斯列传》——历史符号转换中的情节机制 …（173）

第十一章 《史记》的神话—原型研究 ……………………（182）
    一、《史记》中的神话类别 …………………………………（182）
    二、神话思维与司马迁的神话观念 ………………………（184）
    三、神话与语言 ……………………………………………（188）
    四、神话—原型阐释 ………………………………………（192）
    五、神话的功能类别 ………………………………………（197）

附录：《史记》研究方法论管见 ……………………………（202）

参考文献 ……………………………………………………（212）

致谢 …………………………………………………………（214）

导论:文化符号学的界定与《史记》文化符号新论的可能性

一

什么是符号？什么是符号学？这对于自然科学来说，也许并不十分重要，但对于人文社会科学尤其是文化研究来说，却是必要的。因为符号是意义的载体，也是文化的载体。在现代符号学理论中，符号一般被命名为某种事物的指代物，而用专门的术语表达，符号是其能指与所指的结合。"能指构成表达面，所指构成内容面。"这是法国符号学家巴尔特对符号的界定，学术界大多倾向于采用这一看法。以符号作为研究对象，或再具体一点说，凡是研究记号生成及其规律的科学皆称之为符号学。

卡西尔认为，人是符号的动物。符号是人类认识世界、掌握世界的一种方式。人类命运的符号学特点便是运用符号改善人类生活所涉及的一切方面，而且这种改善开始于人类自己。人有必要也有可能使自己以此与动物相区别。所以，人一生下来就注定与符号结下不解之缘。可以断定，人世间的一切文化产品都是以符号的形式创造出来的。当然反过来说，物质和精神的高度文明又促进符号的成熟与发展。可见，人类的文化知识和符号成熟的程度是相辅相成、互为因果的。这是符号学理论对马克思主义认识论的一个发展。

在谈到文化符号学时，人们往往以为它是符号学的一个分支，而且是人文社会科学领域最大的一个分支，属于部门符号学。不过，这仅仅是对文化符号学的狭义理解。而文化符号学广义的概念则是指以一切文化现象和文化思想为对象的研究学说。本著作所讲的文化符号学概念既是狭义的又是广义的：《史记》文本作为历史学研究的对象时，属于部门符号学研究，但《史记》是对汉以前的语言、神话等文化现象的反映，本身又是以语言符号构成的文本，因此，这里的文化符号学研究对象应界定为包括语言在内的文化与思想。这一点，既区别于不限于语言对象的符号学研究，同时又区别于对以"纯"语言为对象的研究。而且，人类的物质的精神的文化产品固然是文化现象的对应物，却未必是我们研究的对象。文化符号学的对象就是体现着文化精神的文化典籍，这样的文化典籍同时又是特定时代文化精神与语言等符号形式的结合，具有完整形式的文本。《史记》在体现这些特征方面当之无愧。尽管如此，笔者仍嫌论述面比较宽泛。按照《史记》文本的代码结构特征，我们选取的是体现文化思想的类型和结构，侧重于记号类型和结构意义的分析，使其不同于一般的思想文化研究。换言之，本著作研究的目标是《史记》文化内容面上的"表达面"的结构分析和"表达面"与"内容面"的关系分析，侧重于深层意蕴的阐发，尽量避免过分形式化。

以下就《史记》的文化符号学的研究方向、侧重点及相关观点作一简要介绍。

二

《史记》文化符号学研究的重点首先是它的本体论或本体结构特征，至于代码结构的探寻，应服从这一主题分析。代码结构源于特定的本体结构，并体现某一特定本体结构的特征。但我们这里主要讨论的是本体论。本体论是当代西方哲学中一个引人瞩目的概念。那么，什么是本体，什么又是本体论呢？所谓本体，指的是事物内部的属性、质的规定性和本源，一般与现象相对而言。本体论作为一个哲学范畴，意为关于存在、存在物的学说。《史记》的本体论在不太严格的意义上，有两层意思：第一，关于《史记》文本存在方式的研究；第二，关于《史记》所记真实历史的存在方式研究。这两个问题本属于同一个问题，但略有区别。以下我们在兼顾二者关系的同时侧重于针对前一个层面进行分析。

《史记》的本体究竟何在？如果简单地回答，就是以语言、形象、类型、神话意象以及相应的理性逻辑建构起来的五种体例，即本纪、表、书、世家、列传的组合体。"五体"由此成为《史记》文本的存在方式,同时语言文字又是《史记》所记真实历史的具体存在方式。这种方式以"体大虑周"的精确性、完整性孕育着一代又一代的历史学家,影响着一个又一个历史文本的诞生。人们终于在与世界文化典籍的比较中发现它是一个不可多得的文化类型、一个中国历史文化中极为系统的文本。我国著名的历史学家翦伯赞这样评价《史记》的系统性、完整性和超越性:

> 历史学在汉代,也是一种突出发展的学问。在汉以前,中国早已有记录历史的文献,如《尚书》《春秋》《国语》《战国策》《世本》和《楚汉春秋》等,惟此等史籍无论记言记事,皆简略散漫,断烂成书,一直到汉初,中国尚没有一部有系统的史书,因而也没有成为一种独立的学问。中国的历史学成为一门独立的学问,是从西汉时起,这种学问之开山祖师,是大史学家司马迁。
>
> (杨燕起、陈可青、赖长扬编:《历代名家评〈史记〉》,
> 北京师范大学出版社1986年版,第42页)

由于《史记》翔实、全面地反映了汉以前的历史文化,故是"中国社会第一部大规模的社会史"[①],也是百科全书式的文化史。

由此可见《史记》文化作为一种文化类型、精神文明类型,是其他史书无法比拟的。作为一种总体文化精神,其在现实生活中的存在和影响,也是其他文化文本不可企及的。这种影响既是多方面的、多层次的,同时也是整体性的。影响所及,既关涉后一代主体活动的物质生活,也关涉后一代主体活动的精神生活,即生活方式、交往方式以及思维方式等,故而成为后一代主体从事实践活动的基本前提和出发点。《史记》凸现的社会整体性理论对于推动人类历史进程的作用是其他文化理论不可替代的。然而,任何理论都不可能是"顶峰",《史记》也应当如是。当人们把社会整体理论从特定文化系统中剥离出来加以无限夸大使之抽象化的时候,尤其在研究整体性理论而忘却整体性理论赖以存在的现实基础(因为任何整体性理论都是特定社会的产物)的时候,就有可能将整体

---

① 杨燕起、陈可青、赖长扬编:《历代名家评〈史记〉》,北京师范大学出版社1986年版,第42页。

性理论凝固化、永恒化,制造出与之相关的种种神话。正是在这一点上,太史公的整体性理论相异于董仲舒的"天不变道亦不变"的整体性理论。从"史家之绝唱,无韵之离骚"的叙事效应讲,《史记》是科学文本与诗学文本的结合;从"见盛观衰""稽其成败兴坏之理""发愤以著述""成一家之言"的主体精神讲,它又是历史符号与心灵符号的结合。仔细阅读《史记》,当我们自得于无与伦比的情节描写的时候,确实能够感受到那诗一般语言表达出来的激情,感受到作者那鲜活生命的跃动,看到一个"我"的价值被肯定并为之积极创造的同时,也看到太史公对人生的痛苦反思和自我灵魂的不断拷问。毫无疑问,将人的生命加之在逻辑理性统摄的历史文本之中,必然使本体论的性质和观念产生位移。这样,人们就有可能由关注历史事实转为对人的生命、人的命运以及司马迁自身命运的关注。历史本体的这种特征必然自然而然地转化为历史文本的特征。由于历史本体的生命意识转化为历史文本的特征,《史记》的整体性才是一个活的变动不居的整体性存在。正像海德格尔所言"人,诗意地栖居"。这是《史记》文本给我们的最大启示,也是它与其他文本最大最根本的区别。

相形之下,汉儒董仲舒以"天不变道亦不变""王者有改制之名,无易道之实"思想建构起来的社会整体论却显得僵化而无生气。因为他忽视了人的作用,否定了人应有的主体地位和价值,甚至泯灭了人的种种欲望和需求。他虽然有自己的历史观念,但也不过是一个抽象的超越现实同时也超越历史的纯粹概念。按照他的历史观念,人在历史中的活动只能是被动地接受并服从"天人感应"即"人副天数""天与人副"的命运安排。其结果,只能是一个概念的对号入座的被认同的过程。可见,董氏的社会整体性理论是一个"死"的存在。于是,我们在这里看到两种整体论:前者是开放的整体论,它坚持整体性原则而又不否认个体、部分在社会整体形成中的贡献,不抹杀个体、部分在历史进程中的价值和作用。后者则是自足封闭的整体论,它坚持整体性,否认个体、部分在社会整体形成中的贡献,不承认个体、部分在历史进程中的价值和作用。他们的最大区别在于有无生命意识的灌注。司马迁通过《史记》体现出来的本体论构想显然基于他的整体论。因为他自始至终将社会历史看作一个不断发展、不断深化、不断完善的过程,而非一个定型化、凝固化、绝对化的重复演练过程。以此观之,司马迁赋予《史记》的哲学意味不仅仅是本体论的,而且还是认识论的。

这一结构特征决定并制约整个代码结构的个性和风貌。

三

以上所论已经证明,司马迁灌注的文化哲学是一个开放的哲学体系,其本体论也是一个具有现实意义与主体精神和生命哲学的本体论。这一本体论特征既决定了《史记》的代码结构特征,亦明确了"成一家之言"的所指范围。

据笔者所知,"成一家之言"是《史记》文本的一个标志性符号,因为它牵涉《史记》创作意图、作者的胸襟和抱负以及历史思维的新视点。故汉代以后,"成一家之言"的反复钩沉尤其为学人关注。

程金造认为,"读《史记》,不应遗其政理,而观其事迹。其一家言的政理,才是全书的灵魂"。①

张大可揣度司马迁初衷,认为"成一家之言"就是要独创一个思想体系。②

而白寿彝老先生则明确地指出,成一家之言就是要创立一个新的学派。③

既然太史公有赞同孔子"载之空言不如见诸行事深且著明"之论,学者就可以通过不同角度去接近那个无法直说的"一家言"。但上述比较流行的观点,都在"言什么"上,即在《史记》反映的内容上做文章,而无意中忽略了"如何言说"这一重要机趣,这当然是个漏洞。笔者认为,司马迁极有智慧地巧设了一个"阴在阳之内,不在阳之对"的机关,意在转移读者的视线。根据《词源》的解释,"言"的第一词性是动词——"说"以及如何说;第二词性才是名词——"说"的内容。我们平素所说的"一家之说"本身就包括说的方法。类似于与 langue 相对立的 parole。结构主义语言学的观念是"怎么说"比"说什么"还重要。结合这一思路来理解"究天人之际,通古今之变,成一家之言",其正确的解释应该是:在探究天人关系和古今之变的问题上,要创立一套独特的思想体系(认识论)。与之相匹配,还应当有一个独特的叙事方式(方法论)。以上三种看法虽然提及"言"的核心地位和作用,却未言出"言"的方法。既然这样,进入这一符

---

① 程金造:《论史记太史公一家言的实践》,1980年作,收入《史记管窥》,陕西人民出版社1985年版。
② 张大可:《试论司马迁的"一家之言"》,载《西北师院学报》1983年第3期。
③ 白寿彝:《说"成一家之言"》,载《历史研究》1984年第4期。

号域的方法论的"方法"不仅要在"言"的内容上做出新的思考,而且还要在"言"的形式上做出不同于以往的考证。其实,只要联系《太史公自序》中对各种学派方法论的比较,联系"发愤著书"与"微言讥讽,贬损当世"的意图,就不会怀疑我们这种分析的可靠性。那个被后人窥破的"寓论断于叙事"的春秋笔法,就是对"言"的方法论的一种解释,只不过是一种概括的、笼统的解释。如果进一步追问,很有可能出现与"说什么"极其相似的如鱼饮水、冷暖自知的言人人殊的景观。这就是说"说什么"也可以有不同的自我解释——一个方程式有多个解!例如在如何叙事、如何写人、如何组织安排神话与历史的关系等问题上肯定又有不同的理解。这些不同的理解方式肯定会影响"言"的内容的阐发。这样,选择如何去说的"言"便具有了元语言的性质。不同的是前者属于符号所指的深层,而后者则属于符号所指的表层。因为任何一个符号的所指都是由表层和深层两个层次组合而成:符号所指的表层涉及符号能指对所指的具体意向。这既是其对象自身的要求,也是符号在其文化符号域中确立自身位置、功能及语义的要求。符号所指的深层则涉及人对符号的认识和评价、选择与凝聚。简言之,前者确定的是符号自身的位置,后者确定的是符号的系统的位置。符号所指内部由此形成一定的张力。

系统质的规定性告诉我们,重视对《史记》方法论的研究是《史记》研究趋于深入的重要标志。因为"成一家之言"的代码含义在张力不断扩大的同时也在不断地丰富自己,而意义的不断丰富也在不断地扩展所指的张力。这种扩展一方面使其所述内容变得愈加清晰,逐渐贴近于真理;另一方面又会驱使能指发生某种意义上的转换,因此符号既是隐喻又是解喻,而方法论的探讨必然使这一互换式规律以未可穷尽之势持续下去。人类文化的不断丰富和增长就是以上述方式的不断展开为框架和基本前提的。苏联著名符号学专家劳特曼认为,俄国文化史上曾经出现过两类文化结构:中世纪型的文化结构与启蒙型的文化结构。中世纪型文化结构具有高度的符号学性质,把一切事物通约为意义的存在物。意义即存在的符号,意义又与价值观念相联系,由此便产生了把各种文化记号的表达与内容分为等级的问题。此外符号的价值学不仅受事物的价值影响,而且为内容与表达之间关系的某些定量特征所影响……从而断言,中世纪型文化中的表达面具有较强的可度量性(界限、物质性、大小等),内容面则比较松散,不可度量。同时在表达与内容之间具有很强的相似性,几乎每一个文本皆有可能被解释成比喻或象征(古代象征而非现代象征)。相反,启蒙型的思想方式强调的是自然的和非自然的原则。它认为物质世界是实在的,而记号与社会关系则是虚伪文明的产物。易言之,只有存在的东西才是真实的,一切"代表"或记号只是虚构物,因而不可能有形式与内容的一一对应关系。在这种文化环境中,文化代码的构成特点是自然与社会的严重对立。在中世纪型文化中,有 langue 无 parole,启蒙型文化造成了 langue 与 parole 的尖锐对立。

对照俄国文化中的两种类型,可以发现《史记》与其有着十分惊人的相似之处:从符号与现实的对应性上看,基本上属于中世纪型文化代码结构样式;从对言说方式的重视程度上看,又颇似启蒙型文化。同时存在 langue 与 parole 的尖锐对立。虽然每一事物、每一人物都有一定的社会价值,必定成为一种记号,但又存在非独立性的一面。例如对刘邦、吕后、张良等人的评价就反映了这一趋势。所以它不像中世纪型文化,反倒像启蒙型文化,属于一种早熟的文化类型。

四

拙作《〈史记〉文化符号论》是以文化符号学的方法进入这一新的研究视野的,但符号学的方法曾经遭受怀疑,甚至责难。在这里,笔者认为有必要对这一研究方法或学科可能产生的弊端进行适当的反思和批判,对人们因不理解此方法而产生的误解进行澄清,以便使《史记》在研究的方法上与方向上唤起学人更加自觉的意识。

第一,符号学的研究方法是否具有科学性?这个问题需要从两方面考察。其一,如何认识这一学科的地位和作用。在《符号学基础》(第六版)这本较有影响的著作中,作者约翰·迪利认为:"在人文社会科学中,符号学由于其研究涉及一切科学之母而十分独特,它同时揭示了历史在对于完整的理解的追求当中的中心地位。这种地位是通过超越个人见解而独立支撑着通识或者共同精神的文化代码得到揭示的;通识规定着语言(例如英语)、学科(例如物理学和文学批评)、亚文化(例如同性恋)、民族(例如以色列),而且最终规定着文明本身,以及埋藏于历史当中的将具备语言能力的同类的日常经验结构化的诠释的冲突链。"①甚至以往的思想、当前的科学和未来的文明统统可以纳入符号学的发展之中。于此可见,符号学是最具科学性的,因为它可以通识、沟通、统领一切科学,具有最高哲学意义的"科学性"。至于文化符号学,作为一种文化科学,已经证明自己尤其适合作为一种框架,用于分析符号、文本以及表意当代大众媒介所运用的实践。其二,如果从20世纪两大社会思潮的分野看,符号学的方法恰恰属于科学主义。但是这样理解反倒降低了它的"科学性"。何也?我们这里倡导的符号学理论及文化符号学并不限于流经20世纪30到70年代与结构主义相关联的符号学原理,也涵盖比较广义的符号学美学思潮和正在形成的符号论学科。作为结构主义的符号学思潮也许寿终正寝,但其作为一种思维方式和科学方法却方兴未艾。这一学科就是指人文科学在理性逻辑的压力下出现的全面"科学化",几乎一切人文科学话语都在经历一场精确化的革命。哲学、文学、历史、影视艺术等研究越来越具备科学学科的形态。符号学无论是作为一种思维方式或方法,还是一种学科领域,尤其是文化符号学,都是在这种方法论转换中涌现出来的新生事物。国外学者研究的结果证明,符号学在促使社会科学、人文科学话语的科学化、精确化,十分有效地遏制印象主义、主观主义批评的过程中,有着其他理论不可替代的作用。但中国现在人文社会科学阵地的学者未曾真正意识到这一"哥白尼式革命"的普遍意义。他们或者粗枝大叶地搬弄一些名词概念装潢门面,或者干脆予以抵制,现在反而指责全面理解、广泛深入从事符号学研究的学人,岂不令人遗憾?这种遵从科学精神的研究在当今的人文社会科学领域,尤其在历史、文学研究领域似乎刚刚开始,为此,我们对它的认识,尚需继续提高。

第二,符号学或文化符号学是否放之四海而皆准?是否适合于《史记》研究?这就是文化符号学在《史记》研究中的可行性问题。对于这样一个大问题,笔者也没有十分的把握。不过笔者坚信一点:凡是真正的科学,一切现象都应当是它的研究对象;凡是科学的方法或思想,一切对象皆可以从中找到适合自己的手段和方法。虽然符号学理论一开始形成于西方语言学界,但它是在利用

---

① 约翰·迪利:《符号学基础》(第六版),张祖建译,中国人民大学出版社2012年版,第108页。

导论：文化符号学的界定与《史记》文化符号新论的可能性

人类的共同资源中深入和完善进而成为显学的。真理无国界,学术也应该无国界。就像《史记》本身的命运一样:《史记》在中国,但《史记》研究却遍布海内外。从最狭义的角度讲,我们只不过利用文化符号学中的"文化逻辑学""普通语义学"的观点和方法来研究语言文字铸成的文化文本,何来杞人之忧？事实上,国内或国外的学人比我们某些好心的责难者更有学术勇气,思想更为解放。他们的理论建树已经或正在引起学界的关注。正如李幼蒸教授所言,文化符号学正在成为文化理论和比较文化理论的基本方法之一,其影响直接关乎东方文明传统现代化的问题。看起来继续争论符号学研究的适切性已属多余。至于《史记》研究本身,目前尚未堕落到"削足适履"的地步。就笔者自己的研究而言,目前选取的角度仅仅是典型(类型)学和普遍语义学。恰恰在这两个问题上,《史记》有着自己的独特性、创造性。倘若推而广之,对《史记》意义的研究也应属于广义的文化符号学范畴。也就是说,无论自觉地或不自觉地运用这种方法,只要积极主动地探讨司马迁在《史记》中创造的各种文化类型的意义、典型人物的意义,就是在实践文化符号学的方法论。可见符号学的研究并不神秘。其实,人类追求某种理想,本身就是一种意义的追寻。所谓意义,无非是人类在适应生存、追求幸福的基本需求之外执着地肯定自己、不断地提升自己、顽强地表达自己的理想和愿望的各种形式。所以人到底如何去生活就是人类一直追求的意义。或者说,人到底如何在生活的世界寻找自我,就是意义的彰显。同样的道理,司马迁"究天人之际,通古今之变,成一家之言"的抱负就是司马迁通过《史记》要表达进而实现的意义。所以自觉地以符号学或文化符号学的精神进行研究,只会有效地接近意义、发现意义,而不会背离意义、遮蔽意义。以此观之,文化符号学用之于《史记》研究实在是万幸而不是不幸。即使从中国文化符号的发展史来看,也是既有大量的符号现象可资研究,又有相应的符号学研究著述。例如春秋战国时期公孙龙的"白马非马"之辩、魏晋之际的"言意之辨"。所以,将西方的符号学或文化符号学理论与中国的符号学传统实行跨文化比较,肯定不是无的放矢,也不是附庸风雅,而是《史记》文化研究之所需。

第三,还有人发难:文化符号学尤其卡西尔的象征主义符号学有先验主义之嫌,大讲它的适切性,是否鼓吹了先验主义？其实,何止卡西尔的符号学理论,任何一种符号学在即将成为完善理论的同时,都有可能因失去感性色彩从而走向自己的反面。假如继续将之置于日益发展了的客观现实之上,就有可能流于先验主义,这关键在于我们作为研究主体的态度和方法。依笔者所见,任意一种符号观念的提出和运用,都是对传统理论,尤其是传统认识论的理性主义的超越。人类切近真理、把握真理的方法多种多样,科学、哲学是一种,历史学、文学艺术也是一种。但无论哪种方式,关键在于实践。通过实践发现真理,通过实践检验真理,是辩证唯物主义和历史唯物主义的基本态度和方法。正是基于这样一种认识,笔者始终坚持将文化符号学及一般的符号学原理同《史记》的具体构成因素结合起来加以讨论。例如"五体",它既是太史公的一个创造,又具有深刻的历史渊源。然而它一经诞生,就无意识地成为一个意识形态符号体系,就会不断地被人解释和再解释。之所以专列这一章,就是为了避免重犯俄国形式主义的历史性错误。笔者百思不得其解的是,为什么西方马克思主义对意识形态的热情远胜于中国学界的某些专家教授?这难道正常吗?一味鼓吹和崇拜西方马克思主义固然不足道,但远离政治意识形态却更加可悲!之所以这样申明,就是想表白《〈史记〉文化符号新论》的研究绝非纯而又纯如自然科学那样的"科学主义"研究。

第四,《〈史记〉文化符号新论》之所以具有人文科学的科学性,还在于它对"新"的科学方法进行了整合。众所周知,任何历史都是现代史。柯林武德则更进一步指出"一切历史都是思想史"。然而任何历史都不可能自说自话,它的意义、它的思想,都需要研究者进行具体解释,即进行阐释性话语的操作。这便是作者必须遵循的一个十分便利而又十分严肃谨慎的路径。不可否认,解释学自从传入中国以来,曾经起到"唤醒"传统文化中积极因素的作用,甚至作为继续引领文学、历史诸学科前行的新方法,目前仍旧具有其他方法不可替代的作用。然而由于历史和文学诸领域的复杂性,同行学者的急于求成,这种新方法难免有被误读误用之处。就解释学而言,既有方法论(传统的)的解释学,也有本体论的解释学。前者以施莱尔马赫、狄尔泰为代表,主张以消除误解达到正确客观的理解,因而又被称为客观解释学;后者以伽达默尔为代表,主张理解的本体论和历史性,强调理解向未来开放的无限可能性,故而又被称为主观性的解释学。显而易见,两者各有优长,亦各有短板。某些学者的误读误用皆在于各执一端,剑走偏锋。所以扬长避短、另辟蹊径才是正确的选择。在这里我比较赞

导论：文化符号学的界定与《史记》文化符号新论的可能性

同美国解释学专家赫施的见解：要达到对文本意义解释的妥当性即有效性，必须将伽达默尔放逐的作者原创意义召回。为此他提出一个十分响亮的口号——保卫作者。为了防止误解，他对文本的意义作了新的整合：文本意义实际上包含两个方面，即作者的原意（意思）和读者的自我阐释（意义）。意思是恒定不变的，而意义则变动不居。这种整合才是科学的方法。在过去发表的相关论文中，笔者也一直坚持这样一种意见：假若如伽达默尔那样，甚或如德里达那样，把意义的发现完全以读者的任意一次阅读作为准据，就有可能堕入凿空立意、非驴非马的语言游戏之中；如果意义真的永无定则，那么研究文本之意义有何意义？

总而言之，符号学从终极目的讲就是一种工具，一种解剖世界文化的工具学。虽然它已经从一般的工具学中浮出，成为一种抽象的存在，但仍然行使着工具的职能，所以既不能将其束之高阁，又不能使之教条化。符号学在实践中产生，也理应在实践中丰富和发展。解释就是一种实践。解释仍然在促进符号的生产和再生产，所有符号的发育都是解释和再解释的结果。只要这种解释是对施莱尔马赫式、海德格尔式和伽达默尔式的整合，就会从无限走向有限，达到意义的终端，经过无数次解释最终获得真理。《史记》的文化符号学研究本质上也是一种解释学的实践，而不是为文化符号学理论寻找依据或按图索骥式的实用主义。这样做有可能使《史记》的研究既学理化又不玄虚，想必对《史记》代码结构之谜的深度解构，对汉代以前的符号学思想史的梳理和总结，皆有一定裨益。

第一章 《史记》文化符号学的性质与特征

人类文化的符号形态大约有两种类型：一种是逻辑的文化符号，另一种是非逻辑的文化符号。逻辑的文化符号以技术性作为编排信息的基本原则，形成科学的或准科学的文化文本；非逻辑的文化符号以审美性作为编排信息的基本原则，形成审美的或准审美的文化文本。科学文化文本指哲学社会科学和自然科学；审美的文化文本指的是文学、音乐、舞蹈、戏剧、影视、雕塑等。两种编码原则必然形成两种不同的代码规则和符号功能。

众所周知，符号是信息的载体和传播者。符号所承载的信息是符号的所指，作为载体本身是符号的能指。一般地说，逻辑的文化符号是对科学知识的编排，传播的是指代性信息即实用性信息，其能指与所指基本上是对应的、统一的。而非逻辑的文化符号是对情感和想象、形象的加工与编码，传播的是非指代性信息。其所指与能指并不是完全对应的、十分统一的。像秦始皇、阿房宫作为表象的能指和作为表意概念的所指，永远是明确的对应关系，不可能产生理解上的两极分歧。谁也不会把秦始皇当作汉高祖去认同或批判，也没有人把阿房宫当作长生殿去联想。因为它的内涵是确定的或特指的。但是像白娘子、法海和尚、阿凡达、哈姆雷特等艺术符号，它的所指究竟是什么？恐怕一时难以说得十分清楚。这就是作为逻辑编码的科学文化与作为诗学编码的审美文化二者符号功能的差异。

毫无疑问，《史记》当属科学的文化文本。学者们一向认为，它作为一种历史文本，不仅在编年史方面，而且在传写人物、叙述故事情节方面都做到了惊人的精确描述,达到了高度的真实性。此外,学者们同样认为,《史记》又是一本不可多得的文学作品,一幅壮丽而悲凉的人生图画,甚至是一部史诗,具有较高的艺术价值,至今仍然是后世作家取之不尽、用之不竭的高级范本。实质上,《史记》并不是严格的科学文本,而是一种兼容科学和审美(理性和诗学)双重性质的而又偏重于诗学的文本。体现科学方面的特征自不待言,而偏重于诗学方面的特征和阐释原则主要表现在以下四个方面:①两种思维的互渗性;②所指优势与能指优势;③以诗运史的独特创造;④语言形式的审美追求。这四个方面我们依次展开。

一、两种思维的互渗性

历史思维按其反思历史的规律即"通古今之变"的意指就是一种抽象思维,而文学思维按其以情节和人物形象表现历史就应该是形象思维。相比较而言,文学的形象的思维即意象化思维比较自由——"意翻空而易奇",而抽象的历史的思维应该是理性的、不自由的。假如从"成一家之言"的抱负看,太史公又希望它是自由的、灵活多样的。既符合自己的修史目的,又暗合历史的真实性、规律性。因而不免融入幻想、想象、夸张等形象思维的成分,使两种思维形式在《史记》的创造中互参互照,并行不悖。其实只要反观一下中国历史典籍,这一思维方式几乎成了一条规律,在绝大多数历史典籍创作中作者都主动汲取形象思维,借重形象思维为其理论建设服务。这与中国人长于感性认识事物的传统不无关系。例如先秦诸子散文、历史散文,虽然以论辩为手段,以叙述历史事实为宗旨,但因形象化的话语和比喻充斥其中,便与严格的逻辑性很强的哲学论著迥然有别,《史记》更是如此。《史记》以人物为本体确定历史的坐标系,这就意味着不得不在陈述历史、抒发情怀的同时注意对人物的外貌、心理、行动、语言、性格以及思想作风作出具体刻画,而要完成这一工作,当然非形象思维莫属。如果说抽象思维运用的是概念符号,形象思维运用的便是形象符号。那么作者是如何调停两种思维之间的关系呢?依笔者之所见,假如按照"寓论断于叙事"的叙事策略,显然只能以形象思维为主,抽象的逻辑的思维为辅。以抽象思维制约形象思维,让形象思维永远置于辩证逻辑思维的统辖之下。但这样的理解又与"史家之绝唱,无韵之离骚"不大合拍。究竟如何确定它们的临界点?

为了不在理论上绕圈子,笔者直截了当地提出如下观点:历史思维是对历史现象的逻辑化整合,借以表达历史作者的史学观念、社会意识形态观念。而文学思维是对历史事实的想象性加工,借以表达的是艺术观念、审美意识形态观念。因而,《史记》的历史性思维根本不同于一般的文学思维。这里,只要联系太史公本人的立论标准——"考信于六艺"即可明白:他始终依据的界标是外在的理性原则。"考信于六艺"不只是个思想的标准,检验事实的标准,重要的还是论述的方法、思维方式参照的标准。一言以蔽之,《史记》的叙事逻辑就是"六艺"的逻辑;反之"六艺"的逻辑也是《史记》的书写逻辑,因为六艺是"王官之学"。而艺术化的形象思维却不然,从事思维科学和文艺理论研究的学人都知道,我们通常所说的逻辑性往往有两个含义:一是形象思维本身的逻辑性。这就是社会生活本身的逻辑和人物性格的逻辑。二是形象思维要受到抽象思维的指导和制约,从而具有了自己的逻辑性。不管此种观点正确与否,在历史思维面前都是一致的。因为创作中的逻辑性是渗透于形象之中而不是外在于形象的,它不必也不可能另外寻找一个逻辑,因此《史记》作为历史叙事的思维方式包括了文学的思维方式而又完全等同于纯而又纯的文学性的思维方式。由于它传播的是历史的知识,而"一切的历史,都是在历史学家自己的心灵中重演过去的思想"[1]。就是说,历史学家的研究志趣在于发掘历史事实或历史文本中的各种思想。而要做到这一点,唯一的办法就是在他自己的心灵中重新思考他们。他"不仅重演过去的思想,而且要在自己的知识结构中重演它;因为在重演它时,也就评判了它,并形成他的价值判断"[2]。这正是一般科学的思维方法,即从具体到抽象的思想方法而不是纯而又纯的意象主义思维方法。因此司马迁的《史记》虽然以人物为中心,但并不是为塑造典型而去描写他们,而是为书写他们的真实历史描写他们。之所以改变编年史的传统写作模式,并非对人物的故事感兴趣,而是对人物特殊命运背后的历史境遇、历史意味感兴趣。易言之,文学书写和历史书写都在描写历史人物,目的却迥然有别:文学家将自己的心灵寄寓人物,是为了让人物迸发出情感的力量、艺术的力量;史学家将自己的心灵寄寓

---

[1] 柯林武德:《历史的观念》,何兆武、张文杰译,商务印书馆1997年版,第303页。
[2] 柯林武德:《历史的观念》,何兆武、张文杰译,商务印书馆1997年版,第303页。

人物,却是为了让人物迸发出理性的力量、真理的力量。当然持这种看法并不意味《史记》叙事中的人物完全是概念化的,反倒是有血有肉的、活生生的"这一个"。由于"形象大于思想"意义的超越性,往往又有可能使人暂时忘却特定的历史环境而将人物和情节置于前景,所以在《史记》这种特殊的文本之中,有些人物是特指的,又不完全是特指的。之所以说他们是特指的,是因为每一个主要人物都是非虚构的历史上的实存人物;之所以说他们是非特指的,是因为他们"用人物来做一种现象的反影,并不是来替一个人作起居注"[①]。这样一来,他们就自然而然地来到我们的生活之中,影响着我们习惯性的认知方式。从接受美学的角度讲,太史公塑造的典型人物在历史的演变中发生了位移,产生了意想不到的社会作用。淮阴侯韩信,尽管政治上有起有伏,细节和情节描写都在证明他是一个真实可信、忠心耿耿的平民英雄,但他同样未能逃脱"飞鸟尽,良弓藏;狡兔死,走狗烹;敌国破,谋臣亡"的噩运。所以人们在惋惜他的遭遇的同时,过于老诚而无权变之术的淮阴侯就成为这一类人的符号。"荆轲刺秦"歌颂的是另外一种英雄,其故事情节简单得不能再简单。由于它演绎了中国历史上那些"士为知己者死"以及复仇主义主题,满足了某些人的期待心理,所以虽然违背了历史理性,但却成为超越时代的英雄符号。不过在太史公的笔下,真正称之为典型的人物还是比较复杂的,我们仅举了一个方面或主要方面。实际上每一个典型都是一个既矛盾又统一的丰富复杂世界,其符号意义几乎都有不确指的一面。例如《史记》中最具有典型性的人物之一刘邦,我们既可以将他看作一个真龙天子,又可以看作一个平民;既可以看作一个正人君子,又可以看作一个流氓无赖;既可以看作一个叱咤风云的英雄,又可以看作一个懦弱无能的市井细民。他聪明以至狡猾到了极处,而愚昧以至麻木也到了极处。这些都说明,《史记》中的典型或类型化的人物,既是特指的,又是泛指的。他们既是历史上的某某,又可以是现实生活中的某种观念或某种精神,具有举一反三的引申意义。

[①] 梁启超:《中国历史研究法补编》,商务印书馆1934年版,第34页。

二、所指优势与能指优势

上述的人物符号学特征按理说也是一种所指优势,但如果从语言符号学这一基础理论出发,还有更内在更深刻的所指优势。

1. 召唤性结构

德国现代美学家认为,任何一部优秀的文学文本都有一种召唤读者阅读的结构性机制。因为任何文本都需要读者阅读的现实化。而现实化的内在因素乃是文本本身的空白或空缺。此外,作品句子结构的有限性和意向性关联物只是一种图式化的东西,要使这些不连贯的图式化东西成为一个完备的整体,就需要读者以自己的艺术经验和生活经验进行想象性加工。如此一来,在读者的积极参与下,文本就成了真正意义上的作品。《史记》文本中这类现象触目皆是。这同样是由文学性的意向性决定的。但我们这里所讲的召唤性结构指的是符号或文本因能指的残缺、错误而留下来的不完备,从而引发一代又一代历史学家的补充和修正。姑且不论这些补充和修正是否正确、妥切。如前所述,一个符号具有能指和所指两个方面,其所指的概念或意义是由能指负载的,如果符号的能指受到损害,所指就会相应地出现遗漏、畸变、含混、歧义等,因而对其进行补充和修正是完全正确的、非常必要的。从目的性上来说,这一做法属于一种逻辑编码;但从具体的操作规程看,又是一种不自觉的或下意识的、迫不得已的诗学编码,故是一种不规则的编码。所谓续写、补充和考订,是历史学家根据自己的学养、经验以及想象进行填补或修正,也许他的本意是接近历史事实,而非远离历史事实,但是由于他的想象,哪怕是有事实根据的想象,一旦将自己的理解和看法添加上去,就会形成另一个事实上的文本,出现类似在句子的纵聚合轴上可供选择的两个或两个以上的材料和观点。那么读者就会肯定一个或一种,否定或舍弃一大群。如果持续不断地修正、增补,就会给读者授以更大的选择权利,从而无形扩大文本的信息量。但总体来说,读者的态度无非有两种:个别性态度与整体性态度。所谓个别性态度,也可以称作微观式观照,就是过于纠缠个别事件的真实性、适切性与可行性。如对某一具体事件,一个修正者提出 A,另一个修正者则反其道提出 B,对原事实进行新的补充或修正。那么只要这两项的提出者坚持实证主义精神,具有充分的理论依据和事实依据,读者既可以选择 A,亦可以选择 B。如对司马迁生年的考证,一说是公元前 135 年,一说是公元前 145 年,假若持后一种观点,因为相差十年,便可以在司马迁与汉武帝的关系上做另外一些文章。这种选择的最大优越性是证实了《史记》细节的真实性。所谓整体性态度,也可以称之为宏观性态度。它不拘泥于某一事件本身真实与否,而是从整体上看司马迁对待某个人物的态度与司马迁历史哲学的关系,从而判定其存在的必要性和可能性。如对屈原是否存在的争论,《屈原贾生列传》有关情节和事实的评议是否是淮南王语,是有意录入还是无意窜入等的争论。假使联系太史公欲借此"抒发一肚皮愤懑牢骚之气",也就不会纠缠于那些具体的细节争论了。两种态度的差别在于,前者就具体的事实进行辨析,后者就历史理性进行判断;前者的视角在文本以内,后者的视角却在文本之外。所谓"横看成岭侧成峰,远近高低各不同。不识庐山真面目,只缘身在此山中",只是境界不同而已。南宋史学家王楙对此种现象颇为感慨:"或问《新唐书》与《史记》所以异? 余告之曰:'不辨可也。'《唐书》如近世许道宁辈画山水,是真画也。太史公如郭忠恕画天外数峰,略有笔墨,然使人见而信服者,在笔墨之外也。"①

2. 矛盾性结构

这里所说的矛盾,并非班固或今人所批评的那种在书写客观事实方面存在的"疏漏""抵牾"一类错误,而是指司马迁为了抒发本人曲折的思想而有意留下来的隐情和言不由衷等表面上的矛盾现象。今人靳德峻认为:"史公之修《史记》,原欲续周、孔之业,法《春秋》,寓褒贬,示一己之意,垂后世而为一家之言也。然先代褒贬,诚无所讳而于汉时之君相,岂敢放笔直书,明知褒贬乎? 故不得不隐寓而微其词也。《匈奴列传》曰:'孔子著《春秋》……而罔褒,忌讳之词也。'是史公笔法,亦有所本也,其法可分为三:①错议他人以寓微词者,②用反写法以寓微词者,③引他人语以寓微词者。"②靳德峻所说的虽然是一种笔法或修辞手段,但从符号之间的相关性看,至少造成能指即表达上的矛盾,从而引发

---

① 杨燕起、陈可青、赖长扬编:《历代名家评〈史记〉》,北京师范大学出版社 1986 年版,第 201 页。

② 杨燕起、陈可青、赖长扬编:《历代名家评〈史记〉》,北京师范大学出版社 1986 年版,第 220 页。

理解上的分歧。

(1) 错议他人以寓微词

错议指不正确地评议某一人物的思想和行为，将人物的功讥为过，或者将人物的过誉为功。作者之所以如此漫不经心，并非"糊涂"，而是为了假意掩饰不好直截了当说出来的观点。韩信即是一例。《淮阴侯列传》较为详尽地叙述了韩信由"谋反"到被诱杀的全过程，但作者对悲剧人物"谋反"的思想和行为表现得比较隐晦，初读这部传记时似乎不觉得有自相矛盾之处。"赞"曰："假令韩信学道谦让，不伐己功，不矜其能，则庶几哉，于汉家勋可以比周、召、太公之徒后世血食矣。不务此出，而天下已集，乃谋叛逆，夷灭宗族，不亦宜乎！"好像认同韩信确有谋反之意，被汉王及吕后诱杀理所当然。然而仔细阅读该列传之后，发现有几处未可解之矛盾。其一，韩信虽然甘受胯下之辱，但那是在未发迹之时，当他起兵反秦之后，拥兵自重心性高傲，羞于与无能之辈为伍，何以会对陈豨倾吐肺腑之言？况且二人之间的对话，外人何以知晓？此其不可信之一。其二，当初韩信身任大将军掌握几十万重兵，完全有机会反叛汉王另立山头，甚至刘邦一而再、再而三地"收其精兵""夺其印符"，却仍然对汉王刘邦深信不疑，不肯"乡利倍义"。何苦天下安定之后，在一无机会二无兵权的不利情况之下，反而去"图天下"？不是疯人呓语，便是热昏胡话。此其不可信之二。既然不可信，司马迁为何有意模糊、模棱两可其反叛之意？对此，清代学者李景星作过经典性的解释：

> 《淮阴侯传》，有正笔，有特笔。叙淮阴计划及其成功，此正写也，虽说得淋漓尽致，犹在人意想之中。叙武陟（当为涉）之说淮阴，蒯通之说淮阴，则以最鲜明最痛快之笔出之，叙淮阴教陈豨反汉，则以隐约之笔出之，正以明淮阴之不反，而絜手避左右云云，乃当时罗织之词，非事实也。又恐后人误以为真，更以蒯通对高祖语，安置于传末，而曰竖子不用臣之策，故令自夷如此，夫曰"不用"，曰"自夷"，则淮阴之心迹明矣。凡此，皆所谓特笔也。至于淮阴失处，在请为假王，与后来绛、灌为列，故传亦不为之讳。而赞语"学道谦让"数句责淮阴处，似愚而实正，即起淮阴质之，亦应无可质对。"天下已集，乃谋叛逆"，与《绛侯世家》"不以此时反"数句同意，出处含蓄，更觉佳妙。

(杨燕起、陈可青、赖长扬编:《历代名家评〈史记〉》,
北京师范大学出版社1986年版,第644页)

关于太史公的笔法,有清一代学人邱逢年概括为八个字:"阳以成案,阴白其冤。"就是说虽然表面上已成定论,实质上却要为其申述冤情,目的是通过无法自圆其说的叙述性话语吐露出内在委屈的真情,从而让读者否定前说。正面说非,反面说是。在一反一正的矛盾性能指中泄露出否定性意图。

(2)用反写法以寓微词

反写法从某种意义上讲,也是一种反讽叙事手法的运用。其实从广义的反讽叙事角度看,整个《史记》都可以称之为反讽式叙事。正如章学诚所言,"《骚》与《史》,皆深于《诗》者也。言婉多风,皆不背于名教,而梏于文者不辨也"。[①] 可见《史记》传承的是"风雅比兴"的优良传统。这里我们仅举两例予以证明。匈奴是长期活跃在西北一带战斗力极强的少数民族部落。他们的存在与发展,一直影响着汉帝国和中原人民的生产和生活。如何处置汉帝国与匈奴的关系,也一直是历代汉王最为棘手的矛盾。从汉文帝开始,采取的就是和亲的方针。在《匈奴列传》中,老上稽粥单于刚刚即位,文帝欲派遣宗室女公主作为阏氏身份去和亲,又派中行说辅佐。但中行说不愿意去北地,并且扬言,如果派他去势必成为祸害。果然,中行说一去便投降了匈奴。"说教单于左右疏记,以计课其人众畜物""令单于遗汉书以尺二寸牍,及印封皆令广长大,倨傲其词",虽然也有汉吏批驳匈奴"贱老",但中行说却极尽丑化之能事,将汉朝的伦理道德观念贬低得一无是处,进而教单于如何攻击汉朝的薄弱环节,以求自保。

此后贰师将军李广利讨伐右贤王于天山,然而"匈奴大围贰师将军,几不脱"。两年后又派李广利率六万骑,十万步兵,出击朔方。但是当他听到"其家以蛊惑族灭""并众降匈奴"。这些过失,当然不完全由个人负责,责任在于当朝皇帝汉武帝。由于他用人不当,不能选择贤能,故而造成帝国的巨大损失。但在具体陈述中,却相当地曲折委婉,不露声色。

对卫青家族的讥讽亦是如此。如果说,《匈奴列传》中关于卫青的叙事仅仅是个序幕,那么在《卫将军骠骑列传》中便是高潮。文中这样评价卫青:"大将军

---

① 李秋媛主编:《文史英华·史论卷》,湖南人民出版社2000年版,第272页。

为人仁善退让,以和柔自媚于上。"文末又说:"自卫氏兴,大将军青首封,其后枝属为五侯,凡二十四岁而五侯尽夺,卫氏无为侯者。"原因何在?谁都知道,卫青的功劳并非一人之力,而卫氏一门的显赫也是依靠作为汉武帝皇后的卫子夫的枕头风。"赞"则稍进一步:"世俗之言匈奴者,患其一时之权,而务谄纳其说,以便偏指,不参彼己;将率席中国之大,气愤,人主因以决策,是以建功不深。……且欲兴圣统,惟在择任将相哉!惟在择任将相哉!"茅顺甫曰:"太史公甚不满武帝穷兵匈奴事,特不敢深论,而托言择将相,其旨微矣。"①司马迁虽然并未明示,亦未着一字加以评论,然而对汉武帝讥讽之意呼之欲出。

《佞幸列传》风格迥异于其前篇,一反前篇内敛平实之风。看似漫不经心,泛泛而论,突然笔锋一转,偏偏提到"内宠嬖臣大抵外戚之家,然不足数也。卫青、霍去病亦以外戚贵幸,然颇用财能自进"。今人孙月峰指出:"神色仪态亦颇具,造语多工。鄙贱之意,虽百世可知也。"②表面上看,司马迁并未深加责难与讥讽,反而称赞其是难得的将帅之才,但其笔锋意指仍在《卫将军骠骑列传》之中,乃在讥讽汉武帝的用人政策,与前篇有异曲同工之妙。

(3)引他人语以寓微词

所谓引他人语,就是说借用别人或者传主的评判表明作者的观点与态度。白起是秦国最有名的大将之一,他一生为秦国屡建功勋,不幸的是却遭到范雎等人的诬陷,最终被迫自杀。临死前他质问:"我何罪于天而至此哉?"过了一会儿又说,"我固当死。长平之战,赵卒降者数十万人,我诈而尽坑之,是足以死",遂自杀。若以杀人的多寡论处,似乎罪有应得。与其相类似的还有飞将军李广。李广与匈奴交战十余次,部下封侯拜相者多人,唯独他自己却得不到封爵和封地。他与星象家王朔说:"自汉击匈奴而广未尝不在其中,而诸部校尉以下,才能不及中人,然以击胡军功取侯者数十人,而广不为后人,然无尺寸之功以得封邑者,何也?岂吾相不当侯邪?且固命也?"朔曰:"将军自念,岂尝有所恨乎?"李广曰:"吾尝为陇西守,羌尝反,吾诱而降,降者八百余人,吾诈而同日杀之,至今大恨独此耳。"王朔曰:"祸莫大于降,此乃将军所以不得侯者也。"奇

---

① 沈国元辑:《史记论赞》,陕西师范大学出版总社2015年版,第321—322页。
② 沈国元辑:《史记论赞》,陕西师范大学出版总社2015年版,第336页。

怪的是,司马迁在"赞"中对白起、李广二人的功绩都做了充分肯定,对二人的气量和品行也都给予高度赞扬。如此一来,二人的自谦或忏悔岂不与司马迁的盖棺定论产生矛盾?如果不认为是矛盾,这两段话到底该作何理解?笔者认为,白起和李广无可奈何的检讨和忏悔在二人的传略中,并不占主要地位,也不可能因为杀降兵而全盘否定他们一生的功劳;即使以杀降兵论罪,那也不是古人的观念而是现代人的观念。如此推断,上述两段话即是反语。它们的深层意思恰恰相反:既然有如此大的功劳,为什么还给我不公平的待遇呢?所以借机表功是真,检讨或忏悔是假。这样理解,自然与司马迁的评价完全一致而没有任何分歧了。范文澜先生断言:"史迁为纪传之祖,发愤著书,辞多寄托。景、武之世,尤著微词,彼本自成一家言,体史而义《诗》,贵能言志云耳。"[①]其意思是,《史记》与《诗》的功能可以媲美,诗言志,史亦可以言志。太史公的三种笔法或书法就是言志抒情的代码。这种代码毫无疑问属于美学编码所允许的那种编码规则编辑出来的,它对信息的处理原则显然有别于逻辑编码规则。代码或文本经过逻辑编码的情感是外露的、无法掩饰的,而诗学编码的情感信息却是藏而不露、耐人寻味的。

从以上所论可以看出,由召唤性结构、矛盾性结构以及两种思维方式的渗透这三个方面,构成《史记》文本之所以成为偏于诗学编码能指方面的优势。这种优势不是出自语言文字符号本身,而是出自由语言文字代码组合起来的意义单元,各种不同的意义单元组合起来的文本容纳了多层次、多方面的信息,从而具有了多重意义。一个文本包含有多重意义,这又形成文本的所指优势,其结果必然造成代码的不稳定。因为它在本质上是一种不完全编码即不按照法定的规则来编码,因此不同于纯逻辑编码形成的科学文本。这种文本或者代码就有可能随着时间、空间的变化而变化。然而不完全编码反而会因此比完全编码发挥更大的召唤作用,动员更多的读者参与解码活动。

三、以诗运史的独特创造

时至今日,学人们仍然在争论:《史记》到底是历史文本还是文学文本?而

[①] 范文澜:《文心雕龙注》卷四,人民文学出版社1958年版,第283页。

鲁迅先生的"史家之绝唱,无韵之离骚"并没有平息争端,反倒给争论的双方以更为充足的理由,使他们的分歧更大了。鲁迅的见解高屋建瓴,可谓经典,至今无出其右者,关键是我们究竟怎样理解才能将二者真正地结合在一起。在这一点上,笔者非常赞同范文澜先生的意见:《史记》作为一种独特的书写体例,是"体史而义诗"。按照笔者的理解,这在表现形式上又可以叫作"以诗运史"。如果说司马迁在创作《史记》时有什么秘诀的话,这大概就是他的创作秘诀。解开了这个秘密,《史记》的审美理想与构造原则也就真相大白了。

太史公为什么要写一个并不完全实存的屈原,又为什么大力弘扬屈原首创的骚体诗歌,并把它推及与诗并重具有极高美学价值的高度?一个流行的观点认为,司马迁与屈原遭遇相似,命运相连,忠而见疑,信而被谤,精神相通,人格与同。司马迁也具有屈原那样的情志和远大的抱负,为了理想的实现,不惜"路漫漫其修远",立志"上下而求索"。不过两人的性格差异也是显而易见的。比较而言,屈原过于自恋,而且自我感觉分外良好。这是一个缺点也可能是其优点,这个优点对于张扬自我理想,实现梦寐以求的诗化人生,创造独特的骚体语境,起到积极的关键性作用,乃至成为太史公美学思想的主要来源。用李泽厚先生的话来形容,楚文化"实为司马迁之先祖"。实际上,这个英雄形象是太史公参考了刘安的《离骚传》,并依照《离骚》中抒情主人公的形象想象塑造而成的。现在略举几例予以说明。

《列传》之一:屈平"博闻强志"。而《离骚》云:"纷吾既有此内美兮,又重之以修能。扈江离与辟芷兮,纫秋兰以为佩。""朝搴陂之木兰兮,夕揽洲之宿莽。"

《列传》之二:屈平"明于治乱"。《离骚》云:"不抚壮而弃秽兮,何不改乎此度也。乘骐骥以驰骋兮,来吾道夫先路。""昔三后之纯粹兮,固众芳之所在。""彼尧舜之耿介兮,既遵道而得路。何桀纣之猖披兮,夫惟捷径以窘步。""启《九辨》与《九歌》兮,夏康娱以自纵。不顾难以图后兮,五子用失乎家巷。羿淫游以佚畋兮,又好射夫封狐;固乱流其鲜终兮,浞又贪夫厥家。浇身被服强圉兮,纵欲而不忍;日康娱而自忘兮,厥首用夫颠陨。夏桀之常违兮,乃遂焉而逢殃。后辛之菹醢兮,殷宗用而不长。汤禹俨而祗敬兮,周论道而莫差;举贤而授能兮,循绳墨而不颇。皇天无私阿兮,览民德而错辅。夫维圣哲以茂行兮,苟得用此下土。"这些都是屈平"明于治乱"的依据。

《列传》之三："入则与王图议国事，以出号令""王甚任之""怀王使屈原造为宪令"。《离骚》云："初既与余成言兮，后悔遁而有他"，与其成为互证。而《九章·惜往日》则更为明确："惜往日之曾信兮，受命诏以昭诗，奉先功以照下兮，明法度之嫌疑；国富强而法立兮，属贞臣而日娭，秘密事之载心兮，虽过失犹弗治。"作者的家国情怀于此可见一斑。

《列传》之四："上官大夫与之同列，争宠而欲害其能。""王怒而疏屈平。""怀王以不知忠臣之分，故内惑于郑袖，外欺于张仪，疏屈平而信上官大夫、令尹子兰。"《离骚》则有"众女嫉余之蛾眉兮，谣诼谓余以善淫""羌内恕己以量人兮，各兴心而嫉妒""世溷浊而不分兮，好蔽美而嫉妒"。《九章·惜往日》同样有所感悟："心纯庞而不泄兮，遭谗人而嫉之。君含怒而待臣兮，不清澄其然否。彼晦君之聪明兮，虚惑误又一欺。弗参验以考实兮，远迁臣而弗思。"

以上所述便是《屈原列传》本源于《离骚》的部分根据，虽然有限，但也能说明问题，因而不再赘述。

我们比较《屈原列传》与《离骚》之间的影响关系有什么意义呢？当然是为了肯定屈原的存在性，但又不尽然。因为一直以来不断有人质疑屈原的真实性，认为《屈原列传》中的许多事迹来源于刘安的《离骚传》，甚至是直接抄袭。而刘安也是对屈原的遭际感同身受、抱有极大同情心的人。如果我们对屈原的思想和行为本源于《离骚》的观点予以认同，甚至用《离骚》确认屈原，证明屈原是一个备受打击排挤的爱国主义诗人；反过来，又用一个带有多重悬疑的屈原证明《离骚》是一部爱国主义的悲歌，这自然批驳了否定论者的无理指责。但是问题远非如此简单，司马迁在战国之后的一百多年间"寻找"这位英雄就已经勉为其难，我们今天操作演绎的互证并以此作为列传更加翔实的根据是否更冒风险？简言之，屈原因《离骚》而存在，《离骚》因屈原而更有历史底蕴的这种"互证法"，似乎肯定的不是挺立在历史风云中的屈原，而是游弋在《离骚》中的艺术化的屈原。即便如此，笔者所关心的尚不是历史上的屈原，或者并不完备的《屈原列传》中的屈原；而关切的是司马迁心目中想象中的屈原，一个形象化的文学作品塑造的屈原。

大概是太史公想要通过屈原这一形象体现自己的历史观念，而历史观念的形成又离不开《离骚》的纠缠。这样一来司马迁的叙事策略——以诗运史或者如范文澜先生所说的"体史而义诗"的秘诀也便由之公开。抒情言志的《离骚》融入不太完备的屈原传，诗体的传记便应运而生。诗不仅佐证了历史甚至超越了历史，使《史记》成为一种新的历史诗学。正像亚里士多德所洞见的那样，诗比史更能反映历史的真实性、理性和逻辑性。诗就是史的意义所在，故而我们又可以说，《离骚》既捧红了屈原，又成就了司马迁，使《屈原列传》成为一种情感特殊的历史文本；《离骚》既发扬了《诗》美刺比兴的传统，又推进了汉代以后诗歌的多元化发展，并且在形式的创造上达到一个巅峰，使独领风骚的楚辞在中国诗歌发展史上成为一个不可企及的范本。这一切都毫无疑问地将《离骚》精神发扬光大并作为太史公创造诗学话语的目标。

四、语言形式的审美追求

从能指与所指的优势比较来看，能指的优势还体现在语言的形式美中。语言的形式美又体现在两个方面：语音美和语形美。这是创造历史诗学的具体实践。

1. 诗韵化的语音符号

《史记》虽然是叙事性文本而不是诗体文本，但是语音的音乐美仍然比较显著。一方面它借用了诗体文本的一些表现手段，如节奏、韵律等，增强了可读性。如《滑稽列传》写淳于髡对齐威王讲为什么饮一石酒方可醉时，有这样一段话：

若乃州闾之会，男女杂坐，行酒稽留，六博投壶，相引为曹，握手无罚，日暮酒阑，目眙不禁，前有堕珥，后有遗簪，髡窃此乐，饮可八斗而醉二参。合尊促坐，男女同席，履舄交错，杯盘狼藉，堂上烛灭，主人留髡而送客，罗襦襟解，微闻乡泽，当此之时，髡心最欢，能饮一石。

（司马迁：《史记》，中华书局1959年版，第3199页）

这段话实际上是一篇押韵的散文诗。由于读起来朗朗上口，故能造成能指优势。类似的例子在《日者列传》等文本中也时有出现。至于像《司马相如列传》中的大赋，更是标准式的韵文。

另一方面，主题歌的运用。主题歌指主要人物或者曾经产生过重大影响的一类人物，在其传记中都有一曲与主人公命运相匹配的歌谣或插曲。如《项羽本纪》中的"垓下歌"、《高祖本纪》中的"大风歌"、《留侯世家》中的"鸿鹄歌"、《刺客列传》中的"易水歌"。这些歌谣一般出现在故事情节发展的高潮阶段，人物命运的关键时刻。它们或烘托环境，或刻画人物心理，或点化文本主题，起到了一般散文叙事不可替代的震撼作用。主题歌运用，灌注了生命的活力，强化了文本的抒情气氛，使历史语言变成可与现代人心灵实行对话的语言，具有自己的本体论地位。所以，某些传记的具体事件可能被人遗忘了，但这些歌谣却能代代相传。只要人们一吟唱这些歌谣，那些叱咤风云的人物就会在头脑中活跃起来。《史记》中的某些历史人物之所以传之不朽，与主题歌的创造和传播有很大关系。

2. 语言形式的修辞格

《史记》中的人物传记，不但语音美，而且语形也美。这主要表现在对仗、排比、反复等修辞手法的运用上。如《留侯世家》中张良为汉王划策，与汉王一问一答即八个"未能"和八个"不可"所形成的对话，就是以排比的形式结构起来的。《魏世家》《平原君列传》也大量地运用了反复或重叠。相比较而言，《司马相如列传》在语形美的创造方面更是一个典范。由于太史公为相如作传"特爱其文赋"，所以不惜笔墨收录司马相如作品多达七篇，其中《天子游猎赋》长达数千字，致使该列传成为《史记》载文最多、篇幅最长的一篇。所以徐文珊《史记评介》曰："惟一人一传竟采至七篇之多，不能不谓为重其人而尊其事也。"司马相如以其大赋这样的典范作品奠定了他在汉赋中的至尊地位。他的赋以主客问答的形式，用极为夸张的描绘手法，把山河湖海、园林鸟兽、风土人情、射猎游戏、歌舞宴乐等一一铺排，在一个巨大的艺术空间里，西汉中期极富极盛的社会面貌一览无余，显示了一个大一统帝国的显赫声威和奋发进取的昂扬精神，所以王世贞说"长卿之赋，赋之圣也"。

然而，司马相如凭借丰富的想象，毫无节制地对社会生活虚构和夸饰，所谓"不师故辙，自摅妙才，广博闳丽，卓绝汉代"并不是为赋而赋，更不是为迎合统治者的需要而苦心孤诣地进行大赋创造。恰恰相反，他是借大赋之酒杯，浇愤世之块垒。甚至可以说，大赋这种形式本身就是一个讽刺，一个绝妙的自我否定。对于司马相如的创作目的，司马迁一针见血地指出："相如虽多虚辞滥说，然其要归引之节俭，此与《诗》之讽谏何异。"又说："《子虚》之事，《大人》赋说，靡丽多夸然其指讽谏,归于无为。"这不但反映了太史公重于讽谏的辞赋观,而且也为此后赋学理论的发展产生了深远的影响。

所以无论语音美抑或语形美,从符号使用的角度讲,都是为了强化符号的表达能力,进而丰富符号的所指意义。譬如排比、反复的多次运用,就可以提高语言媒体的使用率,有助于文化符号内涵的充实与延展,从而扩大符号的所指量度。就是说,语形美不但为语音美提供了更大的语义场,而且两者的完美结合使其审美意义的生产得到最大限度的提升,自然也为《史记》这一文化文本的传播创造了良好机缘。

总之,《史记》人物传记所具有的语言形式美这一能指优势,有可能使其跨越时间和空间的界限,永久性地流传下去。人们一般认为,以纯逻辑编码的文本流传得越久,解释者越是注重它的实用性而较少注意它的审美性;相反,以纯诗学编码的文本流传得越久,解释者越是注重它的审美性而较少注意它的实用性。兼有诗学编码和逻辑编码规则的历史文本却因为能指和所指的优势克服前见的偏颇成为一种新的文本,这虽然是中国历史文化典籍长于形象思维而缺乏应有的抽象性、逻辑性的体现,但也因此形成优越于西方历史文化的东方智慧。

第二章 《史记》文化符号域的构造及其本体论维度

符号域为俄罗斯著名文化符号学家米·洛特曼所独创,但它并非凭空臆造,而是符号衍生发展的必由之路。洛特曼认为,符号形成文本,文本形成文化,文化形成符号域。就像文化空间是由已经创造出来的、正在创造和能够在该文化中被创造出来的所有文本构成一样,符号域是所有文化的文化和保证它们有可能出现和存在的环境。

洛特曼还表示,在现实的运作中,清晰的、功能单一的符号系统不能孤立地存在,它只有进入到某种符号的连续体中才能起作用。这个符号的连续体中充满各种类型的、处于不同组织水平上的符号构成物。这样的连续体,我们仿照维尔纳茨基"生物域"的概念,称之为"符号域"。

一、《史记》文化符号域的基本构成

假如承认一切符号都是人的生命意识的创造和延伸,那么,符号域之中的任何符号、文本必然是人的思想、感情和观念的对象化。因此没有必要另外提出一个"主体世界"与之相对应。这就像任何叙事都带有主观性一样,《史记》的叙事以及通过叙事建构起来的符号、文本和符号域("五体"及其系统)也应当具有主体性。事实上,《史记》的符号域是也应当是动态的与自我相关性紧密相连的结构,因而也具有对话或者潜对话的资质。

首先,《史记》符号域的结构具有人本性。

《史记》符号域的结构特征的人本性首要一点体现在对社会有机体观念的

确认上。社会有机体尽管是近代社会发展中出现的一个概念,但这一形式却存在于历史发展的任何一个阶段任意一种社会形态之中。马克思在批判蒲鲁东时指出,社会是"一切关系的总和同时存在而又互相依存的社会有机体"①。它虽然立足于社会经济形态、社会形态理论,但又严格地区别于社会的经济形态、社会形态:社会形态范畴涉及政治上层建筑及国家机器等内容,社会经济形态仅仅涉及生产方式。具体而言,所谓经济形态,无非是劳动者与生产资料在生产、交换、分配和流通领域内的特殊结合方式。而社会有机体关涉的是人的行为方式、生活方式、情感方式、文明与文化等方面,其实质是"关系和交往",而"关系和交往"的主体是人。马克思正是从这一点上强调从人的发展来理解社会有机体,反对把社会当作抽象的概念与人对立起来。②

毫无疑问,就司马迁意识到的历史内容和"五体"之间的结构关系,完全可以肯定地说,他关于汉代社会有机体的视域已经体现了极其明确的人本性。

具体而言,《史记》也是以人性的本质发展的朴素观念理解社会有机体的。从表面上看,以"五体"建构起来的符号域是一种干瘪而又抽象的制度象征,一个密不透风的关系网、符号域,实际上活跃在这一符号域中的象征体都是以人的或者人性的存在为前提的。而且,人也不是抽象的政治符号,而是处于交往活动中主体性很强的活生生的人。交往活动主要体现为政治色彩浓厚的战争交往、外事交往和经济交往。而人的关系也主要体现为因交往活动形成的各种复杂社会关系中的人际关系。这种以人的或者人性的交往活动为存在性的结构特征有别于此前任何一种历史文本。《史记》中的所有人物传记,无论本纪、世家还是列传,反映的都是在各种交往活动和各种社会关系中形成的人性的历史、人的命运的历史。

正因为司马迁是以人为中心展现汉代以前的历史的,所以在他给我们勾画的符号域中,并不是抽象的数字密码或战争记事,而是以人物的思想、感情以及行动点染而成的活剧,尽管这些行为以经济的实际利益(土地、财产等)为基础,但置于前景的依然是有声有色的人物与人物之间性格或意志的冲突,而不是单

---

① 《马克思恩格斯全集》第四卷,人民出版社1958年版,第145页。
② 《马克思恩格斯全集》第四十六卷,人民出版社1979年版,第122页。

第二章 《史记》文化符号域的构造及其本体论维度

纯的物质或政治交往。从楚霸王自刎乌江之前壮怀激烈的怒号到游侠们士为知己者死的言必信行必果,都充分证明了这一点。这就是太史公为我们描绘的一幅生动具体的人生图画。这幅画卷的天地之色具有强烈的历史空间感:从横的方面看,它表现为天子与诸侯、诸侯与诸侯之间为占有领地和人口以及财产而进行的政治、军事、外交活动;从纵的方面看,又表现为天子家族内部、诸侯家族内部有关权力、财产在再分配中进行的父子、夫妻、兄弟之间残酷的交往活动。这样,人的意识、情感,不管是悲剧式的还是喜剧式的,都在这种交往活动中不断地得到展露、深化和重塑。

这种人性的倾向性便是司马迁笔下人的本体性的具体表现。

其次,社会有机体具有稳定性。

社会有机体的活跃性、整一性只是外在的表现,其内在原因在于与其相关的社会形态即上层建筑诸关系的平衡结构之中以及与之相适应的意识形态之中。但《史记》毕竟不是纯理论著作,真正体现这种意图的是太史公独创的体系——"五体"。处于"五体"各体层次上的人物以及他们的相属关系,便是司马迁精心设计的上层建筑(国家内容),这是心灵符号赖以生成的深层结构,对于个人来说,则属于集体无意识领域。

体就是体例、体式,它是一种编纂的思路和方法,也是一种结构模式。《史记》由本纪、表、书、世家和列传五种体式组成的,故称为"五体"。《史记》这一结构模式博大精深,虽然是对前代典籍模式的承传,却能匠心独运自创一个体系,既是"一家言"的表现形式,又是支撑社会有机体的深度模式。因为它最终体现的是司马迁对汉代乃至整个封建社会上层建筑与意识形态关系的初步构想。那么,"五体"结构的理想和愿望究竟是什么呢?如果用一句话来概括,那就是社会有机体的稳定性。这既是司马迁对汉帝国充满信心的表现,也是他对历史和现实深入研究的理想化表达。

在"五体"中,体现社会有机体稳定性的首先是对整个封建社会上层建筑之一即国家内容的确认,也即本纪、世家、列传的架构思路。

"本纪"记帝王之事,一般称为"十二本纪"。司马迁在《太史公自序》中开宗明义地说:"网罗天下放失(佚)旧闻,王迹所兴,原始察终,见盛观衰,论考之行事,略推三代,录秦汉,上记轩辕,下至于兹,著十二本纪既科条之矣。"这就是说,十二本纪记载的是居于上层建筑中心地位的"王迹",是"原始察终,见盛观衰",考察历史运行规律的主要对象,所以是具有根本性质的纲。事实的确如此。"本纪"上自轩辕,下迄秦汉,既是中华民族的主体民族汉族在血与火中的创生和拓展的历史,也是中华民族文化精神的创造和复兴的历史。十二位帝王既是物质文明、精神文明的创建者,亦是华夏物质文明、精神文明的体现者、代表者,仅为统一而付出的艰辛,就得到太史公的充分肯定和颂扬。

《五帝本纪》一开始就将英雄们置于四分五裂的险恶环境之中:"轩辕之时,神农氏世衰,诸侯相侵伐,暴虐百姓,而神农氏弗能征。于是,轩辕氏乃习用干戈,以征不享,诸侯咸来宾从。"五帝之后,"虞夏之兴,集善累功数十年,德洽百姓,摄行政事,考之于天,然后在位。汤武之王,乃由契、后稷修仁行义十余世,不期而会孟津八百诸侯,犹以为未可,其后乃放弑。秦起襄公,章于文、穆、献、孝之后,稍以蚕食六国,百有余载,至始皇乃能并冠带之伦。以德若彼,用力如此,盖一统若斯之难也"。(《秦楚之际月表》)其艰难卓绝,于此可见一斑。由此看出,自觉地以历史担当为己任的历代帝王,在中华民族由分裂走向统一的过程中所起的决定性作用是一般人无法替代的,没有他们的奋斗,中华民族强烈的统一思想和奋发创业的愿望就无从谈起,民族经济的整体发展就会受到阻滞甚或反复。固然他们有时也有失利,但是作为上升阶级(集团)的代表人物出现时,其思想的敏锐性、斗争的持久性不是其他阶级(集团)的代表人物可以比拟的,他们理应成为整个社会结构之一的上层建筑的核心部分。

"世家"记国家大事与王侯之事。"世家"体例依附于"本纪"而存在,含有"二十八宿环北辰,三十辐共一毂,运行无穷,辅拂股肱之臣配焉"(《太史公自序》)之意,如"依之违之,周公绥之;奋发文德,天下和之;辅翼成王,诸侯宗周",又如"武王克纣,天下未协而崩。成王既幼,管蔡疑之,淮夷叛之,于是召公率德,安集王室,以宁东土"。太史公以此作为引导性话语表明诸侯在辅佐天子夺取天下、巩固大一统社稷中的重要作用。其他如孔子与陈涉,或因其"当一王之法以俟后圣",符合"忠信行道,以奉主上"的著述思想,或其与汤武革命同日而语,同样列为世家以之绍明后世。

"列传"是专门叙述卿士功绩和行事的一种体例。或曰"列传者谓叙列人臣事迹,今可传于后世,故曰列传"(司马贞《史记索隐》),太史公则更为明确地说:"扶义俶傥,不令己失时,立功名于天下。"(《太史公自序》)这就对卿士们的行为准则和人生价值作了充分肯定。他们同样是华夏民族草创时期的英雄,自然是社会上层建筑的有机组成部分。尽管他们的政治经济地位低下,甚至可能位于人世间的底层,但却能够以独特的生存方式和斗争方式为捍卫诸侯国和人民的利益做出自己的贡献,甚至献出宝贵的生命也在所不辞。而春秋战国时期又有着不同于其他时代特殊的社会环境,这就为卿士们施展自己的才华提供了一个大舞台——生存语义场。由于他们忠实于人主,忠实于国家,这一大舞台使得他们为人主、为国家建功立业的聪明才智得到充分展现,创造出具有传奇色彩的悲剧或者喜剧。这样,他们既维护了人主和个人的利益与尊严,也为历史留下厚重的一页。

以上三类人物以其自身的政治经济地位分别处于上层建筑内部的相应位置,为国家的意识形态发挥着应有的职能,并且互推互动,形成一个强有力的政权序列。这一结构模式既是历史真实的反映,又夹带着太史公本人的理想和愿望。

最后,对话性与不对称性。

对话性是由不对称性引发的。不对称性指的是在一个符号域之中,既有同质的语言符号,又有不同质的语言符号。同质的语言符号与不同质的语言符号构成了事实上的不对称性。如前所述,整一性和稳定性并不是绝对的,而是相对的、有条件的。具体而言,本纪、世家和列传之间的协调,在某种意义上,仅仅是理想化结构的一种设计,既有表面上的一致性、平衡性,亦有实际上的非一致性、不平衡性,即冲突性。或许可以这样认识:由平衡走向不平衡靠的是武力,而由不平衡走向平衡靠的是对话。众所周知,华夏文明是从夏朝开始的。但是夏桀却中断了这一传统,因此必然以商汤革命取而代之。在相当长的一段时间内,殷商王朝的建立是中原地区政治经济逐步发展,并趋于稳定的一个标志,就传统而言又是华夏民族符号的延伸,因而是历史的巨大进步,但是不平衡的因素同样与日俱增,这就是在政治利益不均衡的情况下常常发生的状况,历史上把它称为内乱或者政变。政变有的流血,有的则不流血。发生在帝启年间的有扈氏与帝启的冲突就是一场流血的夺权斗争,这首先是由有扈氏对帝启的"不服"引起的,帝启被迫而为。他在誓词(檄文)中说有扈氏蔑视仁、义、礼、智、信五常的规范,背离天、地、人的正道,因此上天要断绝他的人命。可见,尽管是六军参战,话语权的威力仍然得到彰显。

从文化符号域的构成和特征来看,发生冲突的主要原因在于话语权的问题,即"中心"话语与"边缘"话语的不断摩擦。洛特曼认为,最发达的、结构上最有组织的、最强势的语言构成了符号域的"中心"。与之相对应,"边缘"则是结构上最不发达的、没有组织的或者组织不强的语言。因此,符号域的"中心"与"边缘"便形成了符号空间的二元性或冲突性。

符号域不仅存在着中心与边缘的关系,而且往往是几个中心并存。其中一个核心结构占据了主导的地位,它就有资格进行自我描述。所谓自我描述就是创立语法,或者建立法律规范。

符号域的中心创建了语法后,便力图将这些语法规则贯彻到符号域中去。这样,处于符号域中的某一文化的强势语言就成为描述这种文化的元语言。例如,帝启讨伐有扈氏的誓词就是帝启试图以此建立元语言的一次试验。

这样一来,符号域的中心话语权由此取得优势地位,上升到自我描述水平,使符号域的中心与边缘的矛盾和解,暂时处于稳定状态,在相对的一段时间内,有利于符号域的发展,但同时中心也因此丧失了多样性、灵活性和动态性,这又将成为符号域向前或某个方向发展的不利因素。在这种情况下,作为反抗中心,强加给他们严格组织性和规则的符号域边缘的符号活动,与中心产生矛盾和冲突就是必然的了。而这恰恰又是未来的新的语言诞生的张力所在,例如武王伐纣。用今天的观点来看,武王并不是逆潮流而动的犯上作乱,而是顺应历史、顺应民心的伟大壮举;用符号域的冲突性与对话性的观点来看,又是新生的语言以对话解决矛盾、解决冲突的方式之一。于此可见,边缘上的多样性和动态性虽然暂时使符号域丧失整一性和组织性,但同时也给符号域注入新的活力,使符号域的中心乃至整个文化符号域得到新生。这就是太史公为何一定要把项羽提升到本纪,将陈涉提升到世家的主要理由。这既是一种确定性、整一性,又是一种不确定性、多样性。从太史公的创作意图出发,这种运作是为了追求平衡,因而是确定的、整一的、有组织的、规范化的。明代的钟惺就认为:"司马迁以项羽置本纪,为《史记》入汉第一篇文字,俨然列汉诸帝之前,而无所忌,

第二章 《史记》文化符号域的构造及其本体论维度

盖深惜羽之不成也。不以成败论英雄,是其一生立言主意。"①而从反对司马迁的立场出发,认为这种不适当地抬高项羽的历史地位是为了打破平衡,因而是不确定、多样性、无组织的、非规范化的。如唐代的司马贞指责司马迁对项羽有意拔高,认为既然"未践天子之位,二身首别离,斯亦不可称'本纪',宜降为'世家'。"其实,太史公对《项羽本纪》的精心制作本身就包含了辩证的两个方面:一方面它打破一种平衡;另一方面又催生了另一种新的平衡,希望以新生的中心话语作为元语言来发挥指导性、核心性作用。这一观点,已经超越了时代,超越了历史,成为一种共时性的智慧和财富,具有很强的对话性。

二、《史记》的本体论维度与意识形态指向

以上论述意在说明,《史记》所展现的符号域视野,作为反映汉代以及汉以前社会基础的上层建筑,是客观的、真实的,甚至是不可动摇的。但是由于它经过作者加工和改造,又成为一个可被阐释的精神符号。一方面,"五体"对于客观的社会符号域来说,符号域是符号,"五体"是阐释;另一方面,对于当代的解释者来说,"五体"是符号,任何一个解释者的理解和解释即为阐释。就文本和解释的相对性来看,我们又可以说,"五体"是符号,而社会则是解释。洛特曼认为,文化文本语言的信息值不只取决于创作者,也取决于具有一定的文化代码结构的读者,即取决于后者的心理需求和预期性结构。预期性结构在接受美学那里称之为"期待视域",这也是《史记》这一文化文本意义产生的源头之一。

"五体"的篇数作为主观的符号域皆有寓意。太史公在自序中明确指出:"二十八宿环北辰,三十辐共一毂,运行无穷,辅拂股肱之臣配焉。"②以众星绕北辰和诸车集于车毂暗示人臣与国君之间的关系。这大概是解开"五体"结构含义或《史记》本体论维度的一把钥匙,因而后世对此多有发挥。唐司马贞《补史记序》云:

观其本纪十二象岁星之一周;八书有八篇,法天地之八节;十表仿

---

① 杨燕起、陈可青、赖长扬编:《历代名家评〈史记〉》,北京师范大学出版社1986年版,第347页。
② 司马迁:《史记》,中华书局1959年版,第3319页。

刚柔十日;三十世家比月有三旬;七十列传取悬车之暮齿;百三十篇象闰而成岁。

(杨燕起、陈可青、赖长扬编:《历代名家评〈史记〉》,
北京师范大学出版社1986年版,第102页)

张守节受此启发,在他所作的《论史例》中进行了更为完整的解释:

太史公……作本纪十二,象岁十二月也。作表十,象天之刚柔十日,以记封建世代终始也。作书八,象一岁八节,以记天地日月山川礼乐也。作世家三十,象一月三十日,三十辐共一毂,以记世禄之家辅弼股肱之臣忠孝得失也。作列传七十,象一行七十二日,言七十者举全数也,余二日象闰余也,以记王侯将相英贤略立功名于天下,可序列也。合百三十篇,象一岁十二月及闰余也。而太史公作此五品,废一不可,以统理天地,劝奖箴诫,为后之楷模也。

(杨燕起、阿可青、赖长扬编:《历代名家评〈史记〉》,
北京师范大学出版社1986年版,第103页)

张守节的见解不但全面,而且也十分准确。他窥见太史公的个中用意,概括出《史记》本体论的维度,这就是"五体"的象征意义,其核心价值就是"统理天地,劝奖箴诫",并以此达到教育后世的目的。

一些历史学家认为,作为一种编纂体例,"五体"中的任意一体都有一定的继承性,如"本纪十二之数,实效法《春秋》而作",其余各体数字也有所本。但是在我们看来,有无所本并不是问题的要害,关键是通过这些体例的数字透露出什么样的信息,体现了什么样的观念,尤其与"究天人之际,通古今之变"主旨有何关联。

首先,假如我们承认"五体"结构是整个一部《史记》本体论维度,也是观察、分析司马迁创作《史记》的目的所在,那么,作者的原创意图和历史观念究竟是什么? 我们又如何去认识和评价他的创作意图和历史观念?

若以某些史学评论家所推崇的唐代两位史学家的解释为准,"五体"所隐含的象数皆与天的运行规律有关。这似乎接近汉儒信奉的"天人感应"说,然而这种观念仍然停留在"五体"符号的能指层面上,即表达面上。如果进一步深究,从表层深入到里层,即从内容面或所指层面上来理解五体,所触及的便是一个原型意义被确认进而被阐发的问题,而这个所谓原型恰恰是东西文学中常常出现的、人们并不陌生的集体无意识。

原型概念来自西方现代心理学家荣格,而将原型理论运用于文学和历史学领域的是加拿大人类学家弗莱。弗莱在讨论原型的性质和作用时,建立了一套比较可行的操作体系,通过一个神话模式和原型季节模式的比照去阐发文学形态。以弗莱之所见,在恒定不变的文学形态中,有四种类型的文学或者四种叙事模式,每一类文学为一类神话,每一种叙事模式又是一种更大模式的一部分。这种大的模式,或可称为统一的神话。这种统一的神话,与春夏秋冬四个季节或者神话英雄的出生、死亡和再生相似。他的原型季节模式由春天(喜剧)、夏天(传奇)、秋天(悲剧)和冬天(讽刺)构成,其神话模式由出生、全盛、死亡和黑暗四个环节组成。

假定只取神话英雄与原型季节相对应的一面看,原型季节所表现的春天(喜剧)、夏天(传奇)、秋天(悲剧)和冬天(讽刺)正好与神话英雄的出生、死亡和再生这一过程相始终的概念化表述对应。

就《史记》"五体"显现的天与人,即自然与人事的关系,也可以说是神话英雄或人间英雄与原型季节相互发明的周而复始过程。

1. 本纪

在神话学的观念中,春天代表着生命的诞生,在本纪中,以五帝、三王为代表的英雄出世,预示着华夏民族的诞生;夏天代表着生长、发展和壮大,秦始皇、项羽等英雄出现,各路诸侯纷纷建功立业,周秦对四海实行统一的伟大战争深得人心,中国封建社会初步建立;秋天意味着死亡,刘邦在建汉后功臣纷纷离去唱《大风歌》,吕后专权预示汉室衰落;冬天意味着死亡,以及死亡之后的再生,孝景、孝文,直到孝武面临由荣而衰的考验,汉王朝在鼎盛之后又处于低落时期。

2. 世家

世家的内在结构大体上与本纪相仿:由吴太伯世家至郑世家代表着"让",是春天和喜剧的象征;由赵世家至陈涉世家代表着"争",是夏天和传奇的象征;由楚元王至绛侯世家代表着"衰",是秋天和悲剧的象征;由梁孝王至三王代表着"死亡",是冬天和讽刺的象征。

3. 列传

列传中人物的遭遇可以用"命运"二字来概括,因此它更有深意。列传以伯夷(叔齐)为首传,预示春天和美好事物的开端;以屈原贾生为中上传,预示夏天和传奇事物出现;以酷吏为中下传,预示秋天和死亡事物的出现;以《太史公自序》为终传,预示冬天和再生的事物与环境出现。特别值得一提的是,再生责任的承担者不是别人而是司马迁本人。

4. 表

《表》同样表达了作者对春天和美好事物的回味和赞赏,对夏天和传奇事物的向往,对秋天和死亡的忧虑和恐惧,对死亡地带的绝地反击进而充满渴望。如:

> 太史公读春秋历谱谍,至周厉王,未尝不废书而叹也。曰:呜呼,师挚见之矣!纣为象箸,而箕子唏。周道缺,诗人本之衽席,关雎作。仁义凌迟,鹿鸣刺焉。及至厉王,以恶闻其过,公卿惧诛而祸作,厉王遂奔于彘。乱自京师始,而共和行政焉。

(司马迁:《史记》,中华书局1959年版,第509页)

> 汉兴百年之间,亲属益疏,诸侯或骄奢,忕邪臣计谋为淫乱,大者叛逆,小者不轨于法,以危其命,殒身亡国。
>
> 臣迁谨记高祖以来至太初诸侯,谱其下益损之时,令后世得览,形势虽强,要之以仁义为本。

(司马迁:《史记》,中华书局1959年版,第802—803页)

前一段批判的是周厉王、殷纣王,由于两朝天子都不实行仁政,所以不能不引起诸侯国的强烈反对,以至造成内乱不绝,政权更迭,而名义上的天子却身首异处,不知所终,成为历史上臭名昭著的昏王。后一段指涉的是汉高祖在实行分封制后,贵族内部矛盾加剧,养尊处优的诸侯不但不思进取,反而野心膨胀,觊觎中央政权,从而引发无休无止的内乱。

5. 书

八书似乎另当别论。它是太史公独立设计的与理想化的上层建筑相适应的意识形态及其相关制度,是正面表达作者的一种心理需要。正如《太史公自序》中所说的那样:"礼乐损益,律历改易,兵权山川鬼神,天人之际,承弊通变,作八书。"那么,它的具体所指究竟包括哪些内容呢?

司马贞说:"八书记国家大体。"清代赵翼说:"八书,史迁所创,以记朝章国典。"具体说来,礼、乐、律、历皆属于中国封建社会主流意识形态模式,是与政治和法律相关的人的思想道德标准和价值取向。在中国长期的封建社会里,礼、乐、律、历是人与人、国与国互相交往而必须遵从的最高伦理标准。而天官、封禅、河渠、平准则属于经济和法律制度。

礼仪起源于古代社会的生产、风俗以及必要的交际行为,这些古老的习俗经过不断的磨合,已经变成比较定型化的礼与法,如《礼书》序所言:"缘人情而制礼,依人性而作仪。""宰制万物,役使群众。"就是说,专靠权力人力不能完全约束作奸犯科之人,要想使社会安定和谐,必须以相应的道德准绳加以规范,只能以疏导的办法让其向善背恶,融入集体的命运语义场之中。

司马迁还认为,实用性的礼并不是一成不变的。故而他一方面对春秋以来"礼崩乐坏"的残酷现实痛心疾首,从而对三代之礼乐十分叹服;另一方面,又声言"三代损益"的必然性,承认"礼崩乐坏"是客观现实发展的结果,善于适应这种规律的,只能择其善者而从之,其不善者而改之。只有这样,才能未雨绸缪地做到"承弊通变"或"事异备变"。

《平准书》的主题亦是如此。同样体现出司马迁一以贯之的反战乱、反僵化、求新求变的思想。

对此,有清一代文史专家李景星有过详细分析:

> 盖平准之法,乃当时理财尽头之想,最后之著。自此法兴,而闾阎之搜括无遗,亦自此法兴,而朝廷之体统全失。太史公深恶痛绝,故不惮原原本本,缕悉言之,开端曰接秦之弊,已有无穷之感,继曰物盛而衰,固其变也。只一变之,所有后来层层环政,一齐摄入其中。末以卜式事作结,非尊式也,正以其甚务财用诸人,谓此乃善于谋利之卜式所不忍为也。烹桑弘,天乃雨,六字结束,有声有色。赞语从历代说到秦,更不提汉事,正与篇首接秦之弊遥应。其意若曰,财用至于此极,是乃亡秦之续耳。

(杨燕起、陈可青、赖长扬编:《历代名家评〈史记〉》,

北京师范大学出版社1986年版,第455—456页)

以上就是"五体"的本体论维度,也是历史本来存在的意义场或生存语义场。但它是否真正体现或能够包括司马迁的生存语义场也未可知。尤其是散见于各体中的"赞"和言有尽而意无穷的隐晦之语,究竟透露出什么样的信息,是否与史记本体论维度的实际指向完全一致,都需要进一步推敲。

实际上,假使从司马迁"究天人之际,通古今之变,成一家之言"的伟大抱负来看,它的理想语义场并不在这个范围之内。为什么呢?就语义场的本意来看,语义场是人类语言行为产生的语义能量场或动力场。如前所论,社会有机体依靠社会的上层建筑和经济基础的某种张力维系自身的存在。上层建筑和经济基础虽然是决定社会有机体的直接因素,但却不是唯一的决定性因素。相反,唯有语义场才构成了上层建筑和经济基础的生存与发展或者消亡与重生的难以估量的潜在力量。所以我们说,太史公的生存语义场既产生于当时的上层建筑与经济基础的矛盾与张力,而更重要的是,它还来自司马迁远见卓识的历史观和由于自身遭遇所由产生的"发愤著作"精神。这也是他"我欲载之空言,不如见之于行事之深切著明也"的秘密所在。

三、界限与突破:司马迁生存语义场的初步断想

《史记》既是科学文本与诗学文本的结合,同时也是历史符号与心灵符号的结合、民族文化精神符号与史家主体精神的结合。前者的实质是对《史记》认识价值与审美价值辩证统一关系的理解;后两者的实质是对历史事实与历史观念的辩证统一关系的理解。前者的命题属于阐释学的范畴,后两者的命题属于历史哲学的范畴。从总体上观照,它们皆属于生存语义场的范畴。

关于司马迁的生存语义场,笔者倾向于认为,是统一天下的历史事实与生存语义场构建愿望,是中华民族文化精神的基本内涵和守护原则。这些问题既是文化符号域中的应有之义,又是对文化符号域之界限的突破。

从文化类型上看,司马迁的生存语义场实质上是一种介于理性和感性之间的文化场,它既产生特定的文化,又反作用于某种文化,影响新的文化种类的生成,从而形成一个更大的生存语义场的符号域。由是观之,生存语义场是变革文化的中介。两相比较,文化符号域即使再复杂,也是单一的、恒定不变的;而

生存语义场即使再单一,也是变动不居的。

(一)统一天下的历史事实与生存语义场之梦

汉代是中国进入封建社会的第二个大一统国家。它在政治、军事、经济等活动的时间与空间上皆已超过此前任何一个时代,所取得的成就也大大超过此前任何一个时代。汉代的统治阶级依赖已经取得统一天下的新生政权,在高祖刘邦开创的帝王基业上,经由"文景之治"又大大向前推进一步,所谓"秦皇汉武"就是以历史符号固定下来的抽象概念。然而,这一切在士的眼中,并不十分满意。即使在明确的意识形态和既有的语义场面前,仍然感到有许多问题需要重新探讨和认识。司马迁就是这样的一个人。作为一个具有超前意识和怀疑精神的史官,在封建社会发展的巅峰时期,并没有因为"五体"结构的完整性和社会秩序的稳定性而陶醉,也没有因为"上遇明天子,下得守职,万事既具,咸各序其宜"而失其"拨乱世,反诸正"之察。(《太史公自序》)相反,他坚持以一种危机意识去检视历史和现实中的符号域。为此,他积极地批判现实,同时也把批判的触觉伸向未来,伸向无所不包的时间和空间。他清醒地意识到,由盛而衰本来就是汉代乃至中国封建社会发展的一条规律,有识之士应该自觉地驾驭这一规律,"原始察终""见盛观衰",实行必要性的转变,从而促使统治者掌握社会发展的主动权。于是,"究天人之际,通古今之变"的主体性精神符号和自我生存的语义场诞生了。

易言之,探究自然与人事之间的关系,总结古今演变的规律性,正是司马迁明确的历史意识和自觉的社会担当。如果说,前者为纬,后者为经,司马迁就是通过这一经一纬来建构自己的历史哲学的。

司马迁"见盛观衰"思维定式的前项是历史,因此有必要回顾一下汉代以前社会的基本情状。众所周知,汉代之前的秦朝是中华民族历史上第一个大一统的国家,秦以前是一个诸侯蜂起、讨伐不绝的分裂局面。面临这种现状,自春秋至汉代前期,有许许多多的哲学家、思想家进行过比较深入的反思,而统治阶级的政客谋士同样也进行过认真思考。所不同的是,统治阶级及其谋士关心的是如何通过武力或强权维系自己的统治地位;而哲学家、思想家关心的是如何以更合理的意识形态安抚人心,稳定天下。在学派林立、思想十分活跃的春秋时期,就有着明显对立倾向的儒法两家。那么。他们之间的分歧或者争论的焦点何在？堪称儒家第一人、中国文化第一人的孔夫子曾经提出"仁政"的治国理想，并为此奔走呼号，乐此不疲。针对天子大权旁落，礼乐征伐自诸侯出，君臣父子关系倒挂，以至于臣弑君、子弑父的无道现实，孔夫子悲情般地提出"克己复礼"的政治主张，倡言以"正名"的方式去"克己复礼"。"正名"就是"复礼"，而"克己"的武器是"仁"，所谓"泛爱众而亲仁"。在当时，"泛爱众"的人性观念，顺应了历史潮流，极大地解放了生产力，产生了重大的社会影响，对塑造中华民族的核心价值观无疑起到积极的促进作用。不过由于这种理论主张大多出于知识分子的遐思冥想，注入较多的理想成分，因而难以为当政者所接受。相反，法家的功利主义实用思想却能得到当政者的支持和采纳。处于战国后期的秦国，就是依靠商鞅、韩非等人的思想和策略，发愤图强、兼并六国，取得了统一天下的最终胜利。

然而时隔不久，显赫一时的秦王朝在农民战争的烽火中土崩瓦解了。原因何在？难道统一不是历史的必由之路，或者说统一的时机不够成熟？当然不是。在我们看来，先秦时期有统一的思想，却没有贯彻这一主张的统治集团。秦代有了执行统一思想的阶级和集团，却没有真正统一天下、治世安邦的意识形态。对此，司马迁看得十分明白，《秦始皇本纪》着意引用贾谊的《过秦论》中的一段话，来证明自己在此问题上对其观点的认同：

> 夫兼并者高诈力，安定者贵顺权，此言取与守不同术也。秦离战国而王天下，其道不易，其政不改，是其所以取之守之者无异也。孤独而有之，故其亡可立而待。借使秦王计上世之事，并殷周之迹，以制御其政，后虽有淫骄之主而未有倾危之患也。故三王之建天下，名号显美，功业长久。

（司马迁：《史记》，中华书局1959年版，第283页）

这段话的意思有两点：第一，夺取政权和巩固政权应有不同的政策和策略，攻取天下靠的是兵力和阴谋，安定天下却需要顺时权变。但秦王朝并没有意识到这一点，继续迷信权力，诉诸武力，其结果必然是覆灭。第二，三代是一个光辉的样板，假使秦王能走三王的道路，制定适合自己的政策和策略，有一条既定的思想路线，即使出现不肖的君王，也不至于沦于倾覆的危险。三代之所以显赫天下，功业万代，就是因为有正确的理论和指导思想。这一点，正与孔子绍明

第二章 《史记》文化符号域的构造及其本体论维度

三代、"克己复礼"的志趣相同。正是认识到历史上正反两个方面的经验,才使得太史公以孔子第二自居,以《春秋》笔法撰写《史记》。从他闪烁其词的"声明"中,可以看出他效法孔子并非寻找一种评价历史上的是非曲直的标准来褒贬当代天子,其根本的用意乃在于寻找一种巩固新政、安定天下、古今皆宜的意识形态。由此观之,从"究天人之际,通古今之变"到"稽其兴坏成败之理"不啻是建构生存语义场的宣言。

其实,作为一个历史学家,尤其是一个一直在情感上对汉王朝保持一定距离的思想家,在崇拜三王上虽然与孔子有相近之处,但其用意却判然有别:孔子崇拜三王,是让历史重新回到那个不应返回的时代;而太史公崇拜三王,却是要把三王塑造成一个精神符号,鼓吹他们的伦理原则,让当代人学习和模仿。因此,在独尊儒术的氛围中,面对孔子被神化和儒学的模式化、定型化,他呼吁有识之士关心一下自己的生存环境,从平静的政治生活中,见微知著、见盛观衰,即在轰轰烈烈、烈火烹油的大好形势下,看到事物可能走向衰落的一面,希望以"承弊易变"的策略,做好转化性工作。故而他在博采众家之长的基础上,冒着"是非颇谬于圣人"的风险"成一家之言",决意以现实的人性为目标,"述往事,思来者"。这种勇于变革的思维方式,既是司马迁的独创,也是历史发展的必然。

如此看来,与其说太史公是一个历史学家,毋宁说他是一个历史哲学家或思想革命家。同样,与其说秦王朝政权的覆灭是仁政的缺失,缺乏像贾谊这样懂得朴素辩证法的思想家,倒不如说缺乏像司马迁这样既有超前意识又有一家之言的思想革命家。尽管司马迁的思想不完全被最高当权者所认可所采纳,尽管中国历史自汉代以后仍然以恶性循环的方式向前演进,但司马迁以独创性和超前性的心灵符号结构起来的历史文本,毕竟成为后代学者认同的不同于任何一个时代的史诗视野,而作为转型时期的思想方法更有着不可忽视的意义和价值。凡是注意到这一演变趋势并能够因势利导的统治者,就能够维持较长时间的权力与威望;反之,凡是忽视这一演变趋势又不能因势利导的统治者,就难以维持自己的权力和威望。由此观之,为形成"一家之言"想象式建构生存语义场无疑是促进生产力发展的一种动力场,也是于统治者十分有利的一种思维创新活动。

(二)"成一家之言"的运思方式

某些史学家担心,倘若肯定司马迁创立的新史学观,承认他之所以创立新的史学体系的缘由在于"以志古自镜",那么,司马迁的这种态度对于此前建设的思想文化体系有无损伤和破坏?易言之,中华民族文化精神的内涵和守护原则究竟是什么?

我们先从中华民族文化精神的内涵界定谈起。

不言而喻,中华民族的主体文化是以儒家思想武装起来的文化因子,其精神内涵是忠君爱国、锐意进取、温柔敦厚、刚健清新。这种文化精神大约在汉以前业已形成,至少作为理论框架和价值取向已经确立下来。司马迁既然以孔子第二自居,自然责无旁贷地接受并弘扬这份遗产。从其基本宗旨看,《史记》和《春秋》都不同程度地受到这种精神的浸润,但比较而言,《史记》更能从精神上自觉地加以深化。他在《报任少卿书》中说:"仆闻之:智之府也;受施者,仁之端也;取予者,义之符也;耻辱者,勇之决也;立名者行之极也。士有此五者,然后可以托于世,而列于君子之林矣。"以智、仁、义、勇、行作为士人的"五德",唯有具备这些才能成为真正意义上的君子,这是孔子关于个人如何修身养性的一贯主张。而"人固有一死,或重于泰山,或轻于鸿毛,用之所趋异也""夫人莫不贪生恶死,念父母,至激于理义不然,乃有所不已也"显然又是儒家倡导的砥砺名节,慎于死生,推崇杀身成仁、舍生取义的思想。这些对于一个追求名节、善于修身养性的人来说已经足够了,而对于一个史学家来说却远远不够。由于史学家面临的是几千年以来的历史事件,面对的是活动于其中性格迥异、境遇崎岖、不同凡响的喜剧或悲剧式的典型人物,如何评价他们的功过,恐怕不是一般的伦理原则能够准确衡量的,必须在传统的道德标准之外寻找历史的、美学的标准补充之,同时也必须要求史学家以新的世界观和方法论审视之、观照之。这就促使太史公必须运用不同于汉儒的运思方式,理解和构造新的生存语义场。

一方面,在感性和理性的结合上,汉儒主张以理性制约感性,而司马迁则坚持以感性制约理性,重视人的生命意识,尤其要重视个体生命意识的表达。如前所述,曾被太史公崇拜的孔夫子在汉代遇到前所未有的神化,孔子亲手删定的"六经"同样被神化了。而关于"六经"的神话大多集中于《纬》书之中。例如《诗》,本来是抒情言志的产物、人的性情的集合体,但在《纬》书中诗已经从人

第二章 《史记》文化符号域的构造及其本体论维度

之性情变为"天地之心"的异化表达,并且变为万事万物的检察官。于是,人之七情六欲不得不统一于神秘的"天人合一"的"理式"之中。《书》同样如此,所谓"书考命符授河",就是说,《书》不仅是先王的陈迹,同时也是天命的记录,《春秋》更甚,竟然被吹嘘为孔子受天命之作。这种现象无非是告诉人们,它们不再是认识历史的工具和对象,而是真理的归宿。

相反,个人意志极强的司马迁认为,"六经"诞生于人的感情生活,感情永远是文学作品吟唱不衰的对象,因而不应当把感情当作异己之物逐出理性大门。人性是历久弥坚的永恒主题。他在《太史公自序》中说:"夫《诗》《书》隐约者,欲遂其志思之也。昔西伯拘羑里,演《周易》;孔子厄陈蔡,作《春秋》;屈原放逐,著《离骚》;左丘失明,厥有国语;孙子膑脚,而论兵法;不韦迁蜀,世传《吕览》;韩非囚秦,《说难》《孤愤》;《诗》三百篇,大抵贤圣发愤之所为作也。此人皆意有所郁结,不得通其道也,故述往事,思来者。"这就把感性作为文学和史学创作的动力源找到了。如若扩而大之,一切文本的创造都离不开感情,非感情无以成著作。不唯如此,太史公独创的"论赞"形式,既能从理性上进行分析,又能从感性上予以肯定或否定、张扬或批判,激烈地主持着所是,激烈地批评着所非。所以,理性失去了感性,就会变成毫无生命力度的抽象的"理式",因而也就无法指导感性并拥有感性这一现实性基础了。

另一方面,在对理性的具体态度上,汉儒认为"六经"体现的是天人感应与天人合一思想,故而应是放之四海而皆准的绝对真理或终极真理而不能再发展了。司马迁则认为,任何事物都是不断发展变化的,世界上没有永恒不变的东西:"物盛而衰,时极而转,一质一文,终始之变也。"(《平准书》)"物盛而衰,固其变也。"(《十二诸侯年表》)如前所论,汉儒已经将"六经"凝固化、模式化,即经学化了。它不仅是一种学术文化,而且是与皇权密切结合的官方意识形态[①],所以它不仅取消了认识的无限性,而且也演变为一种巩固政权的政治手段。按照经学的思维方式,人的一切行为和价值必须经由经学来规范,其结果是在皇权和政治权威的高压政策下,作为认识主体不同程度地失去主动性,变成被动的接受者,久而久之,也就失去了独立性、创造性。这种简单化的接受理论叫机

[①] 刘泽华:《汉代五经崇拜与经学思维方式》,载《新华文摘》1993年第4期。

械接受,只承认刺激对对象的单向度反应,而不承认刺激和对象之间是一种双向交流因而也创造意义的关系,完全违背心理学对人类认识规律的概括和总结。太史公虽然在政治理想上拥戴儒家学说,但在思维方式上却更倾向于接受道家学说。他说:"道家使人精神专一,动合无形,瞻足万物。其为术也,因阴阳之大顺,采儒墨至善,撮名法之要,与时迁移,应物变化,立俗施事,无所不宜,指约而易操,事少而功多。儒者则不然,以为人主天下之仪表,主倡而臣和,主先而臣随。如此主劳而臣逸。"《太史公自序》因此选择了疏远儒家而亲近道家学说及其方法论,形成"原始察终,见盛观衰"的通变思想。而这一思想恰恰是运动的观点,而非静止的观点;是实践的观念,而非纯粹思辨的观念。

正是基于对经学的反思和对道家与《易》的感悟和体认,太史公才革新了董仲舒以"天不变道亦不变"的形而上学思想为根据的"三王循环论",创立了一个"究天人之际,通古今之变"历史循环论,即社会历史演进必然经历否定之否定的朴素辩证法的发展观。这样"变异"就成了贯串《史记》的一条红线。这就与其他历史学家的历史意识划清了界限:是述而不作还是发愤著作!其他的同时代乃至前辈的学人,拘泥于自身的认识视野和对经学的迷信和崇拜,以为对"六经"的解释只能是"我注六经",而不可能是"六经注我"。在他们看来,历史研究的对象是历史文本,而历史文本只能是史料的堆积和编纂,史学家的精神与历史文本中的人物及事件的基本精神是一致的,既不能超出这种精神,也没有资格反思或反省这种精神。而司马迁的运思方式既然以通变为宗旨,那么在他的历史意识或历史观念中作为历史研究的就不只是历史本身,还有当代人甚至后代人的现实利益和未来意识。黑格尔把这种历史观念称为反省的历史观念,将其所著的历史文本称为"反思的历史",或者"主观的历史"。就"究天人之际,通古今之变,成一家之言"的抱负来说,很显然,它的重心在人不在天,在今不在古。换言之,主观的历史注重人在历史中的作用,注重人性在历史演变中的价值,以及在当代的意义,而不过于注重历史事实本身史料价值。因此:①历史精神或历史意义是超越时代、超越阶级的。或许一开始接触的是个别的、具体的时代和阶级约束力较强的材料,但是从多层次的分析和比较中发现,作者的史识并不限于某一特定时代、某一特定阶级,潜藏着放之四海而皆准的超越性;②对历史事件和历史人物除了坚持以唯物史观作为评判的标准外,还应

第二章 《史记》文化符号域的构造及其本体论维度

自觉地引入伦理的、美学的标准。目的是通过对真善美的展示,提高人们对假恶丑的辨别力和抵制力;③通过想象,将历史链条断裂之处缝合,弥补事实上的不足,使作者主体的存在性更有基础,生存语义场更有价值。以上三点就是司马迁写作《史记》运思方式制约下的新模态。以此思维方式创造出来的历史文本既是客观的,又是主观的;既是一个真实的历史世界,又是一个带有符号形式的精神世界。它已经或将要使"过去的一切都活在史学家心灵之处"。

从司马迁撰写《史记》的运思方式可以看出,他对中华民族文化精神的基本态度是:任何文化传统都是可变的,无论是主流的文化还是非主流的文化,都应在合于自然与人类关系的前提下予以整合,借以适应由盛而衰、由衰而盛的转化规律,并且在转化中求得发展和新生,这样的文化便是优秀文化传统的观念,这样的原则才是守护优秀文化传统的原则。反之,如果像汉儒那样将文化传统凝固化、模式化,表面上好像维护了民族文化精神,实际上却抽取了民族文化最核心的东西,甚至扼杀了民族文化的生命,从而延缓了民族文化的发展速度,使中华民族文化永远处于滞后状态,永远无法与世界上先进的民族文化接轨对话。依据生态学的观点,前者属于进化的生存语义场;后者属于退化的生存语义场。所以,柯林武德早就指出:"通常总以为是民族或多或少决定着一个民族的历史,但人们却常常忽略了另一方面,即'历史造就了民族性,并且不断地取消它,改造它'。"[1]

---

[1] 柯林武德:《历史的观念》,何兆武、张文杰译,商务印书馆1997年版,第32页。

第三章 《史记》文化形态学的建构与文化学意义

《史记》不仅为我们开创了元叙事的先河,也为后世构建出几种不同的文化形态,尽管未以理论的形式出现,却能够以不同的叙事方式、不同的叙事视角以及不同的叙事意味彰显出深层的文化形态生成意向,实际上契合了新历史主义有关历史话语与意识形态之间关系操作的策略,甚至成为历史哲学研究取之不尽用之不竭的资源。

历史是什么?不言而喻,一切历史都是思想的生长史、发展史。依照斯宾格勒的意思,历史又是一种文化的创造,或者文化形态的创造。历史的世界就是一个由多种文化形态组成的象征体系。它是社会结构和作者心灵的投影,或者说,是将基于意识形态而形成的社会结构,镶嵌在各种形态之中的文化的具体化。历史学研究的一个重要任务便是在纷纭万状的历史现象中,依照人们认识历史和现实的某种需要,整合出各种各样的文化形态。按照一般的理解,所谓文化形态学的研究,可以初步界定为关于文化的样式、种类、门类和体裁的研究。而在现代意义上,文化形态学是关于结构的研究。不过它不是关于某一历史文本的结构研究,而是关于历史所反映的客观世界所形成的意识形态含义模式的一种研究,它探究的是历史影像的诗意性的共时性结构与话语张力。不管历史的修撰者自觉还是不自觉,他们的历史著作都有某种形态学的主张。这或许是历史学家书写历史,而又不可能再现历史的话语操作策略。以此而论,历史修撰显然带有话语创造的性质,文化形态学的研究可以在历史符号学或后现代历史叙事学那里找到相应的理论和技术资源。

第三章 《史记》文化形态学的建构与文化学意义

一、文化形态学的界定

这个问题的提出具有空前的冒险性和挑战性,因为我们有充足的理由相信:所有意识形态方面的斗争,迄今为止皆可以概括为文化形态的斗争,而由此形成的历史皆可以抽象为几种文化形态不断交替的历史,人类的历史可望改写为文化形态的演变史。例如拿破仑的失败可以看作是法国文化对英国文化的服膺,秦帝国的灭亡可以看作秦文化对"三代"文化的臣服。然而,倘若一味坚持或绝对地回护,便有陷入"历史循环论"之嫌!

即使我们的研究极其有效地与结构主义联姻,与比结构主义更为具体的具有方法论性质的新历史主义联姻,但也不是简单地按图索骥和纯形式主义的推论。因为任何一种有个性的研究历史的方法,都是一种重新解释历史,因而也是重新认识历史的活动,都可能给读者带来一种新的历史观念。故此,"形式主义"也是一种意识形态,甚至竭力扮演意识形态角色。例如美国的历史哲学家、新历史主义的代表人物海登·怀特在建构历史元理论的过程中,分辨出19世纪之前历史修撰的五个主要层面。这五个层面包括编年史、故事、情节编排模式、论证模式、意识形态含义的模式在内,据说是任何一部历史著作都不可或缺的要素,这便构成了怀特所说的"历史场域"。五个要素可以视之为历史书写及接受的五个阶段,而我们不能机械地照搬怀特对五个要素的基本要求,去进行种种预测的设置。尽管它不失为一种合乎历史的或逻辑的操作程序,尤其对诺思罗普·弗莱识别原型的"故事形式"即他所说的情节编排模式的充分论证,已经为我们找出历史叙事的几种方式:罗曼司、悲剧、喜剧和讽刺,还有神话、史诗,等等,认为不同的历史学家必然会以某种原型或综合的模式编排他的故事[1],但也不能简单地对号入座。因为任何一位具有创新眼光的历史学家,都会以独特的历史思维和历史话语去重新结构历史。正像他自己所说的:"有多少个历史话语,就有多少个历史经验。"[2]反之,有多少个历史经验就有多少个历史

---

[1] 海登·怀特:《后现代历史叙事学》,陈永国、张万娟译,中国社会科学出版社2003年版,第29页。

[2] 海登·怀特:《后现代历史叙事学》,陈永国、张万娟译,中国社会科学出版社2003年版,第404页。

话语,有多少个历史话语,就有多少个意识形态,更何况即使意识形态也有既定的立场与乌托邦式的立场。这样,当这一理论与具体的历史经验,尤其与特定意识形态含义的模式相链接的时候,不同的历史修撰者可能因各自创作个性和冒险性风格,显示出十分相异的旨趣和意义,而不可能听命于贴标签式的阶级分析法或历史主义的分析之法。

我们由此被告知,历史的理论研究可以形成诸多模型的形态,诸如结构主义的那种方式,或者叙事话语研究模式。它构成的不仅仅是历史学家"观相"历史对象的一个新领域,而且还构成了许多新概念。这些概念不仅是一种叙事的模式,而且可以上升为文化的模式。从司马迁"究天人之际,通古今之变,成一家之言"的伟大抱负来看,显然是要比较出一个既能解释过去,又能预示未来,非常适合于历史与现实相结合的文化形态。从汉代初期有关意识形态的大讨论中依稀看出中国文化的形态观念可能存在三种不同的类型:现存的文化和理想化的文化形态(或不变的文化形态与可变的文化形态);单一的文化形态与复合的多元的文化形态;主流的文化形态与非主流的文化形态。如果顺着这一思路铺设下去,将司马迁的理论视野与实践经验相链接,渴望以"原始察终,见盛观衰"①"述往事,思来者"②以及"承弊通变"③认识论和方法论来统摄整个太史公书,笔者认为,他对中国文化形态的构想可能有以下三种:①主流的政治文化与非主流的政治文化;②忧患意识文化与乐感意识文化;③正剧式文化、悲剧式文化与喜剧式文化。况且文化形态的划分及确认与文化形态本身的性质无关。

然而,正像笔者在过去的研究中一直认为的那样,司马迁的绝大部分思想观点都是通过对历史的叙述表达出来的,一如前人发现的那种寓论断于叙事的隐喻方式,因而我们对司马迁文化形态的想象建构也只能从具体历史事件和具体历史人物的研究见出。

二、主流政治文化与非主流政治文化

这是一个最难解释和理解的议题。正像马克思所说的,统治的思想就是统

---

① 司马迁:《史记》,中华书局1959年版,第3319页。
② 司马迁:《史记》,中华书局1959年版,第3330页。
③ 司马迁:《史记》,中华书局1959年版,第3330页。

治阶级的思想。秦汉以来，统治阶级思想的核心当然是孔孟之道，同时这也是经过汉初的意识形态大辩论而后直至汉武帝时才被官方重新确认下来的思想武器。从《太史公自序》也可以看出这一点。司马迁尽管闪烁其词，坚决不以孔子第二自居，声言虽然以太史公之职传家，仍然像孔子一样，只是述而不作，仅仅尽到一个史官的职责而已，但他对《春秋》意义的深入剖析及其心志的表露，足以证明其思想结构的主要成分不但是以孔子孟子为代表的儒学，而且博采百家所长，发展为最有实用价值的儒学。尤其是，从儒家思想在当时已被确定为正统的意识形态，而自己又师从大儒董仲舒这层绕不开的关系来看，司马迁不但是儒家思想的传播者而且是新儒学的开创者了。然而，依笔者所见，"主流政治"不仅体现在他的自我辩解及理论话语之中，还渗透在他的整个著述中，体现在《史记》的整体布局和创作意图的设计之中。笔者认为本纪之首《五帝本纪》就体现了司马迁的这种意图。不过疑问与争议大概也在《五帝本纪》有关黄帝的记述上。一般认为，五帝不是传说，而是翔实的历史，黄帝是有据可查的历史人物。李学勤先生持此一说。也有其他出土文物不断予以佐证。而庞朴先生却根据中国古代相关典籍的记载，考证出黄帝即怪兽或混沌或羊皮筏子，云云。这不禁使我们这些"炎黄子孙"陷入一个不肯失去祖宗的尴尬！中华民族向来是把黄帝作为始祖来看待的，也是作为中华文明的第一人来引以为荣的，假如黄帝属于子虚乌有，那么维系中华民族大团结、引领历史继续前进的神圣君主将不复存在，我们的全部骄傲和信心就会被摔得粉碎。其实，这一类的疑问和争议也出现在司马迁那个时代，曾经不止一次地考验司马迁朴素的唯物主义世界观，摧残过司马迁脆弱的神经，一度使他踌躇不已。他一方面认为"百家言黄帝，其文不雅驯，荐绅先生难言之"[1]，另一方面又说"非好学深思，心知其意，固难为浅见寡闻道也"[2]。但难言归难言，态度归态度，艰难的抉择并不影响司马迁对历史理性的把握和开启，"择其言尤雅者""著为本纪书首"[3]却是另一种气度，特别强调包括黄帝在内的"帝功"应当成为中国历史宏大叙事的开端。那

---

[1] 司马迁：《史记》，中华书局1959年版，第46页。
[2] 司马迁：《史记》，中华书局1959年版，第46页。
[3] 司马迁：《史记》，中华书局1959年版，第46页。

么,司马迁为什么硬要为黄帝找一个信史的依据呢?为什么在当时缺乏充分资源的情况下一定要把传说中的亦人亦神、各种各样的"混沌"精心打造成一个光辉灿烂而又可亲可爱的黄帝?这当然不是司马迁的偏见,而是社会无意识或集体无意识对司马迁的导引,是观念中的中国历史对一个有智慧的史学家的期待。其一,司马迁的时代,虽然对秦国灭亡的大讨论已经成为余波,作为史官的司马迁似乎感到尽管秦国的灭亡有各种各样的理由,但秦始皇统一中国的功绩是不可磨灭的。汉代需要秦代政权样板,踌躇满志的汉武帝也以秦始皇作为有汉一代帝王的样板。汉武帝不希望关于主流意识形态是儒是道的讨论仅仅成为纸上谈兵,而是希望它成为切切实实的政权建设、政治意识形态建设的理论武器。现实需要秦始皇和秦始皇精神,而秦始皇精神恰恰存在于黄帝统一中国、平定天下的坚定性与合法性之中。要之,黄帝是中华民族团结统一的象征,也是中华文化走向文明的象征。其二,笔者由此而感到困惑的是,倘若以黄帝、秦始皇、汉高祖代表的文化为主流文化,那么以尧舜为代表的文化应该属于一种什么性质的文化?难道可以将之称为"反主流"的文化?当然不是。可以厘清的是,司马迁从来没有也不可能将以"让"天下为荣的君子尧、舜、吴太伯、伯夷与以"争"天下为己任的黄帝、秦始皇、汉高祖绝对地对立起来。应当说,这两种政权建立的方式都有其深刻的历史背景和具体的伦理环境。此前,我们对司马迁关于吴太伯和伯夷之"让"的伦理价值与社会价值已经作了充分肯定,对"天道无亲,常与善人"的天命观进行了唯物主义解释,尤其对惨无人道的非人道主义进行了激烈的批评。尽管太史公对其抱有极大的同情心,同时又对秦始皇、汉高祖的反历史主义、霸权主义、反人性的诸多方面,进行了深刻的揭露和批判,但从整体上看,司马迁并没有借此否定黄帝以来的政治文化,更没有把以黄帝、秦始皇和汉高祖代表的政治文化作为打压尧、舜、吴太伯代表的文化的工具和手段。历史地看,它们是两种并行不悖的政治文化。假如认为,一些阶级胜利了,一些阶级消灭了,这就是历史,这就是几千年的文明史,是对历史经验的高度概括和总结,那么"争"天下的观念和行动就是一种主流的政治文化,而"让"天下的观念和行为就是一种非主流的政治文化,而且是永不复返、无法再生的非主流文化。

所以即使黄帝、秦始皇和汉高祖是一个构成性的文化符码,它也是有一个强有力的意识形态支持的。从这一点看,司马迁的政治文化观念首先维护的是一个统一的、被历史所认可的大政治文化,而不是非主流的政治文化。当然,司马迁也并没有对非主流的政治文化采取排斥态度。恰恰相反,他认为,非主流的政治文化不但不会瓦解、颠覆主流的政治文化,反而会填补主流政治文化的某些空缺。例如《黄帝本纪》《吴太伯世家》就体现了对非主流政治的肯定。在《黄帝本纪》里,司马迁不仅认为黄帝对蚩尤等其他部落的征伐是合法的,同样也把蚩尤等部落对黄帝的臣服看作是合情合理的,否则便是犯上作乱。在《吴太伯世家》里我们看到,太伯和弟弟仲雍为了周王朝的长治久安,不忍兄弟之间的互相残杀,心甘情愿地让出太子地位而奔走他乡,最后定居无锡梅里。他们尊重当地的风俗习惯,毅然断发文身,与土著居民融为一体,开发和繁荣了江南,从而发展壮大周族部落,推翻商纣王。关于"世家"政治与"本纪"政治的关系,司马迁已经演绎成一个非常明确的象征体系:"二十八宿环北辰,三十辐共一毂,运行无穷,辅拂股肱之臣配焉。"[①]有趣的是这一代码结构也得到唐代的司马贞、张守节的附庸和发挥,使其得到更大范围的传播。此外,对滑稽、游侠一类人物的充分肯定,也同样表现了司马迁对非主流意识形态的明确立场。那就是不能忽视底层小人物在历史进程中的作用,他们无论是在人间情谊的建构还是在内政与外交的斗争上,所表现出来的决绝与坚定,皆胜于上层的统治阶级。他们所信仰的忠孝节义等非主流意识形态,既是对主流意识形态偏颇性的补充和纠正,更重要的还是对其的超越。这就说明,非主流的政治文化无论何时都是与主流的政治文化相协调相合拍,在充分保证自己利益的前提下,以主流的政治文化作为价值的衡量标准的。

三、浪漫传奇文化

浪漫传奇文化,也可以称之为正剧式的文化。加拿大著名文学批评家诺思罗普·弗莱从历史循环论出发,认为历史的发展过程恰如自然界春夏秋冬的循环律一样,从叙事的性质上来说,又是喜剧、浪漫传奇、悲剧和反讽的演进。从文化建设的层面看,浪漫传奇或正剧文化较之其他具有更为显著的历史意味。

[①] 司马迁:《史记》,中华书局1959年版,第3319页。

因为正剧的主人公是被肯定的,正剧主人公所代表的历史也是被肯定的。"从根本上说,罗曼司是一种自我认同的戏剧,主人公对经验世界的超越、战胜和最终从这个世界的解放象征着这种自我认同——往往使人联想到圣杯的传奇或基督教神话中基督的复活故事。这是善战胜恶、美德战胜罪恶、光明战胜黑暗的戏剧,人最终超越了他由于堕落而被囚于其中的世界。"①那么,司马迁的罗曼司传奇或正剧文化是从哪里开始又是在哪里结束的呢?假若以主流的意识形态而论,是从《高祖本纪》开始的,又是以《今上本纪》结束的。汉高祖刘邦的艰难创业精神和历史功绩主要表现在楚汉相争的过程及其结果中;而楚汉相争的历史一开始孕育在波澜壮阔的农民起义的烟尘里,他们的共同目的是推翻秦王朝的统治,但是要战胜比自己强大得多的秦军谈何容易。于是"先破秦入咸阳者王之"就成了激励性的政策。这个口号,本来是义帝鼓励刘邦和项羽各自领导的义军英勇杀敌,以最快的速度结束秦王朝统治的约定,并不是要他们直接奔向咸阳自立为王,所以也是一个君子协定。践约协议、拼命杀敌者自然是项羽,他自恃兵多将广一直与强大几十倍的秦军正面交锋,转战河北、山西、山东,一直向秦军的纵深地带发展;而刘邦呢,虽说也遇到秦军的顽强抵抗,但总的说来是避其锋芒而前行的。尽管这样,楚汉相争的结果还是让刘邦取得了天下。这是隐藏在历史缝隙中的不可知现象,也正是这种不可知使历史更具有神秘性。但这种神秘性并没有成为太史公认识历史、把握现实的一道障碍,相反太史公以真正历史唯物主义的态度接纳了这一结果,并以《高祖本纪》开始了对正剧文化的延续和发展。那么这种文化理念形成的心理基础究竟是什么?关于这一点,司马迁在《高祖本纪》的"赞"中说得很明白:"夏之政忠,忠之敝,故殷人承之以敬。敬之敝,小人以鬼,故周人承之以文。文之敝,小人以僿,故救僿莫若以忠。三王之道若循环,周而复始。周秦之闲,可谓文弊矣。秦政不改,反酷刑法,岂不谬哉?故汉兴,承敝易变,使人不倦,得天统矣。"②这不仅是对刘邦战胜项羽的一个极为公允的评价,也是对汉王朝取代秦王朝的合法性的定论。

---

① 海登·怀特:《后现代历史叙事学》,陈永国、张万娟译,中国社会科学出版社2003年版,第378页。
② 司马迁:《史记》,中华书局1959年版,第394页。

第三章 《史记》文化形态学的建构与文化学意义

为什么？如前所论，司马迁认为中国历史的开篇应当从黄帝始，黄帝是个样板，三王也是一个样板，但历史的发展总有曲折，总有回流，但是也总是在循环中找到生长点的，"反者，道之动"就是这个意思。即使有"秦政不改，反酷刑法"的倒退，最终仍然被汉王朝新的一轮循环代替了。这样看来，司马迁的乐观主义精神似乎来源于对历史循环论的迷信。实则不然，司马迁是一个冷静的现实主义者，他是从结果研究过程的，他相信结果而不相信过程。这种结果虽然偶然发生，但绝不是人的意志的偶然性，而是历史的必然性催生的偶然性，是历史发展的必然趋势。司马迁在《秦楚之际月表》中情不自禁地赞颂，刘邦是顺应历史潮流而涌现出来的"大圣"。虽然不无讽刺意味，但依然肯定了刘邦"受命于天"的必然性与合法性。现实主义者首先是一个历史唯物主义者，他评价历史的遭遇是从现实出发而不是从概念出发妄作结论的。从过程来分析，刘邦知人善用、审时度势，顺应历史"故愤发其所为天下雄，安在无土不王"，即使有时要弄一些流氓的手段，但手段的卑鄙并不能证明目的的卑鄙，政治亦无诚实可言，有时可能还是政治智慧的表现。所以毛泽东称赞刘邦是一个高明的政治家，而项羽则是一个不高明的政治家。这不但肯定了刘邦的历史功绩，而且也肯定了他在历史机遇中的政治行为和军事行为。司马迁正是从不同于机械的历史循环论和历史决定论来分析这场事变的，是从刘邦建汉到汉武帝改制这一段时间的实践的结果作出上述评价的。这既无关乎汉高祖个人的品行，也无关乎司马迁因自身遭遇而激起的私人感受。如果从司马迁的一己之感情出发，显然只能是另外一种解释。毋庸讳言，汉高祖和汉武帝是一系列悲剧制造者，司马迁家族正是汉代政治的受害者，尤其在汉武帝当政以后，又亲手制造了骇人听闻的"李陵之祸"，司马迁受此牵连而被迫接受宫刑，这不但摧残了司马迁的肉体而且几乎扭曲了他的灵魂。正因为如此，司马迁才对汉代统治者的本质有了深入的理解和较为清醒的把握，也才产生了"发愤著书"的勇气和"成一家之言"的抱负，他怎么可能反而以另外一种心境违心地去接受并拥戴一个几乎让他家破人亡的汉武帝政权呢？这的确是一个矛盾，那么我们究竟如何解释这种巨大的心理反差？尽管司马迁通过《报任少卿书》一再表白，由于替李陵讲了几句公道话，就遭受了这场大祸，惹百姓讥笑，也辱没了祖先，这种奇耻大辱即使经历一百年也难以洗刷，因为不理解他的人太多了。然而，司马迁之所以是司马迁，就在于他像浮士德那样,把自己的痛苦经历看成是人生的必然磨难,把自己的精神创伤理解为历史理性对自己的洞穿。从历史的事变中,他发现这样一条规律:大凡有作为的仁人志士,都难免经受"炼狱"般的洗礼,不过也正因为如此,他们的精神产品更能经得起历史的考验,可堪为后世难得的一份遗产。司马迁留给我们的精神遗产是《史记》,它凝结了司马迁的全部心血,集中体现了他对历史和现实的理解和评价,而这些理解和评价又是以火一样的感情浇灌起来的。为此他感到无比欣慰,认为在当时只有通过这种方式才能完善自己残缺的肉体和心灵。这样分析也未尝不可,但司马迁的精神和意志仍然可能被解释为自私的、狭隘的,这一点可以理解。司马迁不是神,但也不是一个普通的史官。他最终超越自己巨大痛苦的原因是历史和阶级意识,是严格的现实主义精神。现实主义的另一特点是尊重现实而又能超越现实,尊重个体而又能超越个体。从楚汉相争的结果看,历史选择的是刘邦而不是项羽,尽管司马迁对刘邦的所作所为颇有微词,但是他仍然尊重这种历史的选择。同样的道理,汉武帝虽然有罪于司马迁家族,但是他发愤图强、立志改革的功绩是不可否定的。不然,又为何把"子羽暴虐,汉行功德;愤发蜀汉,还定三秦;诛籍业帝,天下惟宁,改制易俗"和"外攘夷狄,内修法度,封禅,改正朔,易服色"①作为最高的评价分别奉送给两位帝王呢?唯一的解释是用历史理性战胜了自我,不然又如何做到"不虚美,不隐恶"呢?司马迁非常明白史官的修养不仅表现在应有的良知上,更表现在历史的责任感上。不然又如何做到"述往事,思来者"呢?《史记》既是一部翔实的历史,又是司马迁的个人心灵史。由此我们想到恩格斯评价巴尔扎克的那句名言:现实主义可以违背作者的见解而表露出来。巴尔扎克在政治上是一个正统派,却在当时发现了未来的资产阶级,从而背叛了自己的阶级同情,赢得了"现实主义的胜利"。司马迁也是这样,在刘邦顺应历史取得政权和企图否定新兴政权,在汉武帝改革取得的巨大进步和不断否定这种进步严犹闻耳的声浪中,最终都没有让他错误地站在个人与汉高祖和汉武帝对立的感情立场上,而站在了充分理解和认识历史理性对个人命运的征服上。被升华的个性驱使他不再把浮士德心灵指向汉王朝,而是指向一个隐在的个人王国。司马迁创造了

---

① 司马迁:《史记》,中华书局1959年版,第3302—3303页。

一种文化,一部真正的正剧文化,而司马迁本人则是正剧文化的化身。斯宾格勒指出,"一种文化即是一种生命或心灵的独特样式,这心灵为了表现自身的世界感(自我与世界的关系),总要选定一些基本的符号来代表心灵的独特的生命感受和创造意向,由此形成了每一文化中的原始象征""因此,每一种伟大文化都已具有了表达其世界感的秘密语言,这种语言只有那些心灵属于那一文化的人才能够充分理解"。①

四、悲剧文化(包括忧患意识文化)

传统的悲剧理论认为,悲剧是好人受难。悲剧总是模仿比我们今天的人好的人。悲剧的主人公所从事的事业是正义的或者是进步的,因而悲剧主人公的毁灭或失败,一般都能引起怜悯、同情和崇高的审美关怀。司马迁的悲剧意识和悲剧文化观念,集中表现在《项羽本纪》《屈原列传》《淮阴侯列传》等中。如果按照西方流行的悲剧分类方法,《项羽本纪》基本上属于性格悲剧,《淮阴侯列传》属于命运悲剧,而《屈原列传》属于社会悲剧。从叙述话语及语境看,大体上都体现了"历史的必然要求和这个要求实际上不可能实现之间的悲剧性冲突"(恩格斯语)这一大有深意的悲剧精神,因此又可以称之为情景悲剧或境遇悲剧。由于悲剧主人公都相信自己所从事的事业是正义的、进步的,而事业的发展趋向又非人的意志所能把握,因而在绝望中常常无奈地发出"天亡我也,非战之罪也"的哀叹,对人的命运尤其是"好人"的命运油然产生困惑和怀疑,所以从根本上说,所有的悲剧都是命运悲剧,是对与人的命运十分抵牾的"反历史的、魔鬼般的、荒谬的"偶然性的臣服。这就牵涉一个历史人物评价中绕不开的话题——命运观念与历史的因果律的关系何在?是什么原因造成它们之间的对立?在历史文本或者文学文本中,我们看到主人公总相信命运可以垂青自己,生命的航线总可以任由自我把握。殊不知,生命运动的规律性永远是不可知的,命运是不能被"认知"也是不能被描述的。在真实的历史事件中,我们常常发现,主人公对自己生命的归宿及理想的设计是一回事,而操弄命运的因果律却是另外一回事:命运任何时候都不能由理性和逻辑演绎,而因果律却可以经

---

① 斯宾格勒:《西方的没落》,吴琼译,生活·读书·新知三联书店2006年版,第304页。

由概念和证明。命运始终好像颠簸在大海之上的生命之舟,完全听命于冥冥之中梦一样的逻辑引导,正应了那句谶语:"一切无常事,无非譬喻一场。"而因果律支持的历史必然性无论怎样都可以找到内在或外在的依据。俄狄浦斯、罗伯斯庇尔、拿破仑、李尔与项羽、韩信、屈原,希望心灵作为一种生存的概念,总可能有自己的逻辑,然而他们每一次与命运的抗争,都远离了历史发展的轨迹,同时也都违背了生命本身的逻辑,以致司马迁在《伯夷列传》中不得不发出"余甚惑焉,傥所谓天道,是耶非耶"的感叹。所以,司马迁不但以与罗曼司同样成熟的文化观念撰写这些传记,而且是以极大的同情心来撰写这些传记的。不过,与历史上其他悲剧不同的是,在悲剧情感成分的构成上,略显得复杂。他的悲剧式人物所唤起的审美效应不仅有同情和怜悯,还有在怜悯和同情之余激起的痛惜或者深沉的批判。于此可见,司马迁的悲剧意识不是对一般悲剧应产生的那种肯定性情感,也有因怜其不幸或怒其不争而产生的否定性情感倾向,因为"将悲剧归纳为一种宿命论,不足以区别悲剧与讽刺,何况意味深长的是,我们只谈起有命运的讽刺,而无讽刺的悲剧"[①]。在这一方面,《绛侯周勃世家》是个典型的悲剧创造,但它流露的是肯定性情感;其中也有讽刺,但讽刺的对象并不是周勃和周亚夫父子,而是刻薄寡恩的汉王朝。周勃父子都是汉初的有功之臣。周勃不仅在跟随刘邦东征西讨的剑与火考验中(打天下)战功卓著,非一般人可比;而且在汉帝国面临生死存亡之秋,即在诛杀诸吕、巩固刘汉政权的关键时刻,成为义不容辞的决策者和组织者。其子周亚夫,是平定"七国之乱"的汉军统帅,为打散诸侯王的割据势力、统一和维护中央集权同样建立了不朽功绩。按理说,父子二人既然有功于汉室,理应受到历史的殊荣和统治阶级的尊重。然而命运却让他们走到历史的反面:他们仅仅做了两三年的丞相就被免职了!尤其令人愤愤不平的是,他们都因为被诬告犯了谋反之罪而银铛入狱。周勃虽然由于薄太后的干预才幸免于罪,不过狱吏狗仗人势,极尽欺凌侮辱,不仅让这位统帅百万大军的右丞相心生悲凉,也对本朝的吏治有了新的认识。其父尚且如此,其子也难以逃脱厄运的纠缠。周亚夫死得壮烈,却未能死得其所。他是

---

① 诺思罗普·弗莱:《批评的解剖》,陈慧、袁宪军、吴伟仁译,百花文艺出版社2006年版,第304页。

在狱吏的步步威逼下,绝食五日吐血而死的。周亚夫的壮烈之举显然是对统治阶级迫害功臣的默默抗争。其实,悲剧人物不仅仅是周勃父子,萧何入过狱,樊哙被捕过,韩信最终被杀,他们都是值得同情的悲剧人物。

比较而言,项羽是一个更为典型的悲剧英雄,不过项羽的悲剧却是另外一种性质的性格悲剧。所以,太史公对他的感情也较为复杂。项羽是秦末轰轰烈烈的农民大起义中涌现出的一位英雄,但他最后却以一个悲剧结束了战争。项羽的失败,其原因固然是多方面的,有一点可以肯定,就是乖戾多疑、心胸狭窄、优柔寡断的性格使然。这种性格是与一个救民于水火之中、以天下为己任的起义军英雄领袖格格不入的。司马迁虽然对之给予极大的同情,甚至将项羽当作自己的精神化身去叙述和描写,但他既没有轻易地用历史的偶然性诠释项羽军事上的失败,也没有袒护他政治上的过错,而是站在历史唯物主义的立场上,对于他的反历史主义做法,例如分封诸侯的错误和愚蠢的道德行为进行了尖刻的讽刺和严厉的批评,避免了因"悲剧人物过失论"过度解释而引发的错觉。进而言之,司马迁的历史悲剧观念不仅在于"借激起怜悯和恐惧来达到这些情绪的净化",还以"思来者"即反思现实的精神检视悲剧主人公的道德立场和伦理观念,用历史理性与社会效果去要求他们的一举一动,这显然是一个新的视野,也正是司马迁不同于前人甚至也不同于今人之处。于此可知,司马迁的悲剧文化意识,盖与继续宣传唯心主义的宿命论无涉,也与迁就无所作为的机会主义无涉;恰恰相反,他是以朴素的唯物主义作为自己的认识论,将推演历史决定论的方法贯串于历史文本的构建过程中,把不可知的历史机遇形象地阐释为可以理解的主动性的历史行为,让历史事件尽量凸显自身的必然性,从而使其具有更为普遍的理论指导意义。

这就是忧患意识文化,忧患意识文化是反省式的文化类型。将悲剧意识文化转化为忧患意识的文化,目的是从另一角度对悲剧英雄那段希望改写而永远无法改写的历史的反省,其现实意义在于治疗因"狼来了"的多次重复而引起的麻木不仁。对于那一段历史,一个辉煌生命的突然消失,难免有些遗憾和感慨。人们常常发出非常性的疑问:假如某某善于用人,假如……但历史不存在假如,历史只有冷冰冰铁一般的事实,制造假如仅仅是一种神话。不过这并不影响我们反思那一段历史,认真地总结历史的教训。今天,当我们站在历史唯物主义的立场上,按照现实主义的基本原则,平心静气地思考从春秋战国到汉帝国建立这一段辉煌历史的时候,许许多多的英雄豪杰、志士仁人乃至普通的芸芸众生都为战争或政权斗争付出了宝贵的生命。无论是性格悲剧、命运悲剧还是社会悲剧,他们无一不是政治斗争的殉葬者。许多名臣、名将,虽然位高权重(例如屈原),或者重兵在握(例如韩信),却不懂得政治斗争的复杂性、微妙性、残酷性。由于他们太坦诚,坦诚得一览无余。又由于他们非常自信,自信得愚不可及,以至于难以区分善行和恶行、奴性和刚性、崇高性和卑俗性,所以难免失去既有的权力和名誉,沦为政治乞丐,甚至身首异处,最终淹没在历史的烟尘里。历史的经验告诉我们,两军对垒,拥兵自重的一方,固然需要绝对的实力和优势,如果硬拼硬杀,敌对一方根本不是他的对手。不过单凭硬实力与敌人死拼还不是高明政治家的全部作为。要取得天下,夺得战争的最后胜利,还需要软实力。软实力是什么?软实力就是智谋,就是权术和如何运用权术。换言之,软实力也就是政治预见能力、政治分辨能力以及实施政治的权术(重心在"术")。在某种意义上,权术实施得是否确当,具有决定性的意义。而高明政治家之所以高明,原因就在于他们常常将"术"玩弄于股掌,真正地成为碾压对方的生存语义场。韩非子认为,一个君王要想巩固自己的地位,需要有"权、术、势"这三个方面的支持。对于李斯、韩信一类人来说,他们既不缺乏"权",也不缺乏"势",当然也不缺乏浪漫与幻想,缺乏的正是"术",即战略和战术方面的智谋。大而化之地来说,最缺乏的就是今人常说的忧患意识。所谓忧患意识,就是在风平浪静之中看到潜藏于底层的暗流,在顺境中看到困难,在满意中看到不满意的蛛丝马迹。一句话,忧患意识就是危机意识,危机意识刺激和生产机遇,把握机遇就等于把握了主动权,所属的政治集团就可以由小变大,由弱变强,进而赢得战争的胜利。而缺乏忧患意识和危机意识的某些名臣、名将,因此不能役使人主反而被人主所役使,无法为人主制造悲剧反而成为自己悲剧的制造者。所以,即使像屈原一类自视高洁的志士名臣,虽然具有强烈的忧国忧民意识,但又不能将忧患意识适时转化为危机意识并付诸行动,仍然有可能成为悲剧的牺牲品。这就是历史的教训。虽然我们不能改写历史,但却能反省历史,拓展悲剧的观念。唯此,我们才能真正理解和深化太史公给我们暗示的由悲剧生成忧患意识的文化形态的创作意图。

五、喜剧文化、亚文化与乐感文化

与悲剧不同的是,"喜剧通常朝美满结局发展,而观众对美满结局的一般反应是'应该这样',这话听起来像一种道德评判。""不过这句话并非严格意义上的道德评判,而是属于社会价值的评判。"[1]但司马迁的喜剧观念指的不是西方传统意义上的喜剧,而是不一定带有讽刺但必须体现出幽默情调的喜剧,因而像《滑稽列传》等一类喜剧应在讨论的范围之列。当然,如若从性格上来取舍,范蠡、晏子的经历与事迹也当属于这一类喜剧形式,但是比较集中通过塑造喜剧人物,体现太史公喜剧文化观念,进而体现亚文化意识的作品仍然是《滑稽列传》。

首先要说明的是,将喜剧文化称为亚文化的说法仅仅存在于《史记》之中,我们认为太史公一方面把范蠡、晏子代表的文化作为影响主流文化的一种因素来看待,而另一方面又积极地推崇这种喜剧文化有着不可替代的社会作用。"孔子曰:'六艺于治一也,礼以节人,乐以发和,书以道事,诗以达意,易以神化,春秋以义。'太史公曰:'天道恢恢,岂不大哉!谈言微中,亦可以解纷'。"[2]

毋庸讳言,在汉代独尊儒术的政治背景之下,六艺既是整个统治阶级的意识形态,又代表着正统的主流政治文化。比起六艺来,喜剧无论如何都不可能成为主流政治文化,它不占主导地位,甚至不登大雅之堂——我们姑且将它称之为亚文化,但是这种亚文化在特殊的语言环境中,却可以发挥主流政治文化不一定能够发挥的作用——"谈言微中,亦可以解纷"。什么意思呢?他们的言谈举止十分得体、贴切,同样可以化解人世间的矛盾纠纷,这不是也对社会的稳定、生产力的发展起到一种促进作用吗?

其次,喜剧风格不仅仅是一种话语功能,也是一种社会效果即和谐气氛的生成。例如西门豹治邺时,就制造了一次话语游戏。邺地百姓不堪漳河水害困扰,怨声载道,而当地的巫祝、三老、廷掾不仅不设法消除水患,造福一方,反而

---

[1] 诺思罗普·弗莱:《批评的解剖》,陈慧、袁宪军、吴伟仁译,百花文艺出版社2006年版,第239页。

[2] 司马迁:《史记》,中华书局1959年版,第4197页。

利用水患制造迷信,忽悠百姓,用河伯娶妻的荒诞说法搜刮钱财,荼毒生灵。西门豹经过详细的调查研究之后,决计以其人之道还治其人之身,尽管他对所谓河伯娶妻的荒唐说法持怀疑态度,甚至深恶痛绝,但在表面上还是以"信神者"的姿态迎合并参与了这一违背人伦的仪式。但是操控者和被操控者的身份移位了,操控者是西门豹,被操控者是巫祝、三老和廷掾。送给河神的不是老百姓的女儿而是巫婆和她的女弟子,最终让祭神者成为河神的祭品,西门豹为当地百姓除了一大害。我们之所以把这种喜剧表演称为一场话语盛宴,是因为各种人物的心理与表情也随着祭河次数的变化而发生喜剧般的变化。曾经操控河伯娶妻闹剧的三老和廷掾随着巫婆、巫婆的女弟子一个一个被抛入水中,便由惊讶变为无奈,由无奈变为紧张,再由紧张变为恐惧;而地方官吏和老百姓,一开始纯粹是为了看热闹,他们由迷惘变为惊讶,由惊讶变为兴奋,再由兴奋变为极度兴奋。所以说,西门豹主持下的"河伯娶妻",从某种意义上讲是一场自娱自乐的乐感艺术表演。

最后,充分肯定"小人物"生存语义场的合法性、独创性。

春秋战国时期留给太史公一份巨大的精神遗产就是"百花齐放,百家争鸣"的学术语境,即使名不见经传的小人物,只要持之有据、言之有义,也可以成为一个流派。这种思潮无疑影响到太史公的认识视野及思维方法。而这就是为小人物立传,肯定并赞扬他们通过独创的生存语义场为国家、为社会建立功业的思想基础。

我们发现,在大多数场合中,"谈言微中"的滑稽人物不是依赖言说的内容,而是依赖言说的方式化解危机、取得君主信任的,而这种聪明才智却是位高权重的达官士人难以企及的。例如优旃,身为侏儒,从不嫌弃自己身份的低贱,某次于雨中赴宴时,见宫廷卫士淋雨挨冻,遂生怜悯,不管不顾地大声呼叫:"汝虽长,何益,幸雨立。我虽短也,幸休居。"这样的"不平"虽则暖心,却言不及义。但作为一次轻度的讽刺和幽默,尤其作为人生地位落差的体验和感悟却有深度。

善于运用奇妙的比喻制造话语盛宴以使接受者有所感悟或觉醒,也是滑稽人物淳于髡常用的一种幽默艺术。齐威王时期,淳于髡曾经以"谈言微中"的话语技巧劝谏齐王。原因是齐威王沉湎于声色犬马,疏于理政,致使内外交困,社稷安危令人担忧。此时,淳于髡以大鹏鸟作比,启发齐威王:"都城中有只大鸟,落在了大王的庭院里,三年不飞又不叫,请问大王你知道是怎么回事吗?"齐威王曰:"此鸟不飞则已,一飞冲天;不鸣则已,一鸣惊人。""于是乃朝诸县令长七十二人,奋兵而出,诸侯震惊,皆还齐地。"

有时候"谈言微中"的审美效应同样使人始料未及。有一次,淳于髡奉齐王之命献鹄于楚,却不料一时疏忽大意让鹄走失,几近酿成大祸,情急之中,淳于髡以奇妙的话语娱乐楚王,同时又为自己的过失巧言诡辩:"齐王派我来进献黄鹄。从水上经过,不忍心黄鹄干渴,让它出来喝水,孰料竟离我而去,我本来可以自杀,又怕别人非议大王因为一只鸟的缘故致使士人自杀。当然黄鹄这类东西,相似的很多,想买一个以假乱真,这既不诚实,又欺骗了大王。想要逃奔到别的国家去,又恐齐楚两国由此矛盾加剧乃至断交。故而前来服罪,请求大王责罚。"这种善意的谎言,滴水不漏。此情此景,我们只能感叹智慧的魅力。

所以说,把滑稽转化为幽默,是一种艺术的创造。从根本上说,滑稽是一种审美艺术,或者是一种化丑为美的艺术。在这一艺术展示的过程中,读者发现,列传中人物的可笑言行并不是必然存在的丑恶行径,而是在极有讽刺意味的诙谐戏谑符号下,包含着合于人类本性,具有崇高意味的美的形象的再现。这就是他们的伟大之处。正像太史公所言:"淳于髡仰头大笑,齐威王横行。优孟摇头而歌,负薪者临槛疾呼,陛楯得以半更。岂不以伟哉!"在这里,一个"伟"字已经传达出人物言行的审美本质,体现了这些倡优弄臣即使地位低下,仍然掩藏着蕴含崇高之美的智慧。而在人性的表现上,他们比起那些处于复杂人主关系中的人臣,活得自由,活得开心,也活得有人格。因为那些所谓高贵者,即使处于最为理想的君臣关系之中,也常常感慨高处不胜寒,没有做人的尊严。

那么,这种智慧从何而来? 应当说,它既来自身处特定文化符号域中的传主,所谓"卑贱者最聪明,高贵者最愚蠢"就是这个道理。也来自太史公其人的经验与感受。他对优旃一类劝谏方法的肯定和仰慕,似乎在检讨当年为李陵辩护的幼稚和鲁莽。尤其在优孟以委婉的方式劝谏楚庄王解决廉吏孙叔敖儿子的生计之后,感叹"此知可以言时矣",正说明,优孟的伶俐之处就在于他抓住时机,方法得当,而不至于像自己当时因莽撞招致李陵之祸。对此日本学者龙川资言已经看出其中的端倪:"史公不知时而言,以遭惨刑,六字有感而发。"由此

· 61 ·

可见,喜剧的圆满不是道德的评价,而是社会价值的评价,在政治文化的诗意创造中,又应和了乐感文化的审美需求。

　　以上行文意在说明,司马迁因叙事形式的特殊结构已经为我们创造了最古老的元叙事理论与框架,而今我们又从《史记》的叙事形式分析出有关文化形态的构想是中国最古老的文化形态的雏形,也是中国文化青春期的巅峰之作。这就决定了我们只能"走近"而不能"走进"司马迁的文化大视野,他的文化观念仍须进一步发掘。另外,当我们以现代思维和严格的历史理性衡量司马迁时,也发现《史记》中的悲剧意识较为含混,甚或前后矛盾,例如在对悲剧人物的创造与商鞅变法的基本态度上就欠公允。商鞅是战国时期以法治振兴秦国的改革家,正是由于商鞅的改革,秦国才由弱变强,才具有了统一六国的经济基础。可是司马迁却对商鞅的历史贡献与现实价值估计不足,对商鞅的道德要求过于苛刻,竟然苟同流俗之见,贬低商鞅"天资刻薄",暴露出儒家思想在社会变革中的保守性,这势必影响他的悲剧观念,因而使最具悲剧意味的《商君列传》留下缺憾,难以体现出"历史的必然要求和这个要求实际上不可能实现之间的悲剧性冲突"的经典意义。

第四章　文化符号域与太史公机遇思想的形成

首先,什么是机遇? 或者,机遇的概念是什么? 古今中外,有关机遇的思想异常丰富,仅仅关于机遇本质的定义就不下十几种。不过,绝大多数还是倾向于这样一种认识:机遇系指碰巧会发生重大作用的琐事。从偶然性与必然性的关系看,机遇是发生在偶然事件中的必然结果。根据黑格尔的观点,机遇实际上是对自然的历史的人为的非自然的利用,是对整个人类历史的直观。然而,问题还不在于能否意识到机遇的存在,问题的关键在于能否把握和利用机遇,即能否在关键的时候、关键的地方成就自己或自己所属集团、所属阶级的利益,扩大和巩固既得利益,创造性地赋予机遇以应有的效能与价值。显而易见,在人类的知识海洋中,机遇思想无疑是最有价值的思想;在人类的历史进程中,机遇是最有力的杠杆,因而必然是任何一个时代的历史学家首先应当回答的问题,也就必然成为历史哲学研究中最应受到重视的一种研究。

一、太史公机遇思想形成的历史文化背景

严格地说,司马迁并未写过有关机遇理论的著作,他的机遇思想主要是通过"寓论断于叙事"的方式即在对历史事件的描述中凸现出来的。但在"书""表"以及其他一些较为抽象的序言和论述中,仍然可以集中地见出这一思想和观念。例如,在《报任少卿书》中,代表着司马迁历史观念及创作《史记》基本思想的一段话,就透露出这一愿望:

欲以究天人之际,通古今之变,成一家之言。

对这段话的一般解释是:探究人与自然的关系,通晓古今变化的规律性,从而形成自己独特的思想体系。细而察之,前两句讲的是研究的方法,后一句讲的是研究的目的。就方法论而言,第一句说的是纵向性研究,亦可以称作共时性研究;第二句讲的是横向性研究,亦可以称作历时性研究。但无论是共时性研究还是历时性研究,都有一个如何认识历史的规律性从而更好地把握历史规律的问题,都暗含着一个如何以增强机遇意识进而更好地把握机遇的问题。因而这一段话既可以理解为司马迁的历史观念,又可以理解为有关司马迁机遇思想形成的理论背景。再例如,《秦楚之际月表序》曰:

> 初作难,发于陈涉;虐戾灭秦,自项氏;拨乱诛暴,平定海内,卒践帝祚,成于汉家,五年之间,号令三嬗,自生民以来,未始有受命若斯之亟也。

(司马迁:《史记》,中华书局1959年版,第739页)

> 秦既称帝,患兵革不休,以有诸侯也,于是无尺土之封,堕坏名城,销锋镝,鉏豪桀,维万世之安。然王迹之兴,起于闾巷,合从讨伐,轶于三代,乡秦之禁,适足以资贤者为驱除难耳。故愤发其所为天下雄,安在无土不王。此乃传之所谓大圣乎?岂非天哉,岂非天哉!非大圣孰能当此受命而帝者乎?

(司马迁:《史记》,中华书局1959年版,第760页)

如果说,前一段话的意思是对秦国灭亡、汉代兴起的历史进程难以适应所抒发感慨的话,后一段则是对汉王刘邦作为"大圣"顺应天意、顺应历史,及时建立西汉王朝的充分肯定。司马迁的英明之处在于,它对历史机遇的认识和评估首先放在楚汉相争这一重大的历史事件上,尽管这是当时的统治阶级急需要总结但却意识不到的经验。从表面上看,汉王朝的建立是非常偶然的。在众多的起义军中,西楚霸王一开始就拥有较为强大的优势,极盛时达到四十万之众,号称百万。而刘邦仅有十几万,然而刘邦却能够在短短的几年内兼并各种反秦力量,由弱变强,最终使霸王自刎于乌江,从而取得了阶段性的重大胜利,创造了一个历史的奇迹。这一点的确令人感到意外。但从另一个方面看,西汉王朝的建立,又是一种必然。"初作难,发于陈涉;虐戾灭秦,自项氏",说明又是刘邦在借鉴各路农民起义军正反两个方面经验教训的基础上,不断克服自身的弱点,

第四章 文化符号域与太史公机遇思想的形成

顺应时代的要求,逐步强大起来,建立起西汉帝国的。所谓"拨乱诛暴,平定海内,卒践帝祚,成于汉家",不然,缘何称为"受命而帝"的"大圣"?

不过需要深究的意义远非如此简单。在这里,司马迁只是提出问题,指出一种现象,并不急于回答这个问题。也就是说,这种机遇作为历史性的选择,对于汉王朝来说,究竟意味着什么?或者,如果说汉王朝取代秦王朝是成功的,那么,成功的经验到底如何去总结?由于"岂非天哉"意味深长又有多个所指,这就给后世的历史学家留下极其丰富的想象空间。东汉的历史学家班固认为"镌金石者难为功,摧枯朽者易为力,其势然也"①,点明了刘邦借助众多诸侯力量消灭强秦乘势而王的根本原因。他所说的"势"实际上就是一种由机遇而生或者与机遇相伴随的一种人为的力量。假若不曾发生机遇,"势"也就不会被发现。反之,假若不去积极地引导,人为地利用势(即"乘势"),"势"也不会自然而然地促进机遇的发展。韩非是这样解释"势"的:"夫势者,名一而变无数者也。势必与自然,则无为言于势也。吾所未言者,言人之所设也。"②在韩非看来,势有自然之"势",也有人为之"势",自然之"势"充满着偶然性,变化多端,难以预料,而人为之"势"却充满着必然性、可把握性。有所为的人,既要得势,又要学会乘势,这样才能无往而不胜。显而易见,这种"势"仍然是一种有待于实现的理想之"势"。这种思想无疑启发着司马迁。一方面,他认为"势"是随机的、不可重复的,所谓"事势之流,相激使然";另一方面,他又不无悲观地认为"势"是一种非人的力量,只可"得势益彰",不可以完全驾驭它、改变它。这就形成了历史的必然要求与具有宿命色彩的天命论既相统一又相矛盾的认识论原则。

一方面,司马迁从对天命与人的意志关系认知出发,断言机遇是一种纯粹偶然的东西,可又是一种自然法则;人左右不了它,相反,却常常被它所左右。因而人只能适应它、臣服它。

司马迁的这种思想集中反映在《天官书》《律书》中。在《天官书》中,他多次指出,星象与人事乃至自然的变化总有联系,是不以人的意志为转移的,人只有相信星象的预测或征兆,才能免除灾难。

---

① 班固:《汉书·异姓诸侯王表序》(二),中华书局1962年版,第364页。
② 韩非:《难势·诸子集成》,中华书局1954年版,第299页。

天一、枪、棓、矛、盾动摇,角大,兵起。

西宫咸池,曰天五潢。五潢,五帝车舍。火入,旱;金,兵;水,水。中有三柱;柱不具,兵起。

两军相当,日晕;晕等,力钧;厚长大,有胜;薄短小,无胜。重抱大破无。抱为和,背不和,为分离相去。直为自立,立侯王;(破军)杀将。负且戴,有喜。围在中,中胜;在外,外胜。青外赤中,以和相去;赤外青中,以恶相去。气晕先至而后去,居军胜。先至先去,前利后病;后至后去,前病后利;后至先去,前后皆病,居军不胜。见而去,其发疾,虽胜无功。见半日以上,功大。白虹屈短,上下兑,有者下大流血。日晕制胜,近期三十日,远期六十日。

(司马迁:《史记》,中华书局1959年版,第1295—1331页)

从以上这些星占术卜辞可以看出,无论是大的战争事件的发生,还是具体战争的运作过程,在成功与失败、得利与失利方面,都充满着必然性,皆具有"天意"对人事的先行安排,这就叫作"天人感应"。也就是说,尽管有时潜伏着某种变化的机会,但对人自己来说,永远不可预见,只能听凭冥冥之中命运的安排。也许在司马迁看来,这在当时还是一种科学的预测方法,因而是对星象与人事关系的一种较为合理的解释。但严格地说,这仍然是属于唯心主义的。

更为明确的机遇论或者天意决定论的思想还充分地表现在《律书》中,《律书》是一部比较奇特的书。说它奇特,是因为到目前为止,人们还不能完全确定它是属于什么性质的书。有人说它是有关法律的一部书,有人说它是兵书,还有人从《尔雅》中翻出"律"就是"述"。这恰恰说明,《律书》不是一部具体的科学之作,而是具有数理统计性质的哲学之作。其实,"律"也可以解释为"率",含有概率、比率之意,故《律书》就是"率书"。若是一种"法"的话,应当属于根本之法。所谓"王者制事立法,物度轨则,壹禀于六律,六律为万事根本焉"。按照这样的理解,《律书》给万事万物的运行变化规律提供了一种预测的方法,《律书》因此较少有像《天官书》那样的迷信色彩,有可能接近科学的预测学。但在

第四章　文化符号域与太史公机遇思想的形成

当时,主要用之于占卜兵事,"律为万事根本而兵戎尤重"①"其王兵械尤重,古云'望敌知吉凶,闻声效胜负',万王不易之道也"。司马迁虽然多言偶然、变数,但掌握了"率",就可以变为必然、常数。故而《律书》排在《礼书》《乐书》之后,而又置于《天官书》《河渠书》之前。因为《礼书》《乐书》《律书》侧重于人事的规律性,而《天官书》《河渠书》侧重于自然的规律性。比较而言,人类自身遇到的规律性是不可见的、隐蔽的。故"礼""乐""律"处于"阴而治阳","历""河渠"处于"阳而治阴"。于此可知,自然规律和人事的规律是互相制约、互相转化的。

另一方面,司马迁反对坐等天机、坐享其成的消极依赖思想,主张以一种忧患意识、危机意识去催生带有必然性的机遇,从而赋予极为偶然的机遇以必然性的因素。从根本上说,司马迁机遇思想的理论背景还在于受道家思想的影响,从《太史公自序》就可以窥见这一消息。司马迁之所以主动汲取《老子》《易传》之中的精要,除受父亲的影响外,主要原因还在于自己本身的精神需求。众所周知,司马迁在身受宫刑后,一直处于极度的忏悔和彷徨之中,处于生与死的抉择之中,正是道家思想才让他看到黑暗王国的一线光明,看到自我实现和自我完善的价值与意义,因而也就构成他反思现实和反省自身的理论资源。所谓"承敝通变""原始察终""见盛观衰"的思想,"究天人之际,通古今之变,成一家之言"的伟大抱负,无不与此直接或间接地联系在一起。司马迁认为,盛而衰是历史的规律,也是出现机遇的极好时机。有识之士只要积极地驾驭这个规律,因势利导,实行必要的转变,就可以掌握历史的主动权,进而成就自己或自己所属的集团。所谓"变则势生,不变则势定"就是这个道理。反之,该变不变、过后难变、坐等机遇等于永远失去机遇。所以利用机遇而不依赖机遇,创造机会才会有更大的机会。懂得这样的辩证法,就可以永远立于不败之地。笔者认为,这既是司马迁对历史视域的开启,也是司马迁历史学的核心价值和最高的思想境界。否则,司马迁的机遇思想和发愤著书的精神便失去依托。然而,在机遇问题上,司马迁对文化符号域的开启绝不限于理论上的认识和体会。如前所

---

① 杨燕起、陈可青、赖长扬编:《历代名家评〈史记〉》,北京师范大学出版社1986年版,第423页。

· 67 ·

论,司马迁关于机遇的思想更多的是以非理论的形式即通过历史事件、历史人物的叙述表现出来的,这就像他的历史哲学观念渗透在形象化的历史描写之中一样。正是在这一点上,司马迁始终是一个实践的、经验论的或实证主义思想家,而不是一个超验的、形而上学的思想家。

所以探究司马迁的机遇思想,还应当从他对具体事件、具体人物的评价中加以评估,即从具体文化符号域的角度才能充分认识他的机遇思想的历史价值,也才能对机遇做出真正的唯物主义的拓展。具体而言,司马迁的机遇思想表现在对特定的地点、特定的时间、特定的人物的考量上,我们姑且将之称为机遇的地缘性文化符号域、时缘性文化符号域和人缘性文化符号域。

二、"愤发蜀汉,还定三秦":地缘性文化符号域

文化符号域就其地缘性的本义而言,指的是一个重大的历史事件,一个伟大的英雄成功于某一地方完全是偶然所为。它既不是事件本身,也不是人物自身选择的结果,而是某一文化符号域对于历史和人物选择的结果。从宏观的角度讲,这种文化符号域无论在政治、经济还是军事方面,都具有其他文化符号域无法替代的优势,体现着其他文化符号域不曾具有的价值。而这种优势和价值在很长一段时间不被人们所觉察,尤其不被当事人所觉察。只是到了另一个相似的经验阶段,在偶然性的重复中,看到了它不同一般的历史价值,从而引起较多的关注,这就叫作地缘性的机遇或机遇的地缘性。例如咸阳和关中是楚汉相争的重点区域,它们不仅是秦王朝政权的象征,也是全国的政治经济文化中心,但咸阳在刘邦、项羽心目中的地位究竟重要到什么程度,一开始并不是十分明确的。司马迁在《太史公自序》中说"子羽暴虐,汉行功德;愤发蜀汉,还定三秦;诛籍业帝,天下惟宁,改制易俗。作《高祖本纪》第八"。这说明"愤发蜀汉,还定三秦"是汉王首先对付项王的策略,其实也是司马迁意识到的机遇思想在地缘上的反映。斗争的实践和历史的经验反复证明"愤发蜀汉,还定三秦"既是汉王既定策略的成功,也是机遇的地缘性在特殊条件下的不期而遇。然而,这个策略和战略目标的确立却有一个由不自觉到自觉意识的过程。

应该承认,"先入关中者王"一开始确实具有诱惑力,但是到了后来,刘邦被项羽逼到汉中,无可奈何只能做一个汉中王,而项羽陶醉在暂时的胜利局面之

中,也乐于做一个西楚霸王,把都城置于彭城,甚至于在平定天下后,刘邦仍然梦想将洛阳作为国都。关中的地理优势在他的视野中逐渐消失了。只是在后来反反复复的拉锯战中刘邦才意识到"关中阻山河四塞,地肥饶,可都以霸",认为秦之所以"富十倍天下",就是因为"地形强"。比较而言,蜀汉虽然有良田万亩,终不如三秦,且交通不便,消息闭塞。这对于以平定天下、统一中国为己任的刘邦来说,当然带有很大的局限性,于是坚定了"愤发蜀汉,还定三秦"的决心,做出了历史性的选择。只有确定了这个目标,才能走出汉中,才能走向争夺天下的主战场。所以,走出汉中,即是走出"成规",走出"圈套"。"规范的要求,只不过是一种圈套,诱使我不断地实现过去的存在,实现我出生前就已经安排好的命运。"[1]现在,"走出汉中"已经成为一个时髦的口号。一个真正想要发展自己实现自我的个人或集团,必须在思想上、精神上走出"汉中"。可见,关中和咸阳的地缘性,是机遇以偶然性表现出来的一个必然的具体符号域,我们以此证明机遇的地缘性显然具有更充足的说服力。

司马迁还认为,刘邦之所以"愤发蜀汉,还定三秦",最终成就千秋大业,实际上暗合了一个历史的规律:起事在东南,成事在西北。这种文化符号域在楚汉相争中,起着决定性作用。《六国年表序》中说:"或曰'东方物所始生,西方物之成孰'。夫作事者必于东南,收功实者常于西北。故禹兴于西羌,汤起于亳,周之王也以丰镐伐殷,秦之帝用雍州兴,汉之兴自蜀汉。"[2]这一段文字常为学人称道,认为它道出了一个古今一致的规律性,一个成功的地缘性秘诀。它告诉我们:一个人、一个阶级、一个集团要想获得成功,必须首先考虑地缘因素。如果离开了地缘因素,即使目标明确,也不可能获得成功,机遇的地缘性因素因此显得特别重要。选对了它,就掌握了战争的主动权;选错了它,就失去战争的主动权。禹是这样,汤、周、秦和汉是这样。此后,隋文帝、李世民也是这样。相反,与刘邦争霸天下的项羽就认识不到这一点。他虽然非常羡慕"先入关中者王",但并不想将自己的大本营和都城定在咸阳,而是置于彭城。这是他犯的一个致命性的错误。彭城无论当时还是以后,皆是兵家必争之地,易攻难守,从来

---

[1] 萨特:《萨特哲学论文选》,安徽文艺出版社1998年版,第159页。
[2] 司马迁:《史记》,中华书局1959年版,第686页。

不是安身立命的理想所在。所以,不应该定都彭城。项王之所以失败,从地缘上说,恰恰违背"起事在东南,成事在西北"这一规律。

然而,地缘性文化符号域既然是一种机遇的地缘性,就难免带有极大的偶然性、不确定性。尽管在这偶然和不确定的背后隐含着历史的必然,但毕竟是一种偶然机遇,因而又不可能作为普遍规律来看待。也许,一些人暂时还不能接受这一看法,这就需要我们深究一下"起事在东南,成事在西北"的道理。笔者认为,所谓"起事在东南"与"成事在西北"皆有特定的时间内涵、地理内涵、经济内涵以及社会人文内涵。在我国封建社会里,秦汉以后、宋元之前,以农耕文化为主,其发展的战略是"头枕三河,面向草原",关中及中原地区相对发达,经济、文化以及生态条件都优越于东南地区。东南一带由于垦殖较晚较慢,加之疏于经营,就相对贫困。贫困的地区易有革命的诉求,所谓穷则思变,要干要革命就是如此。关中或中原土地肥沃,经济发达,奋斗者、革命者容易获得成功。宋元以后,农耕文化逐渐被工业文明、海洋文明取代,国家发展战略已成为"头枕东南,面向海洋",相对发达的不再是关中、西北,而是东南以及沿海地区,在这种情况下,"起事在东南,成事在西北"作为地缘的机遇性便失去了吸引力。不过,我们又可将这句话做这样的解释:起事在东南易,成事在西北难。关键不在起事而在成事,唯见其难,更需要艰苦奋斗、奋发图强,不达目的绝不罢休。就中国的具体国情,西北富、天下富,西北安、天下安,任何一个人、阶级、集团,要想最终获得成功,必须把重点置于西北,"西北是生门"。

三、"著著在事外,步步在人前":时缘性文化符号域

时间的本质是什么?笔者认为可以从两方面进行考察。首先,时间就像河流中的水,既无开始也无终结,要想将它分开根本不可能。其次,时间的质量不在于时间本身,而在于利用时间的主体——人。有的人善于利用时间,一小时甚或几分钟乃至几秒钟,可以创造出奇迹。在历史上,有的人仅仅在几分钟内就反败为胜,完全改变了自己的生存局面。有的人却不善于利用时间,不抓时机,莫要说几小时,就是几十个小时,其生存局面依然毫无改观。西方的一位政治家曾经说过:一个人关键不在他给世人说了什么,而在于他在历史瞬间做了什么。这无疑告诉我们:一个人假若要生活得有质量,就要把握好时机。所谓

机不可失、时不再来。因此,在人的生存观念上,不应该有"生不逢时"一说。假若真的"生不逢时",也只能说明你自己没有及时把握住时机。在《史记》中,处处都渗透着这种机缘感:

> 天地之道,寒暑不时则疾,风雨不节则饥。教者,民之寒暑也,教不时则伤世。

> 化不时则不生,男女无别则乱登,此天地之情也。

> (司马迁:《史记》,中华书局1959年版,第1196—1199页)

机缘是天地运行的规律所生,适应了这种规律,万物就可以获得生长机会,甚至文化教育也有幸可以得到发展。机缘就像一个不在场的"上帝",当你急于得到而又忽略了它的存在时,就会遗恨终生。因此,司马迁强调地缘性的同时也重视时间的紧迫性与时间的辩证法。《乐书》中还记载了孔子与宾牟贾的一段对话:宾牟贾侍坐于孔子,说到乐时,孔子即问:"《武》乐开始时击鼓督众,与别的乐相比,持续时间很长,这有什么含义?"宾牟贾答道:"表示武王伐纣之初,担心得不到众诸侯的拥护,迟迟不肯发动。""其歌声反复咏叹,漫声长吟分,是什么意思?"答道:"那是心有疑虑,生恐事不成功的缘故。""《武》舞开始便发扬蹈厉,气势威猛,是什么意思?"答曰:"表示时至而动,当机立断,不要错过了时机。"

从中可以看出,孔子与宾牟贾关于"乐"的含义的讨论实际上反映的是司马迁对时间与人事、革命及战争能否成功的认识与理解。时间就是生命,时间观念的有无决定着革命成功与否,所以时间的机遇性又叫作时机。时机意识在周王朝取代殷王朝的斗争中起到了重要作用,同样,在楚汉相争中也起到了关键性作用。时缘性文化符号域之所以在司马迁的思想中占有如此重要的地位,是因为时缘性本身是一种希望,尽管是一种未必有把握的希望,而能否实现完全在于主体对时间性机遇的把握。《留侯世家》一开始就有一个改变人的生命节律的情节:黄石老人意欲授张良《太公兵法》,但张良却不能按时践约,以至于后来不得不提前到才得到了黄石公的认可。

这个小故事是个隐喻:做任何事情都必须早作准备先人一步,这恰恰是张良后来所奉行的"太公兵法"的基本精神。先人一步就是一个明确的时间优先论。正像蒯通所言:时不时,不再来。假如先人一步,就会赢得时间而不会失去机遇的时缘性,而先人一步则构成了张良个人性格和韬略的主要内涵。张良就是凭借这种性格和谋略为刘邦赢得了时间,并最终赢得了战争。当然,所谓时间的机遇性,仍然是一种可遇而不可求的东西。因此既不能不加分析地片面地追求一个"早"字、"快"字,也不能消极地去等待,追求一个"慢"字。在越王勾践卧薪尝胆奋发图强的十几年里,越王听从范蠡、文种的建议,一直以"忍"的策略面对强大的吴国。所谓"忍"就是不盲动、不妄为,瞅准机会,"伺机而动"。不过这种"忍"并不是无限制的,一旦机会来临,就不能再等待了。越国正是在这种宽严相济的时间辩证法中有效地发展自己、壮大自己。因此,当越国可以致吴王于死地时,就不必再忍了:

> 吴王使公孙雄肉袒膝行而前,请成越王曰:"孤臣夫差敢布腹心,异日尝得罪于会稽,夫差不敢逆命,得与君王成以归。今君王举玉趾而诛孤臣,孤臣惟命是听,意者亦欲如会稽之赦孤臣之罪乎?"勾践不忍,欲许之。

(司马迁:《史记》,中华书局1959年版,第1745页)

面对犹豫不决的越王,范蠡当即指出:"会稽之事,天以越赐吴,吴不取。今天以吴赐越,越其可逆天乎?且夫君王早朝晏罢,非为吴邪?谋之二十二年,一旦而弃之,可乎?且夫天与弗取,反受其咎。"[①]这里仍然有个机遇观念:当年吴灭越,今日越灭吴,都是天赐良机。倘若失去这一机遇,必将招致恶果。所谓"得时无怠,时不再来;天予不取,反为之灾"就是这个意思。

四、"切近世,极人变":人缘性文化符号域

机遇的另一层含义是人的机遇性。没有人参与的机遇仅仅是个机会,有了人的参与就可以变为实际行动。但这里的人不是一般的人,而是有了改变生存机会和命运的人。因为机遇说到底总是人的机遇,它永远是为人而设计的,假如没有人的机缘性,历史就不会发生根本性的转机,我们所论述的机遇问题也就没有任何意义。如果说,地缘性指的是对地理符号域的选择,时缘性指的是对时间符号域的选择,那么人缘性则指的是历史对人的文化符号域的选择。在

---

① 司马迁:《史记》,中华书局1959年版,第1745页。

第四章 文化符号域与太史公机遇思想的形成

这其中,人缘性是最为重要的:历史选择了谁,谁就有机遇;同时,谁选择了历史,谁就有了机遇。具体而言,历史选择也是通过其他的人去实现的。所谓历史选择了人,就是说:①人对历史机遇的把握、利用是否得当;②人对其决定自己命运的他人的把握和利用是否得当。我们仅以韩信和张良的被发现、被选择解释这一历史规律。

先来看韩信,一般人认为在楚汉相争的过程中,就双方军事力量的对比而言,项王有着几倍于汉王的军队;而对于汉王来说,既缺乏数量可观的勇士,更缺乏像韩信这样的帅才。因此不管是"拜将",还是"授齐王印",都表明汉王十分珍惜这种人缘的机遇,说明汉王有着不同于项王的态度和胸怀,更有着不同于项王的理想和愿望。诚如汉王的丞相萧何所言:"诸将易得耳,至如信者,国士无双。王必欲长王汉中,无所事信,必欲争天下,非信无所与计事者。"事实证明,这一历史机遇为汉王使韩信"东出陈仓,定三秦""出关,收魏、河南",以及击楚王、收齐王立下汗马功劳,为最后平定天下起到了非常重要的作用。

如此而言,是历史为汉王及时地选择了韩信。然而,相对于韩信来说,他选择汉王又将如何呢?可以说,这是一种不明智甚至错误的选择,因为汉王并不是一个可以以死相托,永远值得信赖的人主。纵观韩信与汉王的交往过程,我们就会发现,降临在韩信头上的并不都是幸运的佛光,往往伴随的还有噩运的阴影。实际上,早在"拜将",尤其是"授齐王印"时,危机就潜藏在二人之中了。然而,韩信却始终未察觉到这一点,一直处于盲目的崇拜和信任之中不能自拔;更重要的是他对自己本身的力量估计不足,缺乏自信,于是只能归附并依赖于佯装诚信、礼贤下士的刘邦,从而失去自立为王、平分天下的机遇。这一点,倒是旁观者清。武涉游说韩信时坦言:"当今二王之事,权在足下。足下右投则汉王胜,左投则项王胜。"[1]而韩信当时之所以不为所动,是因为在他看来,"事项王,官不过郎中,位不过执戟,言不听,画不用,故倍楚而归汉。汉王授我上将军印,予我数万众,解衣衣我,推食食我,言听计用,故吾得以至于此。夫人深信我,我倍之不祥,虽死不易"[2],表示他矢志不移,无限忠于汉王的决心和信心。

---

[1] 司马迁:《史记》,中华书局1959年版,第2023—2024页。
[2] 司马迁:《史记》,中华书局1959年版,第2622页。

而且,当蒯通反受权衡详细分析他所面临的大好形势时指出:"当今两主之命县于足下。足下为汉则汉胜,与楚则楚胜。莫若两利而俱存之,三分天下,鼎足而居,其势莫敢先动。夫以足下之贤圣,有甲兵之众,据强齐,从燕赵,出空虚之地而制其后,因民之欲,西乡为百姓请命,则天下风走而响应矣,孰敢不听!"①韩信仍然被眼前暂时的利益所蒙蔽,听不进蒯通的肺腑之言,反而一再坐失良机,毫无根据地将自己的功业与汉王的历史命运进行嫁接,梦人呓语般地"自以为功多,汉终不夺我齐",喃喃自语"乘人之车者载人之患,衣人之衣者怀人之忧,食人之食者死人之事"②之类愚忠的话,只是到了"野兽已尽猎狗烹"杀身之祸降临时,才觉悟到"天予弗取,反复其咎;时至不行,反受其殃"的忠告,确信这是上天赐给自己把握机遇、真正能够改变命运的至理名言。

后人在总结这一经验教训时说:"帝极厚信,亦极忌信。使信将,则以张耳监之;信下魏破代,则收其精兵诣荥阳;信禽赵降燕,则夺其印符易置诸将;信平齐灭楚,则袭夺齐军;盖勇略如信,恐为乱难制,故屡损其权,俱忌心所使也。"③这说明,人缘的机遇性关键在于什么人最终掌握历史。能够掌握历史的人必然能够创造自己的生存环境和发展空间,而不能掌握历史的人即不能恰当利用历史机遇的人当然不可能创造自己的生存环境和发展空间。韩信由于过于诚实的性格和对人主过于轻信而丧失高度的警惕性,自然成为不能役使汉王而终为汉王所役使的悲剧性人物,最终成为汉王称帝后被诛杀的功臣之一。后人之所以为此惋惜不已,原因即在于此。

相比较而言,张良却幸运多了。张良是汉初"三杰",是汉初第一谋臣,"又为谋臣中第一高人"。④所以张良在机遇问题上在任何时候都比韩信自觉,也都清醒。在他看来,创造历史、改变自己的生存地位固然重要,甚至一个人为其奋斗终身也终觉不悔。但机遇在任何时候都承担着一定的风险,这种风险一方面表现在群体性、竞争性。在机遇面前人人有份,大家都有争取机遇为自己谋利的权利。另一方面,这一风险还表现在对于某某人是机遇,但对于某某人之外

---

① 司马迁:《史记》,中华书局1959年版,第2624页。
② 司马迁:《史记》,中华书局1959年版,第2624页。
③ 焦竑:《史记评林》,引自《史记选注汇评》,中州古籍出版社1990年版,第417页。
④ 李景星:《史记评议》,引自《史记选注汇评》,中州古籍出版社1990年版,第158页。

的其他人,则有可能是灾难。所以当机遇牵涉决定自己命运的客体对象——另一部分人的时候,问题就变得十分复杂了。在这一点上,韩信不但盲目,而且麻木愚昧,他只奢望客体对象给他提供机遇,殊不知客体对象也为自己创造机遇:汉王利用韩信急于改变自己生存地位的心理,"将欲取之,必先与之",以便更有利于修造自己的生存语义场,最有效地发挥自我的客体性作用。这种意识成为附属于汉王的另一主体韩信成就自我理想的障碍,甚或成为主体的陷阱。相反,张良却善于在各种力量的夹缝中保存自己、发展自己。他进退适当、游刃有余地处理自己和汉王的关系:既依靠汉王这棵大树,又不完全为其所左右;既有为汉王为汉帝国高度负责的精神,又处处维护自己独立的人格和自身的利益。他的聪明才智主要表现在为汉王定天下所设计的一整套计划,和实施这套计划所从事的纷纭复杂的权谋斗争之中。这种谋略从根本上改变了处于弱势、陷于被动局面的刘邦,同时也改变了自己的生存地位。对于这一点,后世学者的评价也很高。一方面认为子房为汉之谋臣,"无知名,无勇功,图难于易,为大于细",但论其贡献,"实为三杰之冠,故高帝首称之,其人品在伊、吕之间,而学则有王伯之杂;其才如管仲,而气象高远则过之"[1]。另一方面,如北宋历史学家司马光赞叹他"托于神仙,遗弃人间,等功名于物外,置荣利而不顾,所谓明哲保身"的超越性,甚至自叹不如。

客观历史地看张良,既是"三杰"之首,具有千载难逢的"王者师"的智慧,又有蒙蔽人主的整套权术;既是将老子之学玩到极致的军事家,又是阴谋诡计的制造者。他虽不是人主,却有着比人主更为敏感的政治嗅觉以及猜度他人的阴暗心理。凡是遇到关乎汉王和汉帝国前途命运的大事件与个人命运冲突的不测时刻,他都能谨慎行事、左右逢源。张良的上述行为确实令人费解,但也不难理解。他亲自参与某些阴谋诡计的企划与实施,因此当他意识到由于他的存在可能给汉王带来新的隐患时,就不能不退避三舍、敬而远之。不过,这样一来,他虽然远离了深不可测的政治旋涡,却也远离了继续建功立业的机会,所以他的退隐恰恰像放弃一切利益、限制自我欲望、追求精神解放的普罗米修斯。

---

[1] 真德秀:《史记评林引》,引自《史记选注汇评》,中州古籍出版社1990年版,第156页。

于此可见,张良作为一代谋臣、汉王朝的精英,虽然不能像韩信那样建立赫赫战功,但同样是被历史选择的或为历史造就的一个特殊人物。在他看来,难能可贵的机遇固然可以改变人的前途和命运,但机遇也可能是一种危机,而且是威胁个人安全的危机,那么在这种情况下,就应该采取超然的态度改造它,颠覆它。在这一点上,他做到了。正如后人评价的那样:"留侯一生作用,著著在事外,步步在人前,其学问全在用人,即从高帝亦为其所用,能用留侯者独老人耳。"[①]刘邦以其一生的智谋建构了历史,亦被历史所建构;而张良建构历史却给历史以新的面目,留下新的思考。历史选择了刘邦,也选择了张良。选择了刘邦,刘邦书写出历史的新篇章;选择了张良,张良书写出一个人艰难生存又充满喜剧的历史。张良是一个既掌握机遇又掌握自己命运的人,一个真正的自由人。从这一点看,他也是颠覆机遇思想并有所拓展的人。

五、机遇性与预见性

从《史记》叙述的历史事件和人物来看,几乎每个事件的发生、每个人物的出现都是偶然的不可预测的,同时,任何一个历史事件和历史人物的背后都潜藏着必然性,如其本然所表现的那样,是一种历史规律的体现,一种特别的转换或延伸。司马迁的超人之处,在于能站在朴素历史唯物主义立场上,从对偶然的事件描述中洞察出人类历史发展的方向。无论是评价历史事件还是人物行为,既饱含着深沉的感情热情地抒写他们那种神话般的创造精神,又非常冷静理智地指出他们或合于历史规律之处的功绩,或悖于历史规律之处的谬误。他对项王"天亡我也,非战之罪"的批评"岂不谬哉"就非常典型地体现了这种观点。如前所论,在地缘性等问题上,项王犯了路线性错误,以至于坐失良机,走向穷途末路。批评"岂不谬哉"就是不希望项王过分强调机遇的偶然性,更不应该以宿命论回避矛盾,开脱自己的罪责。因为任何机遇都既是偶然的又是一种历史必然。坐等良机,或者良机已经到来却又不能将其有效掌握当然是要受到惩罚的。司马迁对项王失败时的不当忏悔和辩解的批评,既表明他相信偶然

[①] 杨燕起、陈可青、赖长扬编:《历代名家评〈史记〉》,北京师范大学出版社 1986 年版,第 520 页。

第四章 文化符号域与太史公机遇思想的形成

性,想充分利用偶然性的迫切愿望,但又清楚地表明他有着不依赖偶然性,坚信以主体的能力驾驭历史运行规律的原则和立场。而他之所以肯定刘邦,甚至有神化和夸张之处,恰恰是因为刘邦抓住了历史机遇成就自己,才被人尊为所谓的"圣人"的。对于刘、项二人来说,机遇与危机同时存在,并且只有一个。谁抓住机遇谁就把危机留给了对手,谁抓住机遇谁就是英雄。所以司马迁一方面不以成败论英雄,甚至对取得天下的汉王多有微词;另一方面又对抓住历史机遇成就自己、成就历史的刘邦予以理性化的认同,而不以自己偏颇的感情倾向造成对历史人物失之公允的评价,给后人展示一部不公正、不客观的历史,从而误导后人。

没有任何历史事实不会转化为心理事实,我们相信楚汉相争、刘项二人命运戏剧式的变化肯定给司马迁的心理留下了重重阴影,难免情绪化地散布一些非历史主义的观点,难免会同情和支持某些人物有些夸张的神秘主义倾向;可是司马迁又坚决反对排斥自然法则、历史法则和虚无主义,坚决反对挖空心思排斥理性原则,牵强附会地抵制具有真理性、本质性的意识形态,反对把机遇视为逃避个人责任、回避历史批判的借口。而这点正是我们今天反思现实的基本尺度。更何况,如前所述,司马迁的机遇思想的形成,其实受惠于道家"原始察终,见盛观衰"的预见性理念。因而仅仅把司马迁的机遇思想归结为偶然与必然的统一远远不够,还应当认识到他所说的必然性,不是事后的结论,他所说的必然性是"先人一步"的主动把握,是步步在人前的高瞻远瞩,是一种创造性的设计和预测。唯其如此,才不致将司马迁的机遇思想作为一般的机遇论看待。

由此可见,司马迁并不是一般地发现机遇的偶然性,也不是仅仅意识到机遇是一种历史的必然就心满意足。他所强调的还在于究竟如何驾驭这一历史规律,最终实现"究天人之际,通古今之变,成一家之言"的抱负。可是,我们又不能不看到,司马迁关于机遇的思维原则虽然具有唯物主义倾向,甚至是超前的思维,但毕竟是以道家的认识论为根底的思维。在他的世界观中,不但有着浓厚的宿命色彩,也具有唯心主义的直觉。以笔者之所见,他的唯心主义直觉、宿命论既可以引发绝对的偶然性,也可以引发出绝对的必然性,因而难免在对历史事件、历史人物在机遇问题的评价中做出形而上学的倾斜。例如,在天象与人事的关系认识上,过于强调天命、神的意志对人事的影响乃至决定作用。

又如在刘邦未曾称帝前,对其母与神龙的交合而怀孕,他人如何为刘邦相命,为吕后及其子女相面,以及刘邦斩白蛇的描写,认为这些都是帝王应该有的气象和征兆。前者的逻辑是,神的意志是不可违抗的,人只能听从命运的安排,臣服于天意的逻辑,从而泯灭人的意志。后者的逻辑是,人事发展中的大小事件,乃至些微的变化似乎都体现着先在的必然、难以改变的"前缘"。按照这个逻辑,机遇作为一种偶然性是永远无法预料的,作为一股强大的自然力量也是无法抗衡的。既然如此,人的生存境遇就只能被机遇所改变而永远无法改变机遇本身,这就把偶然性绝对化了。另一方面,机遇作为一种机缘在一个人身上被唤醒的时候,似乎必然性又处处在、时时在,这又把必然性绝对化了。把机遇的目的设定为如此明确的价值取向,必然使其研究走上急功近利的实用主义和机会主义;同时我们所说的机遇又应当是时缘性、地缘性和人缘性三种机缘相统一的机遇论,而不是分离的机遇论。对于地缘性来说,应该清楚地说明:究竟是谁的地缘性,什么时候的地缘性;对于时缘性来说,究竟是谁的时缘性,什么地域的时缘性;等等。但关键在于主客观两方面的人的生存目的与诉求,尤其是作为主体的生存智慧。因而机遇在任何时候都是具体的而非抽象的,都是实在的而非想象的。这就是我们对司马迁机遇思想的接受与拓展。

第五章 "一分为三"的历史视域与太史公思维的深层结构

世界到底是以什么样的原则或模式组成的？人类的思想、理论或意识形态模式到底是依照什么样的模态发生发展起来的？倘若按照以往我们所熟悉的对立统一原则，那么不管是物质世界还是精神世界，都可以用一分为二的共在模式加以表述。不过，如果略微加以研讨，就会发现，一分为二是认识和解决客观对象和人类社会基本矛盾的原则与方法，并不是事物本身的结构原则与方法，因而也不是我们应该坚持的思维原则或思维方法。我们应该坚持的思维原则或思维方法是"一分为三"①。其实，类似思维方法早在汉武帝时期，就由司马迁首先提出来了。《史记·律书》以颇为神秘的意味表述了与"三"有关的数字哲学观念："故曰音始于宫，穷于角；数始于一，终于十，成于三；气始于冬至，周而复生。"②在这一段话中，"成于三"最有玄机。"成于三"意即成就于三或成功在于三。"三"可以解释为第三、三极（元）、终极以及终极之后的循环……其核心意思是，任何事物的构造都由表层和深层两个层面组成，无论表层怎样发生变化，它的正体与变体都由深层结构决定，作为数字的"三"就是这种深层结构的体现。由此可见，《律书》根本不是关于法律的书，也不是关于什么兵法的书，而是关于概率的书。实际上，司马迁的真正意图是要找一个放之四海而皆准的规律和方法。于是"成于三"作为一种哲学，开启了一种新的理论视野和历史哲学，不但瓦解了自足型、封闭型的主流意识形态和话语霸权主义，而且还衍

---

① 庞朴：《一分为三》，海天出版社1995年版，第105页。
② 司马迁：《史记》，中华书局1959年版，第1251页。

化出一种新的生存哲学。它不但成就了司马迁特殊的人格,也成就了司马迁的独特思想,成为司马迁创新思想的方法论基础,自然也是我们今人认识司马迁、理解司马迁思想的一个基本视界。

一、"成于三"是一个生成的、超越性的理论视域

在法国哲学家德里达的解构主义理念中,任何一个术语的诞生都意味着对原有概念的修正和颠覆;因此如同德里达发明的 différance 所具有的"异延"意义一样,之所以认为"成于三"即"一分为三"是一个生成的、超越性的理论视野,就是因为它否定了人类社会和自然界的任何现象都是由绝对对立的两极构成的传统性观点。这种观点认为,任何人与事物都只能分为两种类型:要么就是善,要么就是恶;要么就是好,要么就是坏;要么就是先进,要么就是落后;要么就是革命,要不就是反动……这种非此即彼的思维实际上是二元对立思维或者帝王思维。而"一分为三"的思想却反对这种形而上学的做法,主张以亦此亦彼的思维方式观察和衡量世界上一切事物。正因为既不属于此,也不属于彼,所以可以断定它是被彼与此共同认可,至少暂时互相宽容的、有着自由意志的一个思想空间。世界上许多暂时未被认识或难以定夺的意识都可以囊括其中。从解构主义的立场看,"成于三"既具有颠覆之义,又具有生成之义。"成于三"如果潜藏着"异延"(差异和延迟),那么即是差异的本原或者产生,是先于存在的"不在场"。由于异延原本就是一个矛盾的实体,是一个有待分化的实体,差异和延迟早已孕育其中了。"成于三"由此可作为"在场"和"不在场"相对运动视界,成为显现自身存在的唯一方式。可见,"成于三"不但突破了既定的思维模式,作为一股异己力量,不断瓦解二元对立的逻各斯主义和语言霸权主义,并且以超越性的意识表达了对新的社会秩序的向往。作为这种新的思维方式的图式化表述,任何事物、任何理论皆可以由绝对对立的两极垦拓成三极的开放体系。

《史记》自问世以来,虽然受到一些历史学家的首肯,称司马迁其人"有良史之材",另一方面遭到的非议和诋毁也不绝于耳。班固就曾抨击《史记》"是非

第五章 "一分为三"的历史视域与太史公思维的深层结构

颇谬于圣人,论大道则先黄老而后六经,序游侠则退处士而进奸雄"①,可谓罪莫大焉。此后两种意见不断交锋,彼长此消,聚讼不已。然而当代学人却从前贤诸公不同意见争论的背后发现,这些十分相左的争议实质上牵扯到如何给司马迁思想定位的问题。于是就不断叩问,反复猜测,探讨司马迁思想以及整个史学理论的归属,力图给司马迁的思想一个合理合法的最佳地位。有的学者认为,司马迁的思想体系属于儒家;有的学者认为司马迁的思想应该属于道家;也有的学者认为司马迁的思想实际上属于儒道并用的杂家;还有的学者说,司马迁就是司马迁,哪一家也不属于,只属于自己那一家。上述说法各有一定的道理,因为在中国古代思想的发展过程中,儒家思想一直占据着统治地位,不承认它对司马迁的影响显然是不现实的;另一方面,道家思想也无时无刻不渗透于司马迁的意识以及《史记》的整个写作过程,要说不受它的影响也是不够客观的。但究竟如何定位,仍然语焉不详,因为他们都是按照传统的思维去寻找一个既定的通道,来苛求司马迁的思想,而不是从司马迁的思想实际出发来判断其基本属性。其实,只要联系"成于三"的思想构成,就可以知道,决定事物根本性质和基本方向的不仅仅是"一",也不仅仅是"二",更不是两者的简单结合,而是与之相对应的新的生长点"三"。由此断定,司马迁既不想把自己的思想归于儒家,也不愿意归于道家,而是要独创一个新的思想体系;而这个新的思想也不可能是禅学,因为当时禅学还没有传入中国,司马迁不可能完全脱离现实构筑一个超越时空的思想体系。然而,司马迁却可能从历史的经验中总结出既能解释过去,又能预见未来的历史哲学,这就是"欲以究天人之际,通古今之变,成一家之言"。倘若以他的"原始察终,见盛观衰"的方法和"述往事,思来者"的抱负加以统摄,即可明了其历史哲学的核心是"变"和"思",即关于"古今以何为变"的思考。"变"不仅仅是"承蔽通变",按照动词的意义来理解,就是解构现成的秩序和法则,颠覆汉代社会的"逻各斯"——"天不变,道亦不变"的法则;"思"就是反思、反省。在此基础上,建构起"成一家之言"的思想体系。所以"成于三"就是"成一家之言"的基石。"三"不代表过去,而代表着未来;不代

---

① 杨燕起、陈可青、赖长扬编:《历代名家评〈史记〉》,北京师范大学出版社1986年版,第6页。

表着因袭,而代表着革新创造;不代表臣服,而代表着骚动和不安;不代表盲从,而代表着独立地反省与思考,代表着认真地判断与选择。徐复观先生对此看得异常真切,他认为:"史公作史的目的,是要在古今之变中找出人类前进的大方向,人类行为的大准则;亦即是要认取变中之常道。并且必须通过古今之变中所认取的常道,才可信其为常道;否则容易陷于截取变中的假象,将其误为不变之常道。例如权谋术数,在变的某一横断面中,未尝不可收一时之效。若将历史局限在此一横断面中,便会在此一横断面中把功效的权谋术数,视为历史之常道。但若能通过古今之变去认取,则不难发现权谋术数在变中演出的无数悲剧;并且权谋术数,既不能肯定他人,也不能肯定自己,根本不能作为人类立足之地,即是不可能成为变中的常道。"①应当说,徐复观先生对"权谋术数"持不完全赞同的态度。但是,他毕竟指出如果司马迁的"权谋术数"暗合了历史的规律,体现了事物演变的因果律,具有"常道"的意义,也未尝不是一件好事。这说明包括"三"在内的术数,既代表着司马迁的思维定式,又代表着人类思维的新成果。因此当"一家言"的设计镶嵌在既神秘又科学、既形象又抽象、既清晰又模糊的"三"这个神奇数字之中的时候,则意味着司马迁的思想和思维方式从整体上已经脱离了主流意识形态的轨道;同时也意味着作为偏离主流轨道的思维定式从绝对主义的唯一性走向相对主义的多元性,具有较强的包容性、流动性。我们由此可知,司马迁的本意是给自己在批判儒家和道家思想的基础上留下一个想象的思维空间,垦拓出一个不被容于正统意识形态的文化符号域,甚至给后人勾画出一个需要不断填补而又无法完成的意义空白。然而,这一切都必须圈定在"变中之常道",即历史现象的形而上的探讨上。

二、"成于三"是一个呼吁新的社会动力的诉求

汉初盛行阴阳五行说,这一根源于邹衍五德终始说的政治哲学之走红,与其鲜明的现实性和功利性是分不开的,它不但武装过狂热地为新王改制服务的贾谊,也深刻地影响了董仲舒的思想。凡是有所作为的知识分子包括司马迁在内,都试图通过对阴阳五行与五德的合理化解释去施展自己的才华,体现自己

---

① 徐复观:《两汉思想史》(第三卷),华东师范大学出版社2001年版,第202页。

第五章 "一分为三"的历史视域与太史公思维的深层结构

的社会价值。在他们看来,阴阳五行正确地解决了天与人的关系、历史与现实的关系,只有把人的意志尤其是统治阶级愿望和主张纳入这一范畴加以比较,才能验证其地位的合法性;在此基础上又将其作为历史变动的一种基因或动因,使其在意识形态领域得到认同。此外还作为检验真理的标准或法则加以推广,以便在整个上层建筑领域得到贯彻。台湾学者雷家骥先生在分析五德终始说的文化价值时,认为这种理论实质上"属于一种循环论、预定论和动力论,目的在探究本体世界的变动,而将人文的变动的世界,与自然的变动世界糅和为一。理论上,这种学说将政权的转移和历史的变动之最终力量归之于天。天有意志和规则,政权是否要兴废由天之意志做决定,至于其兴废则依一定的天之规则来进行——此即符应若兹和五行运转的理论所本。探究天之意志即是探究历史变动的终极原因和动力的发生,探究天之规律即是探究历史变动的方向、轨迹和形态"[1]。董仲舒为了把"独尊儒术"落到实处,在考察夏、商、周的历史教训,总结如何补救其"道之失"的经验时,发现"天道"在天人关系中仍然起着主导性作用,历史循环论或明或暗地制约着政治家的思想,进而制约着社会的意识形态。那么,"天道"是什么?他认为"天之道,终而复始"[2]"复而不厌谓之道"[3]。因而特别强调"法天"的重要性,希望能为新王政治制定出师法圣人或先王的策略。董仲舒以为找到了问题的根本,于是他首先"以《春秋》灾异之变,推阴阳所以错行"为基本思路,并创造性地发展邹衍的学说,变成彻底为新王服务的哲学。他指出:"天有五行:一曰木,二曰火,三曰土,四曰金,五曰水。木,五行之始也;水,五行之终也;土,五行之中也。此其天之次序也。木生火,火生土,土生金,金生水,水生木,此其父子也。"[4]这种相生的理论配合五行相生,不但使其终始循环更加严密,而且将父子、君臣的伦理关系寓于五行相生之中。其次,董仲舒利用"五(伍)其比,偶其类"的主观类比方法,通过发挥《春秋公羊》的所谓"微言大义",建立了一个比"五德始终说"更加简明扼要的"三统说"的符号体系。他认为,在一般情况下,作为体现根本法则的"道"是永远不会

---

[1] 雷家骥:《两汉至唐初的历史观念与意识》,载《华学月刊》1983年第138期。
[2] 苏舆:《春秋繁露义证》,钟哲点校,中华书局1992年版,第339页。
[3] 苏舆:《春秋繁露义证》,钟哲点校,中华书局1992年版,第1203页。
[4] 苏舆:《春秋繁露义证》,钟哲点校,中华书局1992年版,第321页。

变的,能够变的只是它的形式,这种形式是依照"三正"演化出来的"三统":在农历正月时,"天统气始通化物,物见萌达,其色黑"①;农历十二月时,"天统气始蜕化物,物如芽,其色白"②;农历十一月时,"天统气始施化物,物始动,其色赤"③。如果某一个王朝以正月为岁首(建寅),这个王朝就崇尚黑色;如果某一王朝以十二月为岁首(建丑),就崇尚白色;同理,如果以十一月为岁首,就崇尚赤色。夏朝、商朝、周朝分别以正月、十二月、十一月作为岁首,故夏为黑统,商为白统,周为赤统,这就是"三统"。董仲舒认为历史的变化,朝代的更迭,就是黑、白、赤三统的循环往复。三五定数不变,但"逆数三而复",新王始终处于三统之首。可见,"三"是极端,是极致,任何事物到了"三"这个极致,就要反,就要循环。这样,董仲舒就以简洁明快的数字化、符号化过程表达了一个较为烦琐的论证过程,或者说,以一种符号体系代替了另一种符号体系。

就对汉代社会意识形态一般的理解而言,司马迁也是天人感应的维护者,从思想的继承性上来说也有明显受董仲舒影响的成分,而且也同样以数字化、符号化的形式表达了对天人关系认识的结果。在考察夏商周的行事风格时,也曾得出"三王之道若循环,终而复始"的结论。在《史记·天官书》中又系统地提出循环论的观点:"夫天运,三十岁一小变,百年中变,五百载大变;三大变一纪,三纪而大备,此其大数也。为国者必贵三五。上下各千岁,然后天人之际续备。"④但是,司马迁并不完全迷信董仲舒的天人关系学说;相反,他只是策略性地利用了"天人合一"的外衣,甚或把它作为当时人人都可以接受的观念去鼓吹,骨子里却进行了合于自己理念的改造。第一,他的历史循环论的"三五说",虽然和董仲舒一样,认为汉得天下是历史的必然,然而他的"三五"数字符号,却是指向现实,以事实为根据的。所谓"三十岁一小变",从秦兼并六国到汉王朝的建立恰恰三十年;"五百载大变",从春秋到汉兴恰恰也是五百年。因此司马迁相信汉王朝的建立是一个不可逆转的潮流,有识之士都应当积极地投入到汉武帝的改制活动中去。改制虽然复杂,但其实质是以德配天。这是改制的前

---

① 苏舆:《春秋繁露义证》,钟哲点校,中华书局1992年版,第191页。
② 苏舆:《春秋繁露义证》,钟哲点校,中华书局1992年版,第194页。
③ 苏舆:《春秋繁露义证》,钟哲点校,中华书局1992年版,第194页。
④ 司马迁:《史记》,中华书局1959年版,第427页。

第五章 "一分为三"的历史视域与太史公思维的深层结构

提。司马迁以此暗示,要让世人承认君主以德配天,必须使君主做到德润四方,泽被九州,而只有让君主做到了这一点,改制就不仅仅有了改正朔、易服色、法制度、兴礼乐的表面形式,而且有了具体的伦理精神。第二,太史公也非常重视人的主体性。在他看来,人事与天意既有对应的一面,又有无法对应的一面。因此,当历史发生重大变化的时候,或者当事变朝着不利于当事人的方向发展的时候,他不是把少数人物的悲剧性命运一味地归咎于天,而是归结于人。特别强调人的主观能动性在事变中的作用。例如对项羽推卸历史责任,悲叹"天亡我也,非战之罪"的批评,就是一个明显的例子。纵观一部《史记》,处处闪烁着这种理性的智慧。所谓"究天人之际",其研究的重心在人而不在天,而"通古今之变"也是重在今而不在古。所谓"原始察终,见盛观衰""承蔽通变"无不以现实的需要为基准。唯其如此,才有可能真正形成理想化的"一家之言"。总之,司马迁的天人学说是一种新的理念,他的历史循环论由此也具有了新的内涵。他与董仲舒的最大区别在于:董仲舒把历史循环作为社会进步的唯一动力,而这种动力不来自人,而来自神学观念中的天意,故而处于天、地、人三者之中的人,包括新王也只能服从于天;反之,司马迁却蜕去天的神秘色彩,还天以自然本相,他虽然也认为循环是一种动力,然而真正能够驾驭历史循环规律的不是天而是处于天、地、人三者之中具有主体意识的人。天、地、人这三者,按照传统的说法,处于"参赞化育"的关系中。具体而言,天的作用在"化",地的作用在"育",人的作用在"赞",三者相互为用叫"参"。所谓人与天地参,是指人应该积极地帮助天地化育万物,同时也改造自己的生存环境。假若没有人的介入,历史就永远徘徊在宿命的循环之中。作为历史责任承担者的司马迁,实际上是在告诫有所作为的政治家应当自觉地走进现实世界,创造机遇,而不要被动地依赖于或服从于天意,如果不能清醒地意识到这一点,必将重蹈秦王朝的覆辙。由此观之,司马迁的历史哲学不仅仅解释历史,也指向现实,带有很强的批判意义。

三、"成于三"是平衡和稳定社会结构的精神武器

在长期的封建社会里,阴阳学说和五行说以及后来的阴阳五行说都是在生产不发达的农业文化的基础上发展起来的,它们理所当然地成为人们认识世

界、改造世界的思维方式。应当说,这种思维方式在汉代以前是占统治地位的,以这种思维产生的成果在人类的精神财富中确实占有一席之地。然而,必须看到这种思维毕竟不是一种科学的思维,甚至也不是辩证的思维。司马谈在《论六家要旨》中就评议过阴阳之术,"大祥而众忌讳,使人拘而多畏,然其序四时之大顺,不可失也"①。而与其相对应的"成于三"的思维也源远流长。从历史的意义来透视,"三"的术数的发明者是老子。在探求宇宙的基本法则时,老子专门提出了"道生一,一生二,二生三,三生万物"的构想。《易传·系辞上》说:"六爻之动,三极之道也。"②董仲舒也认为:"寒暑与和三而成物,日月与星三而成光,天地与人三而成德。由是观之,三而一成,天之大经也。"③这种哲学思想无疑影响到司马迁,成为司马迁省察历史、反思现实、构筑自己理论体系的宝贵精神资源。他在《太史公自序》中明确指出"《易》著天地阴阳四时五行,故长于变"④。这句话的意思是,《易经》在总结变的规律上更优越于阴阳说。显然,如果这样,"三"对人类社会和自然规律的认识,则更加科学,也更加符合实际。为什么?阴阳只承认世界或宇宙可以两分,只承认事物有两端;而"三"的思维却认为世界是三分的,任何事物的构成不是绝对的两端,而是三点。假如"三"是一个中点,那么可以看出,前者恰恰忽略了有上下左右必然有中这个道理。中既是一个过渡,也是一个综合;既是一个衍伸,也是一个发展;既是一个缓冲,也是一个强化。从几何学的原理讲,三点可以构成一个面,而两点只能构成一条线;三点具有稳定性,而两点却无法形成这一特性。所以"成于三"具有稳定、和谐的性质。其实,从最简单的数字思维出发,那么世界上就仅仅只有两种思维:"二"与"三"的思维。"二"是偶数思维,"三"是奇数思维;偶数思维只讲正与反,而奇数思维除此之外,还要讲合,合则谐也。

"成于三"还具有平衡作用。循环从某种意义上说就是平衡。从学术思想来说,司马迁对各家各派都有所借鉴,也都有所批判,所以在整体思想上,他是维持平衡的。然而这种平衡是革命之后的平衡,是破坏之中的建设,是在新的

---

① 司马迁:《史记》,中华书局1959年版,第743页。
② 辛介夫:《周易解读》,陕西师范大学出版社1998年版,第560页。
③ 苏舆:《春秋繁露义证》,钟哲点校,中华书局1992年版,第216页。
④ 司马迁:《史记》,中华书局1959年版,第3297页。

第五章 "一分为三"的历史视域与太史公思维的深层结构

制度下对无意义的循环的一种否定。况且,平衡的做法并不是无的放矢,它首先面对的是不平衡。因为"三"除了相生的一面还有相克的一面。三角鼎立,失掉一个仍然是"三"中的应有之意。这个时候,主体所要做的就是实行转化,而不再维持旧的局面。张立文先生在论及"和合"的本质"融突关系"在变易、转换中的表现时,就非常明确地指出:"和合包容了冲突和融合,作为冲突融合的和合体,它是一种提升,使原来的冲突融合进入一个新的领域或境界,冲突需要融合来肯定,融合若无冲突,就无所谓融合。融合的和合体,便是生活体。"①但是,在司马迁看来,实施转化并不意味着主体作为第三者再一次参与斗争,相反,是不要争论。虽然就其实际效果来说,不争也是一种"争",但这种"争"并不外在于矛盾的双方,而内在于它们之中、由自身产生的一种力量。这种力量以虚静的方式消解它们之间的矛盾和斗争,使双方达到暂时性的妥协。《史记》在本纪、世家、列传所有篇目次序的设计上,一方面真实地描写历史与现实中的善与恶、德治与武治、义与利、治与乱不可避免的矛盾与纷争;另一方面又着意造成这种极端现象的示差式比照,在比照中尽量凸现由于双方坚持绝对对立不肯向对方让步、必然走向自己反面的可能性情景,而这一否定性情势也就自然而然地呼唤第三种力量出现,参与到对极端现象的平衡之中,从而凸现"承蔽通变"的历史意识。

以上就是三极呈现出来的三种状态:相补(赞)、相生、相克。虽然相克的意义并没有完全展开,但在逻辑上已经有所涉及,并且依然呈现出生生不已的三极:生与克是两端,补或赞是中项。其实,世界上任何一种对立,都有这样那样的中间者,只不过有的显有的隐罢了。比如佛教教义中的"中道",盛传于佛家之中的那个长老对三个弟子面对打坏花盆的同一件事所作的不同评判皆予以肯定的故事,就隐含着这样的意义。"在中国古代哲学里,三极间的关系,三极之道用一个范畴来概括,那就是'参'。正如用'贰'来表示对立之二的一般情景一样,'参'用来表示对立所成之三的一般关系。"②如前所论,如果从数字思维出发,那么,世界上便只有两种思维形式:"二"与"三"的思维。前者属于对

---

① 成中英:《本体与阐释》,生活·读书·新知三联书店2000年版,第81页。
② 庞朴:《一分为三》,海天出版社1995年版,第100页。

立式思维,后者属于辩证思维。前者是对事物结构特征的定型化描述,而后者则是对事物结构特征的动态定义;前者是对人的精神的残酷剥夺,后者则是对人的精神的彻底解放。

需要指出的是,一切对立事物最终构成三极的观点并不因为时间的推移而失去应有的颜色,也不因为科学知识的增长而成为"伪陈述"。相反,倒成为发掘愈来愈新锐科学的一种武器。波普尔认为,人类面临的世界不是"两个"而是"三个":第一世界是客观的物质世界,第二世界是主观的精神世界,第三世界是人类的各种理论、文化以及学术思想的世界。尽管他的"三个世界"的图式也曾引起过争论,但作为一种抽象的思维原则或模式,仍然对我们认识世界和人自身有着极大的启发,至少印证了在两个世界之外确实还存在着一个十分活跃、充满各种创新思想的一个开放的理论世界。如此看来,"成于三"即"一分为三"的辩证思维辐射古今中外,是普遍适用的原则和方法。

四、"成于三"是重建历史哲学的"文化灵魂"

这里,笔者想强调一下,包括"成于三"在内的术数在《史记》研究中的意义与价值。不言而喻,"成于三"思维方式的变革确实带有一定的挑战性与合理性,因为它毕竟为我们开辟了新的理论视野;然而不可否认的是,它在提出新课题的同时也带来了新难题,即一个创生性符号意指的可靠性到底应该定位在逻辑演绎层面上,还是定位在心理分析、抑或谶纬之学的层面上。答案显然是前者而不是后者。故而尽管这个问题已经分述在以上各节的讨论中,但从本体阐释学的角度即从观念同真实相结合的过程来看,仍然有再认识、再探索之必要。

任何一种历史现象都是特定文化思想的反映,而任何一种历史现象也都有特定的结构模式。德国历史哲学家斯宾格勒说过,各种自成一体、各具形态的人类文化都是一个个具有内在结构的"有机单元"或"有机体"。世界历史的每一种形式,实际上都是依赖于这些有机体的内在结构才得以生成、发展乃至完成的。在审视各种文化形态的过程中,人们不难发现,任何一个文化形态实际上都向历史研究者彰显了一个"形而上之谜"。一如斯宾格勒所言:"一种现象,不论是宗教或艺术的最高创造,抑或仅仅是日常的平凡生活,不仅是一个需要

第五章 "一分为三"的历史视域与太史公思维的深层结构

理解的事实,同时是精神的一种表现,不仅是一个对象,而且也是一个象征。"[1]而作为"万物本原"的数字,更是一种形而上的文化,"因为数字是因果必然性的象征。和上帝的概念一样,数字包含着作为自然之世界的终极意义"[2]。而且,"一种文化的数字思想和世界观乃是关联在一起的"[3],所以数字又是心灵和世界之间最有张力的纽带。那么,在象征与被象征的对象之间,无疑还存在着一种抽象概念或抽象数字与活生生的有机体的相互依存关系。即使像董仲舒一类坚持天人感应的理论家,其数字哲学的观念也是在"深察名号"的基础上通过特定的结构模式产生出的。他认为,任何名号都是圣人体察天意的结果,天不说话,圣人可以通过言语来体认它的意志。名就是圣人表达的天意。至于名实关系自然也是事物、符号与天意之间的关系的体现。不言而喻,这种文化"有机体"真实地反映了它所代表的那个时代的认识水平。也就是说,这种特定的历史现象与"天不变,道亦不变"的精神一致,统一于董仲舒的世界观中。问题的关键是,怎样才能发现"象征体"与各种历史现象之间的这种活生生的相互依存的真实关系。按照象征主义符号论的观点,这种活生生的相互依存关系隐喻在各种文化形态的内在结构之中,而这种内在结构的规律性恰恰是我们探索的目标。

概而言之,各种文化形态作为一个有机整体,其内在结构主要是由"文化的灵魂"和"文化的形式语言"两个层面组成。所谓"文化的灵魂"或者文化形态的"基本象征",是指表征某一文化形态之有机存在的深层意象。对于《史记》来说,就是"原始察终,见盛观衰"以及"承敝易变"的逻辑意义。这是一种文化的根基,也是中国历史哲学的根基,它既诞生于文化的特殊导向,又从根本上制约着该文化的性质和命运。而作为"文化形式的语言"就不同了,它是一种"文化现象的具体象征"。换言之,它是指与某一文化的灵魂或基本象征相关的所

---

[1] 斯宾格勒:《西方的没落》(第一卷),吴琼译,生活·读书·新知三联书店2006年版,第48页。

[2] 斯宾格勒:《西方的没落》(第一卷),吴琼译,生活·读书·新知三联书店2006年版,第54页。

[3] 斯宾格勒:《西方的没落》(第一卷),吴琼译,生活·读书·新知三联书店2006年版,第68页。

有外显的、个别的文化形式或历史现象,这一点恰恰是《史记》这一特殊文本非常显著的一个特征。所谓"史家之绝唱,无韵之离骚",便把《史记》既是科学文本又是诗学文本的双重性质作了最为准确的概括。也就是说,为了凸显历史理性,就不能不对文化形式或历史现象进行诗意化点染,必要时甚至不妨作浪漫主义的夸张。为了使所表现的文化形式或历史现象含有反思现实、举一反三的所指,又不能不在极力表现激情的同时,赋予应有的历史理性。假如说"史家之绝唱"是对司马迁在发掘与建构"文化灵魂"富有创新精神的充分肯定,而且足以达到前无古人后无来者的高度;那么"无韵之离骚"则是对《史记》在最大限度地展示与发挥"文化形式的语言"所取得成就的热情激赏,是对"长于叙事"的《史记》文本诗性功能的最高评价。在表现的力度上,又隐喻一种既指向外在世界,又指向自身供人体验的一种符号形式的创造,因此是一种最为成功最为完美的"文化形式的语言"的实践。正因为如此,也就有了被后人看破的"寓论断于叙事"的策略,当然也就有了笔者所发现和论证的数字哲学,并以此推演出来的可以称之为"寓论断于数字"的方法。理解与阐释的经验证明,《史记》中象征性的数字皆具有"文化的灵魂"一类性质。唐代张守节在分析《史记》各体数字的文化含义时指出:"作本纪十二,象岁十二月也。作表十,象天之刚柔十日,以纪封建世代终始也。作书八,象一岁八节,以纪天地日月山川礼乐也。作世家三十,象一月三十日,三十辐共一毂,以纪世禄之家辅弼股肱之臣忠孝得失也。作列传七十,象一行七十二日,言七十者举全数也,余二日象闰余也,以纪王侯将相英贤略立功名于天下,可序列也。合百三十篇,象一岁十二月及闰余也。而太史公作此五品,废一不可,以统理天地,劝奖箴诫,为后之楷模也。"[①]虽然张守节的看法未必准确,甚至完全是天人合一论的翻版,但能窥见司马迁的某种用心与所包含的文化意义,仍然不失为一种有价值的探索。因为我们毕竟从这种体例的精心策划中体会出《史记》应该具有的象征信息。

所以,不管文化形式或历史现象多么复杂,多么五光十色、纷纭万状,对于真正有历史直觉的司马迁一类史学家来说,都可以通过转义、提喻、借喻等手

---

① 杨燕起、陈可青、赖长扬编:《历代名家评〈史记〉》,北京师范大学出版社1986年版,第103页。

第五章 "一分为三"的历史视域与太史公思维的深层结构

法,建构起一个个具有确切意蕴的文化符号,使其成为体现主体精神的自觉象征体。这样,当这种历史现象展现在人们面前被接受的时候,接受的主体不但能感受到这些文化形式或历史现象的真实存在,而且经过对其特殊符号的思索,还能体察到它的含义,甚至懂得它的语言。可以说,所谓"文化形式的语言"其实就是"文化灵魂"表达自身内容的具体方式。在《史记》中就是以"五体"为概念框架建构起来的特殊的历史话语体系。它既指覆盖整个汉代政权取代秦王朝的"楚汉之争"等重大事件,也包括一些有意义的小事件,以及关键人物之间的对话和心理独白。因而,文化形式的语言作为文化灵魂或基本象征之总和,可以比作一种文化的"宏观世界",其外延极其广泛,诸多体现文化的因子都可以囊括其中。

由符号与意义世界的关系可以看出,任何文化符号的创造都不是随心所欲的,因为任何一种符号形式都代表了一种"文化灵魂"。由于符号在本质上是一种社会存在,有着社会意义,包含着人类文化创造活动的各方面成果,因此假若一种文化符号意指较为深刻的民族思想、普遍精神乃至集体无意识,那么它就可能带有某类共时性特征,具有"通古今之变"的认识价值。"成于三"之所以有着难以估量的理论价值,就是因为它不仅仅代表了司马迁的主体意识,也代表了一种集体无意识或社会无意识。因而它不仅指向古代,也指向现代;不仅是民族的,也是世界的。卡西尔认为:"历史学并不是直接获得这些事实本身的,它们并不像物理的化学的那样是可观察的;它们必须得到重建。而为了这种重建,历史学家就必须掌握一种特殊而复杂的技术——他必须学会读解他的文献并理解各种文字记录,以便弄清一个单一而简单的事实。在历史学中,对各种文化符号的解释先于对事实的搜集,没有这种解释,就不可能达到历史的真理。"[1]因此,我们的阐释不仅仅恢复而且要越过这些活生生的现象,寻找历史的真理,即寻找能够"成一家之言"的象征意义。也就是说,我们的目的最终不是要走向具体,而是回到抽象,探究表征某一文化形态之有机存在的深层意象,揭开这些显示普遍意义的"形而上之谜"。

---

[1] 卡西尔:《人论》,甘阳译,上海译文出版社1985年版,第248页。

第六章　发愤著书效应及其精神分析

鲁迅先生讲过,魏晋时期是中国文学的自觉时代,其标志是当时的文学形式已经成为一种自觉的追求。按照这一逻辑,从该时期上溯四百年至汉武帝时期,则可以看作是作家的创作思想由社会功利性转向个人功利性即主体意识觉醒的时代,因此同样可以看作是文学的自觉时代。但是仅仅这样理解似乎还不够全面,应当说是撰写历史的自觉时代。其标志就是"发愤著书"思想的被发现、被认同。它已经由太史公亲身体验,并加以发掘、整理,成为普遍性的创作经验。

那么,发愤著书的动因何在？是否为社会环境所逼迫,或者用"在没有眼泪和悲伤的地方就没有诗歌"一解了之？细心的评论家认为,发愤著书带有普遍性,接近于西方学人常说的"愤怒出诗人"。这既是文艺创作的规律,也是历史文本创作的规律。不过,普遍性里边总有特殊性,他们忽略了一个基本事实:司马迁是在汉武帝对其处以宫刑的不堪屈辱中完成《史记》创作的,这是其他国家其他时代的史学家从未遇到过的耻辱。因而,他的创作动因是否可以归结于"性压抑"？是否至少可以说性压抑是他的创作力充分发挥的原因之一？

弗洛伊德认为,儿童的好奇心和受到挫折时的探究有三条出路:第一条出路就是抑制(按照宗教和教育制度的观点),这是相当积极的策略。第二条出路是性的探究没有完全得到抑制而与思想过程发生冲突或产生强制性防御。这种变形是在智力发展到足够强大的时候发生的。第三条出路是"最罕见最完善的类型",性的好奇心升华为可导致创造力(力比多)的充分发挥。[①] 笔者认为,

---

① 弗洛伊德:《弗洛伊德文集》(第四卷),长春出版社1998年版,第456页。

遭受挫折的司马迁的创造力即发愤著作的巨大能量应当来自性本能产生的"力比多"。这是本章研究的核心观点。

一、发愤著书的社会成因

传统的创作理论有一个经久不衰的观点:"诗穷而后工。"此观点或许也受孕于"发愤著书"。与此相类似而更富于激励精神的还有"国家不幸诗人幸"等等,意思是优秀的作家、伟大的文学作品,大多诞生于政治昏暗、生灵涂炭的动乱年代。与此形成反差的是,司马迁却生活在一个海晏河清的盛世。那么,司马迁为何反而发出这种沉重的呼声呢?这是否意味着他在无病呻吟?当然不是。这首先与司马迁的特殊遭遇以及由此而产生的实践经验有着绝大关系。

这个特殊的遭遇就是为李陵辩护导致的宫刑之难,而李陵之祸则导源于汉武帝对匈奴的政策失误。

汉武帝之前,汉代的经济经过"文景之治"已经有了长足发展,到了汉武帝时期,便已经达到鼎盛。伴随着经济的巨大进步,军事扩展日趋频仍,尤其对不断侵扰汉帝国的匈奴的战略决策做了重大调整,汉代开始从以和亲缓解朝廷压力逐渐地一步步走向主动进攻。天汉二年(前99年),汉武帝的宠姬李夫人之兄、贰师将军李广利率三万骑兵攻打匈奴右贤王,同时又命飞将军李广的孙子李陵率五千步卒射手,出兵到居延海以北大约一千里的地方,分散敌人的兵力,不让他们专门对付贰师将军。开始进军还比较顺利,可是不久,他就被单于的八万大军包围截击。尽管他杀伤匈奴一万多人,但终因寡不敌众,被敌军俘虏并诱降。而此时此刻,朝廷上下为李陵庆功,为汉武帝善于用人取得胜利的庆宴气氛正浓,李陵战败的消息传来,汉武帝极为不满,一方面,他"欲陵死战","召陵母及妇,使相者视之,无死丧色",接着又闻知李陵已降,更加震怒。面对这种尴尬局面,可以采取两种方法补救:一是谴责李陵,批判他的个人英雄主义和投敌叛国行径;一是为李陵辩护,为李陵也为汉武帝挽回面子,不至于让汉武帝骑虎难下。众大臣采取的是前一种,而司马迁采取的是后一种。令他万万没有想到的是,这一辩护竟然使自己背上了"沮贰师"和"诬上"的罪名而下了大狱。那么,司马迁为什么要为李陵辩护呢?

据《报任少卿书》言:"陵未没时,使有来报,汉公卿王侯皆奉觞上寿。后数日陵败,书闻,主上为之食不甘味,听朝不怡,大臣忧惧,不知所出。仆窃不自料其卑贱,见主上惨凄怛悼,诚欲效其款款之愚。以为李陵素与士大夫绝甘分少,能得人之死力,虽古之名将不过也。身虽陷败,彼观其意,且欲得其当而报汉。事已无可奈何,其所摧败,功亦足以暴于天下。仆怀欲陈之,而未有路。适会召问,即以此指,推言陵功,欲以广主上之意,塞睚眦之辞。未能尽明,明主不深晓,以为仆沮贰师,而为李陵游说。"①这段话有几层意思:①司马迁认为李陵平时为人不错,虽古之名将也未见得超过;②李陵虽然失败,但"功亦足以暴于天下";③李陵目下之降,有可能是"佯降"(事实确实如此,真降在满门抄斩之后),他随时都在寻找机会报效汉朝;④他本该不想讲话,"适会召问",感到李陵兵败于北国,于皇上的面子过不去,处于尴尬境地的皇上此时又求助于他,的确是不得已而为之,并非激情所致;另外又因为满朝文武见风使舵,前恭后倨令司马迁极为悲愤。

评说一个人的功过,本来是件很正常的事情,即使不完全符合实际,也不一定获罪锒铛入狱。关键在什么时候、什么地方,而评价的对象又是什么人,他在整个符号域中特别在生存语义场中的地位和作用。就李陵事件发生的背景而言,汉武帝指派李广利征讨匈奴,是为了给李广利封侯,讨李夫人的欢心。尽管李广利在此次作战中,杀敌逾万,自己却损失两万,付出了惨重代价。而李陵虽然作战失利,逃回来仅仅四百余人,但杀敌却在万人以上,取得了一比二的辉煌战果,相当于李广利的四倍。然而李陵终归是投敌叛国,罪不可赦;李广利虽然"丧师辱国",但仍可以用胜利掩盖一切。尽管司马迁为李陵辩护是出于公心,但汉武帝却出于私心,将司马迁为李陵正当辩护、赞扬李陵治军有方的行为污蔑为有意中伤李广利、进而讥讽皇上错用庸将的不仁不义之举。这就自然而然地被戴上"沮贰师""诬上"的罪名。

这种历史性境遇,司马迁始料未及。良苦用心的"拳拳之忠"遭到适得其反的报应,让他备受煎熬。十多年后,他在《报任少卿书》中,较为系统地阐述了自己当时的处境和心态,道出了为李陵辩护的原委。他声言:

仆与李陵俱居门下,素非相善也。趣舍异路,未尝衔杯酒,接殷勤

---

① 杨钟贤、郝志达主编:《文白对照全译〈史记〉》,国际文化出版公司1992年版,第782页。

第六章 发愤著书效应及其精神分析

之欢。然仆观其为人自奇士,事亲孝,与士信,临财廉,取予义,分别有让,恭俭下人。常思奋不顾身,以徇国家之急。其素所蓄积也,仆以为有国士之风。

(杨钟贤、郝志达主编:《文白对照全译〈史记〉》,
国际文化出版公司1992年版,第781—782页)

对于一个与李陵没有任何私交的人来说,这一声明无疑为洗刷汉武帝罗织给他的罪名提供了一个佐证,并从另一方面反证皇上抹黑他的罪状实际上属于为其宠姬之兄张扬所谓功绩的偏私之举。

所以,从表面上看,司马迁承认自己在李陵事件中犯有严重的错误,汉武帝在对司马迁施以宫刑之后又让他留作中书令,继续掌握文书、草诏大权,但在内心深处,他与汉武帝之间的关系越来越不和谐了。可以说,宫刑之后的司马迁,对已经确立的封建统治机器的本质看得比较清楚了,因而对于处于极盛时期汉武帝政权的稳定性信念也开始动摇了。有人说,通过李陵之祸,司马迁与汉武帝之间的矛盾加深了。这一观点略显片面。司马迁与汉武帝严峻的矛盾冲突并不单纯是个人之间的恩怨,他与汉武帝之间的情感对立实际上是与整个汉王朝的对峙。因为任何统治阶级的个人行为归根结底都不是个人的意志所为,而是统治者本人所属集团权力意志的体现,甚至是某个时代集体无意识的体现。因而,司马迁与汉武帝之间的矛盾与冲突的发生以及尖锐化是必然的、不可避免的。它或迟或早都要发生,李陵之祸不过是个导火索。

其实,在此之前,作为历史学家的司马迁与当政者的矛盾早已露出端倪。据《西京杂记》记载:"司马迁作《景帝本纪》,极言其短,乃武帝之过,帝怒,削而去之,后坐李陵降匈奴,下迁蚕室。"《三国志·王肃传》亦云:"司马迁记事,不虚美、不隐恶,刘向、扬雄服其善叙事,有良史之才,谓之实录。汉武帝闻其述《史记》,取孝景及己本纪览之,于是大怒,削而投之,于今此两纪有录无书。"这些记载不一定可靠,却有一定道理。可以肯定地说,经过这次灾难,他的意志更加坚强了,编纂《史记》的目的也更加明确了。在《太史公自序》中,司马迁假借太史公与上大夫壶遂的对话,表明了自己蓄积已久的心愿和立场:

太史公曰:"先人有言:'自周公卒五百岁而有孔子。孔子卒后于今五百岁,有能绍明世,正《易传》,继《春秋》,本《诗》《书》《礼》《乐》

之际?'意在斯乎!意在斯乎!小子和敢让焉。"

上大夫壶遂曰:"昔孔子何为而作《春秋》哉?"太史公曰:"余闻董生曰:'周道衰废,孔子为鲁司寇,诸侯害之,大夫雍之。孔子知言之不用,道之不行也,是非二百四十二年之中,以为天下仪表,贬天子,退诸侯,讨大夫,以达王事而已矣。'子曰:'我欲载之空言,不如见之于行事之深切著明也。'夫《春秋》,上明三王之道,下辨人事之纪,别嫌疑,明是非,定犹豫,善善恶恶,贤贤贱不肖,存亡国,继绝世,补敝起废,王道之大者也。……《春秋》辨是非,故长于治人。……拨乱世之反正,莫近于《春秋》。《春秋》文成数万,其指数千。万物之散聚皆在《春秋》。《春秋》之中,弑君三十六,亡国五十二,诸侯奔走不得保其社稷者不可胜数。察其所以,皆失其本已……故有国者不可以不知《春秋》,前有谗而弗见,后有贼而不知。为人臣者不可以不知《春秋》,守经事而不知其宜,遭变事而不知其权。为人君父而不通于《春秋》之义者,必蒙首恶之名。为人臣子而不通于《春秋》之义者,必陷篡弑之诛,死罪之名。……故《春秋》者,礼义之大宗也。"

(司马迁:《史记》,中华书局1959年版,第3297—3298页)

但是,对于处于汉帝国巅峰时期的太史公来说,仅仅是正面接受《春秋》,只能是"述而不作"。因而对上大夫壶遂将自己修《史记》比喻为孔子修《春秋》的不实之词,采取了顾左右而言他的修辞手法,暗藏了对于当世皇上讥讽的锋芒。"李陵之祸"之后,司马迁的主体意识猛然觉醒,另一个与此前性格和风格根本不同的司马迁置于前景。他以一个文学家、历史学家的身份从《春秋》《易传》等经典中发现了一个普遍现象,它们都是"意有所郁结,不得通其道,故述往事,思来者"的受益者,扩而大之,几乎一切成名著书都是发愤著书的结果。这个"宣言"无疑是对整个封建社会政治生态的一个冲击,这一发现是对作家自身心理能量的一个伟大发现,这一总结是对中国文学、史学创作的一次认真的回顾和总结。这一回顾和总结表明司马迁的创作意识更加自觉了,思想境界升华了。这时,只有这时继《春秋》写《史记》的视野才发生了根本转移。

二、发愤著书的心理成因:性压抑的两次转移

1. 第一次转移

以上所述仅仅是构成司马迁发愤著书动力源的一部分,这部分的根底在于社会,或可称之为社会因素。对于司马迁这个有着特殊遭遇的史官来说,还有着更为复杂而微妙的心理因素。那么,司马迁发愤著书的心理动因究竟是什么?就是肉身和心理遭到挫折后产生的性压抑。不过这里所说的性压抑是就最广泛的意义而言的,尽管它也同样适合于以弗洛伊德的现代心理学解释之。

一般地说,人类生病起因于本能生活的要求与人类本身反对本能生活的抵抗之间的冲突,而人类的痛苦和压抑则起源于个体生活的正当要求和这个要求事实上不可能实现之间的冲突。按理,受到压抑是不自由的,但转移或释放了这种压抑,即可获得自由。司马迁从一个肉体自由的史官变成一个精神不自由的史官,再由一个精神不自由的史官变成精神自由的史官,恰恰证明性压抑转移在思想净化和超越性的心路历程中起到了关键性作用。

"李陵之祸"前,应当说司马迁还是一个自由的文化人,一个能够直接参与统治集团内部工作的自由人。其自由性表现在以下三个方面:其一,汉代是一个比较开放的时代,作为一个经常陪伴武帝的人,有较多机会了解、参与大政方针的制定和实施;其二,武帝之前诸皇帝均以"黄老之术"作为统治阶级的意识形态,大多数文化人无高压禁锢之感;其三,司马迁是一个身体和心智十分健全的人,既有充足的时间漫游中国,也有机遇实现"太上立德,其次立志,其次立功"的雄心壮志。他在《太史公自序》中情不自禁地表明这一心迹:

> 汉兴以来,至明天子,获符瑞,建封禅,改正朔,易服色,受命于穆清,泽流罔极,海外殊俗,重译款塞,请来献见者,不可胜道。臣下百官力诵圣德,犹不能宣尽其意。且士贤能而不用,有国者之耻;主上明圣而德不布闻,有司之过也。且余尝掌其官,废明圣盛德不载,灭功臣世家贤大夫之业不述,堕先人所言,罪莫大焉。

(司马迁:《史记》,中华书局1959年版,第3299页)

然而,正当司马迁遵照先父遗训,跃跃欲试地正《易传》、继《春秋》,致力于《史记》这一巨大工程的编纂并即将全面展开的时候,李陵之祸发生了。

这是一种极其残忍毫无人性的虐待。

据说在当时,是因为家贫无资救赎,不得已才自求宫刑的。但这不过是一种皮毛的解释。也许还有别的原因:赎罪。司马迁似乎也检讨过:"是余之罪也夫!是余之罪也夫!"既然承认自己有罪,就应当有洗刷"罪过"的行动。所以,宫刑是在顾及各个方面的情况下做出的唯一选择。换言之,宫刑是一种自我拯救的方式,也是为了逃避危险而做出的选择。作为一个活生生的自由人,此时却分裂为自我和超我两个部分了:请求宫刑是自我设计的权宜之计;本我却一直不断地肯定和支持他的自然本性,希望成为一个健全的人。虽然自我就其本质而言毕竟是主体,但自我也能够使自己成为客体。"自我可以其身为客体,一如对待其他客体一样对待自己,能够观察自己,批评自己,并且做无人知晓之事。"[1]也就是说,宫刑是最不情愿、最不甘心的自保方式。所以,在此之后,一个不愿面对的事实是,既有失去与其他地位显赫的士大夫一起平议政事、论列是非的忌讳而焦虑,也有丧失为人资格而带来的缺失感、恐惧感、耻辱感和自卑感。这些知觉在他心中造成沉重的压力,形成性压抑。

试想:一个男人失去生殖器,能是一个男人吗?在长期的封建社会里,男性生殖器本身就象征着权威,象征着拥有。这种权力从皇帝到普通平民一样受到崇拜。所以即使在物质生活极其贫乏的穷乡僻壤,即使在两人的世界里,这种权力也不会贬值。反之,男子被阉割则意味着失去权力。失去权力就会自然地产生"自卑情结",生成一种偏执和嗜好。自卑感不是机体的缺失带来的自我知觉,"自卑感有强烈的性爱根源,假如一个儿童认为自己不被喜爱,就会产生自卑;成人也是这样"[2]。但是,自卑并不意味着压抑在减退,相反,他变得越来越深厚,越来越沉重。虽然司马迁能够以宫刑的方式从外部危险中解救自己,但逃离内心深处的危险,从性压抑中彻底脱离是非常困难的事情。所以在他的内心深处依然燃烧着"力比多"与自我冲突所催生的痛苦烈焰:

> 修身者,智之府也;爱施者,仁之端也;取予者,义之符也;耻辱者,勇之决也;立名者,行之极也。士有此五者,然后可以托于世,列于君

---

[1] 弗洛伊德:《弗洛伊德文集》(第三卷),长春出版社1998年版,第533页。
[2] 弗洛伊德:《弗洛伊德文集》(第三卷),长春出版社1998年版,第539页。

子之林矣。故祸莫憯于欲利,悲莫痛于伤心,行莫丑于辱先,诟莫大于宫刑。刑余之人,无所比数,非一世也,所从来远矣。昔卫灵公与雍渠同载,孔子适陈;商鞅因景监见,赵良寒心;同子参乘,爱丝变色:自古而耻之。夫中材之人,事关于宦竖,莫不伤气,况忼慨之士乎?如今朝廷虽乏人,奈何令刀锯之余荐天下豪俊哉!

(杨锺贤、郝志达主编:《文白对照全译〈史记〉》,国际文化出版公司1992年版,第780页)

这是太史公通过给任安的书信所表达的难言之隐,可以看出,他不是不知耻的。他不断自责,认为死亡对于自己来说,没有什么痛惜的地方。不过死与死是不一样的。如果我被依法处死,就像死个蚂蚁一样,世人不会把我同那些死于名节的人相提并论。只不过认为你智虑穷尽,罪恶已极,不能自己赎免,终于走上死路罢了。为什么呢?这就是你平日的工作和职业决定的。人固有一死,或重于泰山,或轻于鸿毛。人生在处"太上不辱先,其次不辱身,其次不辱理色,其次不辱辞令,其次诎体受辱,其次易服受辱,其次关木索、被箠楚受辱,其次剔毛发、婴金铁受辱,其次毁肌肤、断肢体受辱,最下腐刑极矣"。……况且勇敢的人不必以死殉节,怯懦的人只要仰慕节义,什么情况下不能勉励自己呢?我虽然怯懦,思想苟且偷生,但还懂得偷生与赴死的界限,何至于自甘陷于牢中受辱呢?我之所以忍耐忍耐再忍耐,舍死求生,被囚禁在污秽的牢狱之中也在所不辞,是因为以心中未了之事为怀,以身死之后《史记》不能流传于世而为耻呀!

这就是司马迁对士之死"或重于泰山,或轻于鸿毛"的解释。这不仅仅是经验的进步,也是理性的进步。它澄清了千百年来人类对生死问题上的形而上学观念,似乎唯有死才是真英雄的片面观点,肯定了忍辱负重的荣辱观、生死观,从而由生死极限、荣辱极限中解脱出来。正是由于司马迁善于总结历史,善于把握自己,敢于在思想的禁区进行反省或反思,故而那个幽灵——仿佛丧失一切,空虚、无法承受挫折的幽灵才真正被司马迁摆脱了。

弗洛伊德指出:"当压抑发生时,……自我所做的事情是利用试验性的精神专注,并通过焦虑的信号发动快乐—痛苦原则的自动机制。然后,就可能产生若干不同反应,或这些反应在各种不同比例中的结合。或者焦虑充分地产生,并且自我彻底摒弃令人不快的兴奋;或者用一种反精神贯注取代试验性的精神贯注,以对抗这种兴奋;这种反精神贯注与被压抑的冲动能量结合,从而形成症状;或者这种反精神贯注作为反作用一旦形成,就作为对某些自我意向的加强和作为自我的持久性改变,被吸入到自我之中。"[1]依弗洛伊德之所见,自我通过焦虑的信号激发快乐—痛苦机制之后,会出现各种不同的反应:或者焦虑极其强烈——使人暂时忘却痛苦或快乐;或者用一种精神贯注与这种痛苦或快乐相抗衡,使之转移,或取而代之;或者把焦虑改装成另一种相反的东西,如用爱代替恨,作为对自我某种专一性的改变。第一种方式是"以毒攻毒",其结果是"借酒浇愁愁更愁",精神更加麻木。第二种方式是老庄式的自欺欺人,典型的阿Q主义,丝毫无助于心灵深处矛盾的解决。可以看出,司马迁的选择显然属于第二种方式,即用发愤著书抵制或稀释性压抑,使性压抑得到淡化或转移。具体理由有二:其一,出于对先父嘱托的责任感,出于对生死问题的辩证理解,出于一个史官的良心,认为在当时的具体环境中,忍辱生存实际上比断然一死更有意义,更有价值;其二,宫刑虽然是一种辱没祖先的酷刑,但是当他联想到古之圣贤西伯、李斯,今之名将韩信、彭越也难免此噩运,心里也就释然了。俄罗斯著名哲学家巴赫金说过,苦难是难得的一份遗产。弗罗林斯基认为,一个有独立人格的思想家,他会忍受时代给予的一切苦难与折磨,超越它们,坚持把有价值的思想说出来。宫刑虽则残酷,却给司马迁提供了心无旁骛的创造性机遇,从而得到安慰和补偿。这样一来,自我由原来最初的被压抑、抵制压抑,变成现在的维持压抑,自觉寻找压力,"行莫丑于辱先,诟莫大于宫刑"的思想出现了一个大回环。从表面上看,这是自我调整的结果;从精神分析的角度看,这是司马迁人格中最为重要的超自我作用的结果。就他们之间的联系而言,又是自我超越、自我升华的结果。

超自我代表了各种具有限制和否定的要求。从根本上说,超自我代表的是道德律令,它追求真善美。我们不妨这样去认识,超自我如果从心理场和生存语义场出发,就是在这个基本空间我们能够把握的、到达人类生活最高境界的那种东西,它是父母遗传和后天教育的结果。同样的道理,假如司马迁没有良

---

[1] 弗洛伊德:《弗洛伊德文集》(第三卷),长春出版社1998年版,第561页。

好的家庭教育、史官的良心,就不可能将被压抑的自我转变为超自我。如果说,自我是缺失的,那么超我就是健全的;自我是不完美的,那么,超我就是完美的。从某种意义上讲,超自我意识促使司马迁在残缺的肉体中去追求精神的完善和完美。这也许是"传畸人于天下"目的所在。正因为如此,向善向美成为司马迁一生的追求,精神的完善和完美成为太史公书吟唱不衰的主题:孙膑四肢不全,他却将之描写成一个智力超凡的人。项羽是个失败者,他几乎视而不见,有意突出西楚霸王的英雄壮举和不能够成为成功英雄的缺憾。陈涉出身草莽,他却大写首义英雄的"鸿鹄之志"和领袖的智慧与策略。至于游侠刺客,更能曲尽其妙,写出了底层人物视死如归的大无畏精神。总之,司马迁心中的焦虑、自卑和缺失感等否定性感情完全形象化为肯定性、完美型活生生的人物出场了。可见,超自我不仅是一种心理因素,也不仅仅是一种性格,而是一种意志。这种意志比"力比多"更为强大、更为有力,促使司马迁的性压抑成功地实行了转移,即第一次转移。

2. 第二次转移

燃烧于司马迁胸中的悲愤之火并未熄灭,宫刑的梦魇依然折磨着他。在《报任少卿书》的最后,他这样批判自己:

> 且负下未易居,下流多谤议。仆以口语遇遭此祸,重为乡党戮笑,污辱先人,亦何面目复上父母之丘墓乎?虽累百世,垢弥甚耳!是以肠一日而九回,居则忽忽若有所亡,出则不知所往。每念斯耻,汗未尝不发背沾衣也。身直为闺阁之臣,宁得自引深藏于崖穴邪?姑且从俗浮沉,与时俯仰,通其狂惑。
>
> (杨钟贤、郝志达主编:《文白对照全译〈史记〉》,国际文化出版公司1992年版,第788页)

"狂惑"流露出对自我的谴责和对慷慨赴死英雄的向往与崇拜。这种愿望也仅仅是一种愿望,是无法实现的。他表白"要之,死日然后是非乃定"。就是说,盖棺才能定论。由于现实环境和心灵深处的缺失,他仍然需要贾生、屈原一类英雄豪杰为自己张目,让这些人物作为自己观念的具象说服那些不理解他的人。于是,自我英雄化的幽灵一直游荡在陷入悲剧命运的人物身上。

这当然是太史公作为一个抗拒命运的不屈灵魂的全面展示。

屈原、贾谊本属两个不同时代的人,然而,两个人的遭遇极其相似,身上似乎都流灌着相同的血。他们都是才高气盛、智慧痛苦的觉悟者,又都是政治上不得志,因愚忠被贬谪的悲剧性人物。屈原"博闻强志,明于治乱,娴于辞令",因而饱受上官大夫的嫉妒,遂进谗言离间怀王与屈原,于是屈原被黜。屈原被黜之后,太史公着力表现他的"信而见疑,忠而被谤"的一腔热血和赤诚胸襟。尽管他"眷顾楚国,心系怀王""存君兴国而欲反覆之,一篇之中三致志焉",也难以使怀王回心转意,反而因得罪令尹子兰惨遭流放。

屈原被放逐之后,作者以同病相怜之感受,侧重描写了他的"死":因孤独而死,因死而更加孤独,以及死的效应——死后人民群众对他给予无限崇拜、无限敬仰之情。作者特意指出:屈原的孤独并不是俗人所理解的清高,而是一种高尚情操和伟大胸怀的坦露。所谓"举世皆浊我独清,众人皆醉我独醒""吾闻之,新沐者必弹冠,新浴者必振衣,人又谁能以身之察察,受物之汶汶者乎!宁赴常流而葬乎江鱼腹中耳,又安能以皓皓之白而蒙世俗之温蠖乎!"果然,险恶的环境将屈原逼到尽头,他只能沉江而死,兑现了自己的诺言,成为千古英雄。

而且,在这里,我们不仅听到屈原的绝命呐喊,同时也听到这种呐喊的弦外之音,另一个屈原的化身——司马迁的共鸣。这个屈原甚至发问:像他这样有才华的人,为何一定要在楚国等死呢?

贾谊可以说是另一个屈原,或者需要潜对话的司马迁。因为贾谊同样是一个怀才不遇的先知先觉者,与屈原一样,累遭贬黜。但仔细观之,作者写贾谊正是为了衬托屈原,强化屈原的悲剧性。

要之,《屈原贾生列传》不同于其他任何一篇列传。这种不同主要表现在其具有强烈的抒情意味和旨在言外的隐喻功能。一如太史公对《离骚》的礼赞:"其文约,其辞微,其志洁,其行廉,其称文小而其指极大,举类迩而见义远。其志洁,故其称物芳。其行廉,故死而不容自疏。濯淖污泥之中,蝉蜕于浊秽,以浮游尘埃之外,不获世之滋垢,皭然泥而不滓者也。推此志也,虽与日月争光可也。"[①]这一点也正是《离骚》同时也是太史公继承并发扬诗三百美刺比兴传统的结果,但这一点常常为人所忽略。清代著名文艺理论家刘熙载称太史公此作

[①] 司马迁:《史记》,中华书局1959年版,第2482页。

得其情,而司马长卿得其辞,却未窥出微言大义,对太史公的"余读《离骚》《天问》《招魂》《哀郢》悲其志。适长沙,观屈原所自沉渊,未尝不垂涕,想见其人"①又作了一般性理解。其实,"垂涕"另有原因:司马迁也是一个怀才不遇者。他于宫刑之后既不能发挥自己的才能,也不能为朝廷推荐有才能的人,因而表面上写屈原、贾谊,实际上是在写自己。屈原、贾谊是司马迁为释放性压抑,实行精神转移精心设计的一个假面、一个替代。从某种意义上讲,屈原、贾谊就是司马迁本质力量的对象化。他试图通过塑造屈原和贾谊这样的英雄弥补心中的缺憾:假如要我赴死,我将与这两位英雄一样,在所不辞。故而屈原贾生形象创造成功之日便是司马迁期待心理满足之时。清人刘鹗说得好:"《离骚》为屈大夫之哭泣,《史记》为太史公之哭泣。"②离忧者,不仅仅是屈大夫一人。

这里还有一个巧合。屈原、贾谊是楚人,司马迁的作品也时有楚风。《太史公自序》曰:"昔在颛顼,命南正重以司天,北正黎以司地。唐虞之际,绍重黎之后,使复典之,至于夏商,故重黎氏世序天地。"据《国语》可知,重黎是楚人的祖先祝融的别名。司马迁称自己为重黎后代,无疑是说自己是楚人的后裔。这当然不是为了曲于攀附,而是要表白:楚国的志士不是窝囊废,慷慨赴死是一种生存方式,忍辱负重同样是一种生存方式。死,是为理想而死;活,是为理想而活。其所指都属于海德格尔所说的存在之"在"。文化名人吴宓在"文革"中面对虐待,始终鼓励他和他的难友从古之英雄豪杰身上汲取营养,仿效他们以常人难以具备的勇气活下去。甚至极而言之地说:学习司马迁不要学屈原!

这便是司马迁第二次性压抑的转移。与第一次转移不同的是,前一个转移是把自我作为客体来批判的,后一个转移是把自我当作主体来颂扬的。屈原、贾谊是司马迁精神的物化与凝聚,是司马迁肉体生命和精神生命的延续,也是司马迁生命语义场的一种归宿。当然也是另一种意义上的升华,是"超自我"的另一种表现形式。"超自我也是自我理想(the ego ideal)的载体,自我依照他来估量自己,竭力模仿他,力争满足他更加完善的要求。"③经过死亡炼狱的考验,

---

① 司马迁:《史记》,中华书局1959年版,第250页。
② 刘鹗:《老残游记序》,人民文学出版社1957年版,第1页。
③ 弗洛伊德:《弗洛伊德文集》(第三卷),长春出版社1998年版,第39页。

再经过如此这般的转移和精神纯化,司马迁像火中凤凰再生了。一个新的更加自由的司马迁诞生了!

但自卑情结终归是自卑情结,性器官的被阉割是永远无法弥补的创伤。因而作为自卑除了对完美向往,使之神化,对残缺哀其不幸外,还有一个比较奇特的心理,就是对不应该完美的事物予以鞭挞、揭露,对滥用权力者充满仇恨,必欲杀之而后快。这也是性压抑获得转移的另一种方式。

首当其冲的自然是汉武帝。在司马迁看来,汉武帝就不是一个完美典型。宫刑之后,这种观念愈加强烈,从而使得他与汉武帝的关系微妙而复杂。他与汉武帝已经不再是一般的君臣关系,有时候,有点像弗洛伊德所说的被阉割的孩子和严父的关系。根据弗洛伊德"两性同体"概念,男孩子要得到父爱,必须接受阉割,但阉割后的男孩必然憎恨他的父亲。于是憎恨父亲和爱恋父亲两种冲动都遭到压抑:对父亲的爱之所以难以施行,是因为阉割之后对父亲的憎恨;对父亲的憎恨之所以难以施行,是因为对父亲的恐惧。司马迁的心态大体上属于后者。

《报任少卿书》详细阐述了太史公的心路历程:迫于当时的环境和气氛,被动应招。他战战兢兢,如履薄冰,但不能不为李陵辩护、为汉武帝打圆场;由此又引发汉武帝的误解和震怒,使得自己陷入长时间的惶恐与不安。虽然恐惧是对捍卫人的尊严而做出的本能反应,憎恨是对践踏人性的抵制,但司马迁毕竟生活在没有汉武帝就没有司马迁的时代,他的痛苦和快乐,他的希望与失望,几乎都来源于汉武帝。可以说汉武帝的存在直接影响了司马迁的存在,这就决定了司马迁必须在不违背正确的国策和意识形态的情况下,策略性地进行深入的讽刺和揭露。在《孝武本纪》中,司马迁的生存语义场得到进一步拓展。从表面上看,《孝武本纪》讽刺的是武帝期望鬼神赐福、追求长生不老的荒诞和无知。但如果与《平准书》《货殖列传》联系起来,就没有那么简单。武帝的本意,无非是在穷奢极欲的物质享受之外,追求一种精神欲望,使自己成为神仙———一个超凡入圣不食人间烟火的圣人,从而延续自己的生命。而这个问题的背后,恰恰暴露出汉武帝对最完善、最完美事物的占有欲。太史公的讽刺意味在于,一方面揭露方士鼓吹所谓长生不老之药的欺骗性;另一方面又告诉世人,追求长生不老实际上是荒诞和愚昧的表现。人世间不可能存在最完美的人。追求完美,事实上就是将无法完美的事物夸张为完美,使之神化。这当然是愚蠢的、永远无法实现。太史公企图以此形成一个对比:身体残缺者,未必意志残缺,他可以通过对理想的追求完善自己、超越自己,实现精神生命的延续;而身体本来完善者,精神未必完善,尤其那些妄图通过求仙成神延续肉体生命的人根本不可能成为完人,更不可能成为超人。这就是《封禅书》的主题,也是后人无法解读司马迁为何将之移植到《孝武本纪》中的秘密所在。

通过以上对司马迁发愤著书所作的精神分析可以看出,文学文本的创造既有自觉的因素,也有自发的因素;既有社会文化方面的因素,也有个人心理方面的因素;既有意识的因素,也有无意识的因素;既有理性的因素,也有非理性的因素。司马迁之伟大不在于无偏私、无压抑和无个人情绪,也不在于把读者的兴趣引入对某种隐秘的、个人动机和欲望的毫无意义的追寻之中,而在于以个体欲望和性压抑唤起创作的激情和冲动,又能超越个人的缺陷和不足、焦虑和不幸,用超我或意志战胜"力比多",获得精神上的升华。这是司马迁最伟大的胜利。

第七章　道与司马迁的存在意识

所谓存在意识指的是以生存为中心的种种需求和欲望,它是人的本源性赖以存在的基础。在现实生活中我们每一个人都会遇到与生俱来的恐惧和烦恼。从某种意义上讲,人类文化都是建立在此种心理之上的。死亡的阴魂不散,人便一日不得安闲。这就是死亡之于存在的意义。

现代意义上的存在意识或存在观念是由德国存在主义哲学家海德格尔发轫并加以共时化的。在人类进入20世纪之时,海德格尔面对西方的经济危机、精神危机,不用简单的非理性主义,也不用一般治疗危机的办法——即用科学主义与人文主义相分离的方式去拯救危机,而是敏感地意识到西方文化危机是一种思想方法危机,从而提出更新的疗救措施。

海德格尔认为,西方世界的思想方法危机,既表现在对人的问题上,也表现在对"世界"的问题上。就这一方面看,是一个全面性的危机。这种全面的危机感在海德格尔的老师胡塞尔,特别是晚年的胡塞尔那里已经凸显出来了。胡氏从研究"纯心理"的人入手,进而研究了一个"理念"的世界。人与世界的关系既不是物质的交往,也不是纯概念的建构,而是一种活生生的生活的关系。而海德格尔也不仅仅阐发人的地位,他的《存在与时间》固然强调从人(Dasein)来理解存在(Sein)的意义,也考虑到人与世界(历史)的关联,强调人之存在性的意义,更重要的是强调Dasein,即以Dasein来理解Sein。海德格尔的伟大之处在于强调Dasein与Sein处于同一个层次上,都是Sein,这恰恰是西方传统哲学存在论的核心问题。

传统的存在论把"存在"理解成物之性或者最本质的属性。但在海德格尔看来,这种思维方式使西方人忘记了"存在"的真正意义。"存在"是世界向人显示出的本源性、本然性的意义,正因为"人"是一种特殊的存在,所以万物才向"人"显示为"存在","存在"只对 Dasein 意义下的"人"有意义。

海德格尔还指出,传统的存在论只研究事物最后的"存在",认为达到了极致;而他的存在论不但研究"有"(存在),而且研究"无"(不存在),但是"无"不是一般意义上的否定,而是存在的否定,是不存在。

什么是"无"?"无"即是空无。海氏认为,这里不是要问"无"是什么东西,因为"无"本已是无物,而是要追问"无"是什么意义。正确的理解是,"有"是对人的一种意义,"无"则是这种意义的失落。世界有了人,便有了意义;没有了人,世界便没有那种只对人才显现的意义。然而人既有存在的时候,也有不存在时候,这样一来人就始终面临"无"的威胁。

奇怪的是,古代欧洲竟然缺乏"无"的意识,倒是东方人,中国古代的道家已经觉悟到了。这就是我们之所以将道与司马迁的存在意识加以思考的缘故。

一、作为儒家之道的生存意识

如前所述,司马迁的一生是不平凡的一生,遭受耻辱的一生。他的生存观念可以分为三个时期。

第一个时期,青少年时期。这一时期的生存观念是"孝"。这既与传统文化的熏陶有关,也与司马迁的家学有关。其父的临终遗言一直萦绕于他的心中:"且夫孝始于事亲,中于事君,终于立身,扬名于后世,以显父母,此孝之大者也。"可以看出,事亲、事君、立身扬名就是他的生存观念。也就是说,在事亲、事君、立身扬名等社会活动中寻找自己的地位,发挥自己的作用,体现应有的价值。一句话,这一时期他总是将自己的个人价值和存在观念与时代联系在一起,与汉武帝的事业联系在一起。他曾经与汉武帝一起亲临濮阳塞河工地,并亲自参加了负薪塞河堤的劳动。汉武帝看到几万人的治水大军活跃在大坝上,情不自禁地赋了一首《瓠子之歌》。歌中唱道:

> 瓠子决兮将奈何?皓皓旰旰兮闾殚为河!殚为河兮地不得宁,功无已时兮吾山平。吾山平兮钜野溢,鱼沸郁兮柏冬日。延道驰兮离常流,蛟龙骋兮方远游。归旧川兮神哉沛,不封禅兮安知外?为我谓河伯兮何不仁,泛滥不止兮愁吾人?啮桑浮兮淮泗满,久不反兮水维缓。

又歌曰：

河汤汤兮激潺湲，北渡污兮浚流难。塞长茭兮沉美玉，河伯许兮薪不属。薪不属兮卫人罪，烧萧条兮噫乎何以御水？颓林分兮楗石菑，宣房塞兮万福来。

(司马迁：《史记》，中华书局1959年版，第1413页)

正因为司马迁感到人与水之利害关系甚大，故以相同的爱民惜民心情写下《河渠书》，并把汉武帝的两首歌记载到《河渠书》中。从他充满豪情和自信的描写中，我们已经感到他完全把自己的命运与时代、与汉武帝的命运联系在一起了。这时候，他的存在意识与时代、与儒家之道都是合拍的、不相悖谬的。

第二个时期，接替司马谈被任用为太史公。司马迁是三十七岁继任司马谈之职被武帝任命为太史公的。此官虽近似于县令，但极受汉武帝青睐。司马迁在参与汉武帝包括主持修订历法等改制活动之后，十分感激汉武帝对自己的信任，表示要竭诚为汉武帝效命，决心"绝宾客之知，忘家室之业，日夜思竭其不肖之才力，务一心营职，以求亲媚于主上"[1]。他深切感到一个伟大的时代和一个伟大的人物已经诞生，有作为的士人应该很好地把握自己，利用难得的时势，建功立业。他曾经苦心规劝一位隐居的好友一起迎接这个美好时代的到来："迁闻君子所贵乎道者三：太上立德，其次立志，其次立功。伏惟伯陵才能绝人，高尚其志，以善厥身，冰清玉洁，不以细行荷累其名，故已贵矣，然未尽太上之所由也！"[2]看来在司马迁心目中，不出山就无法立德，只有置身于时代的洪流中，才能有光明的前途。

然而，太史公毕竟是史官，他的立德立言立功只能体现在修史这一极其主要的工程建构之中，其主要的方式也只能是以其激进而有价值的学术思想建功立业、影响社会。从《太史公自序》即可看出他是有这个信心的。他非常看重如何利用时代的优越条件充实自己，为学术建树准备必要的物质基础。因而这一时期的存在意识仅仅是史官的职业性存在意识，所谓个性也只能是以史官的身

---

[1] 司马迁《报任少卿书》，见杨锺贤、郝志达主编《文白对照全译〈史记〉》，国际文化出版公司1992年版，第781页。
[2] 《司马迁自述集》，张胜发、高巨成注译，陕西师范大学出版社1993年版，第184页。

份表现出来的学术个性；所处的生存语义场也只能是以集体无意识为背景的集体生存语义场或学术生存语义场，当然是有待建构的生命化的生存语义场。两者相较，学术思想的存在性更为重要。为此他如饥似渴地钻研天文地理，探讨六经与老庄之学，并在其他方面不断地丰富自己。他发现《春秋》是治国之本，为人之本，是"礼仪之大宗"，是"道"之所在，应予以自觉的理解和遵从。这样他就像孔夫子儒学一派人物一样，将《春秋》奉为圭臬，作为"逻各斯"去约束一切人的一切言语行为，将之视为衡量任何事物的准则，以及调节、改善人与人之间关系的思想武器。这就意味着所有以文化生活为职业的人都应当以《春秋》的存在而存在。这便是他存在意识的具体化，是以一个普通史官的身份，从儒家观念出发对道与存在意识的初步阐释。尽管他闪烁其词，又以史官的独立性而自鸣得意，然而，一旦把《春秋》作为包括最高统治者在内的所有人的存在性去看待的时候，不啻将批判的矛头指向汉武帝在内的一切统治者，从而留下无可掩饰的口实。

现实并非如司马迁所见的那样美好，武帝也没有他所想象的那样民主；相反，武帝和历史上的任何一个帝王一样骄横、专制，崇拜权力意志：顺我者昌，逆我者亡。作为一个开明君主，他是个体价值的承诺者；作为一个封建帝王，他又是个体价值的否定者。对于一个职业史官，他看重司马迁的存在；作为一个"通古今之变"的思想家，他却对司马迁保持高度警惕。司马迁仅仅被作为"近乎卜祝之间""陪外廷末议"的芝麻官来对待，因而司马迁不能不感到被冷落的孤独、烦恼和焦虑，对自己的存在价值产生怀疑。

二、生存意识的觉醒

从第二个时期可以看出，司马迁的生存意识虽然已经转移，但还没有彻底觉醒，他仍然把自己命运的改善寄托在汉武帝的"良心发现"上，这就不可能使自己获得真正意义上的"在"。由于这个时期他的存在意识仍然是儒家的存在意识，因而也是没有独立性的存在意识。除了儒家传统存在意识左右他之外，还有一个"天人合一"世界观在影响着他。西汉初年，以窦太后为核心的统治者迷恋"黄老之术"，实行"无为而治"和"与民休息"的意识形态。当时鼓吹的天人关系，就反映在"黄老帛书"之中，所谓"天地有恒位，万民有恒事,畜臣有恒道,使民有恒度",实际上已经把自然经济和贵贱等级制度规律化了、永恒化了。所谓"顺则立,理则成,逆则亡",也与老子思想中的重视自然、顺应自然的观点庶几近之,可以看作对道家思想的发挥。汉武帝时,"罢黜百家,独尊儒术"则上升为主流意识形态,董仲舒为了适应在新的政治形势下统治阶级建构的统治思想体系的需要,用阴阳说解释儒家思想,阐明天人合一的适应性,所谓"事应顺于名,名应顺于天,天人之际,合二为一"。他还提出"道之大原出于天,天不变道亦不变""屈臣而伸君,屈君而伸天",乃至"天人感应"之说,从而为封建秩序的永恒化奠定了基础。然而,观念上的一致并不能说明现实中的统一,天道与人道的裂痕依然存在。司马迁的"究天人之际"的抱负就是针对董仲舒以天人感应为根底的天人关系说而发的,可惜在腐刑之前,他还未与之彻底划清界限。

第三个时期,存在意识的蜕变期。这一时期,是司马迁接受宫刑并完成《史记》编纂工作的重要时期。这是他的存在意识发生重大变化的历史阶段。生命遇到危险,才知道生命的可贵。在这极其苦闷之际,如何寻找存在乃至生存的可能性呢?

应当说,惨遭宫刑的司马迁对天人关系有了新的体验方式和新的理解方式。这种新体验、新理解既有与当时作为统治阶级思想的董仲舒学说相近的一面,也有与其相异的一面。即司马迁一方面相信天道,迷信天道;另一方面又对天道与人道之间的不可调和性产生怀疑,进而否定天道。具体而言,在天道与人道的问题上,他相信人道;在皇权与人权的问题上,他更关注人权。他同时也希望,天道顺应人道,皇权合于人权。但历史和现实却恰恰相反:大凡为善之人或争取人的地位而不得者都没有好的结局,而那些为恶之人或者无视人的存在性而成为既得利益者却往往得不到应有的惩罚。人之命运无可把握的神秘性不得不使他把批判的矛头指向皇权,指向那些滥用权力的"王者"。在《伍子胥列传》中,司马迁愤怒地质问:"怨毒之于人,甚矣哉!王者尚不能行之于臣下,况同列乎!"而《吕太后本纪》记载的吕后杀害戚夫人及赵王如意的残忍现场,恰恰又为之提供了一个佐证。

不仅如此,他还通过对某些历史人物的评价,把批判的矛头直接指向天道,代替那些受到不公正待遇的仁人志士发出"倘所谓天道,是邪?非邪?"一类质

第七章 道与司马迁的存在意识

问,并不断追问人的本质究竟是什么,人生存的权利乃至人的命运到底由谁掌控。为此他在《悲士不遇赋》中,对于人之命运的无可把握做出了极其强烈的控诉:

悲夫士生之不辰,愧顾影而独存。恒克己而复礼,惧志行之无闻。谅才韪而世戾,将速死而长勤。虽有形而不彰,徒有能而不陈。何穷达之易惑,信美恶之难分。时悠悠而荡荡,将遂屈而不伸。使公于公者彼我同兮,私于私者自相悲兮。天道微哉,吁嗟阔兮;人理显然,相倾夺兮。好生恶死,才之鄙也;好贵夷贱,哲之乱矣。炤炤洞达,胸中豁也;昏昏罔觉,内生毒也。我之心矣,哲已能忖;我之言矣,哲已能选。末世无闻,古人惟耻。朝闻夕死,孰云其否。逆顺还周,乍没乍起。无造福先,无触祸始;委之自然,终归一矣!

(杨锺贤、郝志达主编:《文白对照全译〈史记〉》,
国际文化出版公司1992年版,第790页)

可以看出,太史公面对自己和那些忧国忧民者被命运的无情捉弄,已经由忧愤转为大彻大悟:委身于自然,最终还能与天地融为一体!这就不是儒家的天道观而是倾向于道家的天道观了。

《屈原贾生列传》同样体现了与《悲士不遇赋》相似的主题,甚至全部列传的主题是个人命运的神秘性的问题。太史公有意借用贾谊的《鵩鸟赋》对自己的不幸遭遇进行反思,认为天道高深不可测,发轫的思虑难以谋算,生死迟早都是命,谁能知其到来之时?但他并没有因此而沉沦,反而坚定了对自我存在意识的肯定和信念。正像贾谊所理解的那样:

且夫天地为炉兮,造化为工;阴阳为炭兮,万物为铜。合散消息兮,安有常则;千变万化兮,未始有极。忽然为人兮,何足控抟;化为异物兮,又何足患!小知自私兮,贱彼贵我;通人大观兮,物无不可。贪夫徇财兮,烈士徇名;夸者死权兮,品庶冯生。怵迫之徒兮,或趋西东;大人不曲兮,亿变齐同。拘士系俗兮,攌如囚拘;至人遗物兮,独与道俱。众人或或兮,好恶积意;真人淡漠兮,独与道息。释知遗形兮,超然自丧;寥廓忽荒兮,与道翱翔。乘流则逝兮,得坎则止;纵躯委命兮,不私与己。其生若浮兮,其死若休;澹乎若深渊之静,泛乎若不系之

· 111 ·

舟。不以生故自宝兮,养空而浮;德人无累兮,知命不忧。细故蒂芥兮,何足以疑!

(司马迁:《史记》,中华书局1959年版,第2499—2500页)

假使联系太史公"读《鵩鸟赋》,同生死,轻去就,有爽然若失"的感受,那么将赋的后一段看作是太史公的共鸣亦无不可。这又是一种对人之生存乃至死生问题的非理性主义批判。他以贾谊的遭遇安慰自己:通人达观不计较生死祸福;修养高的人不为名利所诱惑,对事物等量齐观;有至德的人能遗世弃俗,只与大道同在;有真德的人可与大道同生息,超然物外不知有己。对于生死问题,他认为将身躯托付给命运,不把它看作是私有之体。活着寄于世,死了长休息。总之,至德之人无俗累,乐天知命复何忧!

以上既是司马迁对贾谊生死观的认同,同时也表达了自己的愿望和立场,而且还吐露出自我存在意识被逐步解剖逐步否定的变化轨迹。在《报任少卿书》中,他起则以"行莫丑于辱先,诟莫大于宫刑""仆以口语遇遭此祸,重为乡党戮笑,以污辱先人,亦何面目复上父母之丘墓乎?虽累百世,垢弥甚耳"陷入深深的自责之中;继而由无法安慰的自责形成自卑、自惭而不能自拔,甚至产生连自杀都不可能的绝望;终则觉悟,逐渐演变成为书的完成而苟活,同样重于泰山的新生存意识。而他的这种心理触角,对人生意义的再发现,正是海德格尔存在主义哲学中由"存在"走向"此在"的具体化。所谓语言是存在之家的"存在"一词,乃是联结主语和谓语的系词名词化,它表示的是语言在表述中主语和表语之间的意义关系。因此切不可将译自 sein 或 being 的语词"存在"理解为汉语语境中的实在,而应该理解为语言活动中的意义之所在。因而对"存在"的思考其实就是对"意义之在"的思考。所以我们还可以将这一历史性觉悟视之为"人,诗意地栖居"的前奏。

总之,这时的存在者已经不是那个只为汉帝国尽忠的司马迁,而是为积极挽救自己生命,维护自己生存权利,恢复人之为人的根本,试图超越死亡地带的司马迁。为此他才对屈原的愚忠行为提出质疑,对"屈以彼其才游诸侯,何国不容?而自令若是"表达出极度的迷惑和不解。从这里我们发现,他对"道"(Logeos)的理解与前此已有所不同:原来的儒家之道变成了现在的道家之道,原来的藩篱和羁绊现在变成了思想蜕变的加速器。并由此延伸了他的生存观念,由重视肉体生命的存在性转移到精神和学术思想的存在性上来。这是一个飞跃，是他长期研究道家学说的成果。司马谈《论六家要旨》中说"凡人所生者神也，所托者形也，神大则永竭，形大劳则敝，形神离则死。死者不可复生，离者不可复返，故圣人重之，由是观之，神者生之本也，形者生之具也"。不言而喻，太史公当然是重神而轻形的，不然就不会成为真正意义上的至人、圣人，自然也不会成为与大道相协调的超人。

这就是知天时。道家所谓的知天时，就是超脱了一般的礼制和伦理文化，乃至超出了生死界限，在此意义上观照反思自己生存的意义和价值，并能适应生存境遇的一种境界。太史公知天时是奉行道家生存之道的结果。但从根本意义上讲，又不是求生存之道，因为生存本身的"炉"必然化"万物为铜"，最终去掉一切人为的智慧和规范，还生命一个本然的道。这一观念也是生命本体论和开拓生存语义场的主干思想。要之，司马迁的人格标准是儒家的，而存在意识的升华途径却是道家的。正像海德格尔所言，"存在是地地道道的超越"。

三、新的存在意识的基本内涵

老子的道家学说之所以为太史公所用，一是它提供了生存视野或生存视界，一是它提供了生存之法。前者属于本体论，后者属于方法论。当然这两者是完全可以转化的。

老子学说中能够给太史公提供本体论支持的是如下的两段话：

> 三十辐共一毂，当其无，有车之用。埏埴以为器，当其无，有器之用……故有之以为利，无之以为用。(《第十一章》)
>
> (《老子全译》，沙少海、徐子宏译注，贵州人民出版社1989年版，第17页)
>
> 天下万物，生于有，有生于无。(《第四十章》)
>
> (《老子全译》，沙少海、徐子宏译注，贵州人民出版社1989年版，第79页)

这两段话表达的是同一个意思：有无相生。意思是说，在有的终结处存在一个虚无的境域，然而这种"无"既非是概念的无可把握，也不是无从领会的"黑洞"(真正的无),而是有态势、可驾驭、能唤起"有"的构成域。类似于海德格尔所说的有生存构成力的"缘在的空间性"。这就是道家存在哲学的本体论。

另一方面,他又讲了存在哲学的方法论:

> 反者,道之动;弱者,道之用。(《第四十章》)
> (《老子全译》,沙少海、徐子宏译注,贵州人民出版社1989年版,第79页)

所谓"反",作为一种思维定式,直接指向的是非常态的局势,其次便是如何适应此种局势的策略。"反"意味着绝不要依赖既成的、貌似不可动摇的东西,而要在它的反面或反复中看出道的动向。"弱"与老庄所讲的"虚静"等词同属于一个意义范围。它想告诉我们的是,在任何事物的终结处,并没有一个更高级现成的法则和存在者,而是一种柔或弱的态势。但只要有一点可被利用的势能,即可被反对的可能性,就要将之转化为"强"的生成域。这就是道家的存在哲学的方法论,它也是一种弱势者的"反动"思维方式。太史公正是利用存在哲学的本体论和方法论构建自己的生存论的语义场。

有人说,老子的道就是为贫弱者设计的生存之术。此言不差。人生的许多问题,儒家是无法解决的。孔子"不知生焉知死"的名言就表明了这种无奈。他仅仅知道"知其不可而为之",而不知道"知其不可而不为",因为他们没有看到人从根本上说都是弱者这个道理。历史上的风流人物,诸如秦皇汉武在事关自身生死存亡的时候其内心都是虚弱的,否则何必乞求于神祇、方士?何况一般的芸芸众生。这里有一个悖论:人生而柔弱,而现实却要把他安排在一个强者才可以活,而且才可以活得最好的符号域。这种竞争的态势使人人感到自危而又无法冷静自处:失败者固然倒霉,成功者在庆贺之余,只要一想下一轮的竞争,就不寒而栗。因为今天的成功者或许就是明天的失败者,而今天的失败者未必不是明天的成功者。刘邦以开国皇帝自居,他踌躇满志地高唱《大风歌》,然而他不但对开创汉王朝的艰辛体验颇深,而且还能以敏锐的嗅觉嗅到百年之后刘氏江山落于他人之手的危机感,不得不与诸侯王杀马为盟:非刘氏而王者,天下共击之。虽然不是神经过敏,却也暴露出王者虚弱的一面。宋代学者杨时对老子学说的微妙之处窥见得十分真切,认为:"老子之学最忍,他闲时似个虚无单弱的人,到紧要处放出来,使人支吾不住。如张子房是也。子房如峣关之战,与秦将连和了,忽乘其懈击之;鸿沟之议,与项羽讲和了,忽回军杀起,这便是柔弱之发出,可畏!可畏!"①历史也好,现实也好,任何强人、文明人,哪怕是控制核武器的人,事关生死都面临"道"的挑战与选项。这个"道"便是历史急剧变化中潜藏于底层的"逻各斯",使历史成为历史的某种可能性。故而又有所谓"天运""气数"之说。善于乘其势者,谓之顺天应时;不善乘其势者,谓之违背天意。由是,历史不再是强者和智者的历史,而是生存者被生存意识偶然选择的历史机遇。

这样一来,司马迁的存在意识经历了一个大回环——一开始依赖于道,继而偏离于道,最终又回归于道。实际上是从儒家的存在性跃居到道家的存在性的一次历险,从而真正实现对儒家之道的精神解构。

四、存在之家的诗语归宿

叔本华说过,就人而言,人的自身是以两种方式存在着:一种是直观中的表象。它是客体中的一个客体,因此它要服从根据律。一种是意志。人的意志的任何一个活动都立即体现为他的身体的活动。那么,意志又是什么概念呢?意志当然是一种心理驱动力,而且是一种理性的有方向的心理动力。按照萨特的看法,所谓存在都是为他人而存在。不过为他人存在并不是"假他人存在",而是与他人互相比较之中见出自己的存在性。这一观点正像尼采所言,权力意志才是真正的意志存在。然而对于司马迁来说,与其说是权力和权力之间对抗与冲突,毋宁说是生命意志与权力意志间的对抗与冲突。虽然从表面上看,代表权力意志的汉武帝占了上风,但是生命意志的无限张力,却让《史记》在彰显历史理性的同时,相当深刻地升华了司马迁个人的新的生命意志。这个秘密就在于"语言是存在之家"。存在不是存在于人的脑子里、思想观念里,而是存在于语言里。这究竟作何理解?在《通向语言的路上》一文中,海德格尔与日本学者讨论语言的"道性"。日本学者说,语言本身就有形而上学的意义:一方面是感性的,另一方面又是超感性的。就是说,语言既有说的意思,又有道的思想。其实,汉语同样具备上述两个特点。既有说的意思,又有接近于希腊人所说的"逻

---

① 韩兆琦编注:《史记选注汇评》,中州古籍出版社1990年版,第158页。

各斯"。不仅如此,语言还有"话""话语"等多重意义。既然如此,话语也是一种权力。然而抽象的话语,代表权力意志的话语永远不可能成为司马迁的存在之家。后期海德格尔希望的"人,诗意地栖居",在某种意义上指明了话语创造的方向,即历史话语的诗化审美化创造使得司马迁真正有了"存在之家"。海德格尔早就说过,"话语"有两种形式:"诗"和"思"。"思"自不待言,道的本质就是思;那么,"诗"是什么意思呢?应该说,诗就是话语的诗性或者史诗特性。当然历史话语不可能单独成为史诗,但历史文本可以具有史诗性的叙述特征。至于"人,诗意地栖居"与"诗言志"也具有内在的对应性。从语言史考察,最原始的语言就是诗;从艺术与生活的审美关系出发,诗既是社会生活的反映,又是审美理想化的结果,因而又不完全等同于生活。"诗"之为诗正在于它的情感性、审美性。"诗言志""歌咏言",在中国之所以源远流长,就是因为诗是一种披之管弦吟咏性情的艺术性语言。言为心声,如无悲欢离合、胸中块垒,作诗无异于作八股经文。从这个意义上讲,诗反映的是最真实的思想,是与道相关的生存语义场。

亚里士多德认为,诗比历史更真实。这是文艺科学早已确立的一个观念。众所周知,历史文本除《史记》外,几乎全部二十四史,基本上都是以"不虚美,不隐恶"即相当翔实的历史真实性取信于读者的。它可能有疏漏,有谬误,有细节的不真实,但是要彻底推翻另起炉灶,又是完全不可能的。尽管如此,历史文本毕竟记录的是"死去"的人物和事件。要想恢复真正的"历史",恢复真正的本源性的人,即 Dasein,必须借重"诗",即通过史诗性叙述这一艺术化的独特形式去表现。在诗和艺术里,人的思想和感情可以得到最大化的张扬,即使是人和事也是活生生的具有个性化的人与事。所以诗这一文本是一个保存了人的本源世界,能够唤起我们新的感情和联想的世界。在恍若隔世的桃花源,那里才是我们所要寻找的"家",以往为之无限向往遥不可及的"家"。因此,彰显人的存在性、完美地表现人的存在意识的是《离骚》等诗文本而不是历史文本,真正可信的是诗文本而不是历史文本。

那么,照此逻辑,历史皆不如诗。应当说,《史记》是个例外。《史记》固然以"不虚美,不隐恶"的实录精神著称于史林,但它却是一部充满血泪的悲愤诗,具有高度的抒情性。正如太史公所言,"此人有所郁结,不得通其道,故述往事,思来者"。果真如此,《史记》亦同样可以言志,即以史言志的。但凡研究《史记》的学者几乎一致认为,它是一部充满激情、张扬人性的历史,是太史公发愤著书的结果,因而更具创意性,尤其是以完整的故事情节和审美特色颇浓的语言贯串始终,成为独树一帜的主观性历史。自古及今,之所以被看作是"史家之绝唱",其理由全在于"无韵之离骚",故而是一部更加真实的诗学史。所以,《史记》是"思想者"的丰碑,也是发愤抒情者的心路历程。历史因太史公而彰显,太史公因《史记》的诗学特性使人格得到提升,其生存语义场也因之具有强烈的感性文化色彩,两者相得益彰。

第八章 《史记》的叙事艺术分析

太史公因善于叙事、长于叙事,使千古绝唱的《史记》文本有了不同于其他历史文本而属于自己的特色。由于它以人物为中心建构事件、叙述故事,于是就形成叙事和描写人物的双重目的。在这一点上,它既本源于汉代以前历史文化典籍而又有新的创造。在我国文化史上,最早的历史散文是《尚书》和《春秋》。《尚书》记言,《春秋》记事,虽然各有自己的特点,却显得稍嫌简略而不系统。在它们之后又有《国语》《左传》。尤其是《左传》是在当时文化背景下产生的较为成熟的历史散文,比较全面而又详细地记述了春秋时期东周王朝及各诸侯国的政治、军事、外交政策和策略,广泛地反映了当时的社会现实,是中国第一部完整的、系统的盛衰兴亡史,同时又是一部文学价值较高的艺术作品。叙事非常富于故事性、戏剧性,刻画人物细致具体、形象生动,为后世史传文学的发展奠定了基础。《史记》正是在这两点上全面继承了《左传》的传统,又兼收并蓄了《国语》等历史散文、《庄子》等诸子散文的精华,形成独具特色的叙事形式和叙事风格。

以下我们以现代叙事学为基本方法,具体分析《史记》的叙事界限、叙事逻辑、叙事模式以及叙述话语。

一、《史记》的叙事类型与叙事本质

(一)叙事的意义与类型

美国学者罗伯特·斯科尔斯等在《叙事的本质》中指出:"在一部叙事艺术作品中,意义所代表的是两个世界之间的关系:一是作者创造的虚构世界;二是'真实'世界,也即那个可为人们理解的宇宙人生。当我们说自己'理解'一则

第八章 《史记》的叙事艺术分析

叙事时,言下之意是,我们已经发现这两个世界之间令人信服的关系或关系链。"①在我看来,所谓意义,即是历史或文学作品以叙述的文本世界如何具体地反映现实世界的形式,以及各种形式体现的不同认知理念。换言之,就是作者如何通过艺术作品向读者解释什么样的世界才是我们如其所是的精神世界,而读者也尽可能地如其所是地接受我们原本生活的世界就是作家创造的精神生活世界。

一个显而易见的问题是,对于作者来说,是如何创造意义,即创造性的问题;对于读者来说,则是如何发现意义,即解释性的问题。斯科尔斯认为,读者——即使最可靠的读者也必须尽可能地将我们自己的现实观念与作品创作时的主观意念加以比较和阐释。而且,假使如愿以偿地解读其意义而不是望文生义,就必须煞费苦心地理解来自陌生语境的作品,无论是古代的还是现代的,"都必须在某种程度上依靠历史知识或我们过去常说的'学问'。这种学问应该成为理解文学作品所用——而不是颠倒过来——而且必须凭借想象力加以运用,其目的在于将读者与作者的世界尽可能紧密地联系起来,在此基础上再去面对两者之间的终极媒介——文学作品本身"。② 这就是叙事意义的创造与接受,虚构和阐释的基本观念。可见意义的创造和接受同样是两个不同的世界。也许大家觉得这种解释过于一般,以至于有简单化之嫌,不过在笔者看来,斯科尔斯并不是要把我们拉回到文学永远是生活的照相机,因而文学永远不可能超越生活的左拉的自然主义时代。他仅仅强调的是,两个世界之间的关系或关系链是理解文学文本的基本前提,至于究竟如何从形式中发掘意义那是读者继续探究的课题,而不是止步于此。况且这种意向性抉择即在叙事形式的创造中如何更好体现意义已经作了非常及时的阐述,因此更没有必要吹毛求疵。笔者认为叙述的方法不同,意义的类型自然不同。在传统的意义表现中,一般只有两种方法:再现类和例释类,而在《史记》中除了再现类和例释类,还有一个独立性很强的叙事形式:论辩类。这种形式既拉近了与读者对话的距离,又使得自己

---

① 罗伯特·斯科尔斯、詹姆斯·费伦、罗伯特·凯洛格:《叙事的本质》,于雷译,南京大学出版社2015年版,第110页。

② 罗伯特·斯科尔斯、詹姆斯·费伦、罗伯特·凯洛格:《叙事的本质》,于雷译,南京大学出版社2015年版,第87页。

的生存语义场得到延伸。

1. 再现类

再现类是迄今为止出现最早的一种叙事类型,也是历史最为悠久最具传统性当然也是最有影响力的一种叙事类型。因此无论从哪一方面看,关于它的经验都属于最为宝贵的集大成者。如前所述,《史记》是我国古代一部承上启下相当完善的以人物为核心的叙事体文本,它在叙事技能技巧方面的贡献本身就是一个奇迹。而创造奇迹的太史公其人,作为一个叙述者,为了彰显历史文本应有的客观性,尽量将自我隐去,以第三人称的叙事姿态出现在读者面前,这就是客观的主体叙事法。假如我们已经通读甚至研究了他的叙事之法,那么所谓再现类的叙事构成,对于他来说自然就是天经地义的本能了。假如《史记》中的本纪、世家和列传绝大部分都是以朴素的写实主义手法再现历史真实而体现意义的,这一点与其他史传文学不同:作为一个史官,他忠实于生活的本来面目;作为一个思想家,他更忠实于历史的逻辑与规律,因而他力图以理性的姿态和精湛的艺术作品反映历史,表现活跃于其中的英雄壮举。即便如此,也不用千篇一律的方式去照搬历史生产意义,而是自觉地利用各种形式,变换各种手法,以艺术化的最佳方式生产意义。其中最为突出的一点便是非常注重处理宏大叙事的典型性与细节描写的真实性。

所谓宏大叙事,是指叙述的对象牵涉因国家命运、民族利益而引发的矛盾冲突或者主要政治集团之间的矛盾纠葛等主题。因为它影响到历史的进程或社会的总体发展,所以才称之为宏大叙事。

毫无疑问,本纪和世家都非常准确地再现了自五帝至汉武帝一千余年间,天子与诸侯、诸侯与诸侯之间、中原华夏民族与域外少数民族之间的征战讨伐,至于朝代的更迭、人事的变迁都有或具体或抽象的描写和交代,譬如像"荆轲刺秦""长平之战""巨鹿之战""明修栈道,暗度陈仓""垓下之战""先入关中者为王"等历史性符号,其所指内涵不可谓不轰轰烈烈、气壮山河,闻之听之者无不为之动容。因为在这里我们仿佛经历了一场历史理性与非历史主义发生冲突的情感洗礼,看到了不甘退出历史舞台的人杰与灵魂,也看到了这些匆匆过客演绎的悲剧,以及这些悲剧背后流露出来的愤慨与无奈:

秦王闻之,大喜,乃朝服,设九宾,见燕使者咸阳宫。荆轲奉樊於期头函,而秦舞阳奉地图匣,以次进。至陛,秦舞阳色变振恐。群臣怪之。荆轲顾笑舞阳,前谢曰:"北蕃蛮夷之鄙人,未尝见天子,故振慑。愿大王少假借之,使得毕使于前。"秦王谓轲曰:"取舞阳所持地图。"轲既取图奏之。秦王发图,图穷而匕首见。因左手把秦王之袖,而右手持匕首揕之。未至身,秦王惊,自引而起,袖绝。拔剑,剑长,操其室;时惶急,剑坚,故不可立拔。荆轲逐秦王,秦王环柱而走。群臣皆愕,卒起不意,尽失其度。而秦法,群臣侍殿上者,不得持尺寸之兵;诸郎中执兵,皆陈殿下,非有诏召不得上。方急时,不及召下兵,以故荆轲乃逐秦王。而卒惶急,无以击轲,而以手共搏之。是时,侍医夏无且以所奉药囊提荆轲也。

秦王方环柱走,卒惶急,不知所为,左右乃曰:"王负剑!"负剑,遂拔以击荆轲,断其左股。荆轲废,乃引其匕首以擿秦王,不中,中铜柱。秦王复击轲,轲被八创。轲自知事不就,倚柱而笑,箕踞以骂曰:"事所以不成者,以欲生劫之,必得约契以报太子也。"

(司马迁:《史记》,中华书局1959年版,第2534—2535页)

这里所描写的正是极其悲壮的千古传奇:荆轲刺秦。可以看出荆轲虽然身处险境,但仍然镇静自若;反倒整个秦廷在突然发生的事变的时候束手无措,毫无应变的能力和措施。在不断升级的生死冲突中,终因剑术荒疏而功败身亡。作者以无限惋惜之情,简洁明快的语言,典型的细节描写,显现出了荆轲视死如归的英雄气概。

2. 表现性例释类

如果说再现类的叙事在于陈述或再现现实,那么表现性例释类的叙事却是通过例释性与表现性的结合,创造一个类型化的精神世界。其真实性并非社会性的真实性,而是超现实的真实性。之所以形成这一思路,主要基于两个方面的理由:一是斯科尔斯发明的例释性叙事类型对我们有经典性启示。在他看来,例释性叙事的宗旨"意在呈现那些经过筛选的诸现实层面,这些要素的意义并非来自历史性、心理性或社会性真实,而是来自伦理性及形而上学的真实。例释性人物是通过类人化形态(anthropoid shape)加以展示的观念,抑或是以完整的人类形象加以装扮的各种人类心理层面"。① 但斯科尔斯《叙事的本质》的研究对象和视野一直是叙事发达的西方文学,而且是以小说为主要体裁,并不涉及历史的叙事。二是表现性一直是中国文学叙事的底色,也是司马迁独创的叙事文学的一大特色,因而在以抒情性为导引的叙事中,对典型人物的个性品格"兴"的效应和"举一反三"的社会效果进行了淋漓尽致的发挥,这一点似乎又切近例释性质的规定性。所以,我们有理由将斯科尔斯的例释性综合为表现性例释类叙事。本质上看,表现性例释类虽然以情感为中心结构故事情节,但最终以理性化的思维表达叙事的意义。故而表现性例释类的叙事同样可以表现重大的历史事件,表达重要的主题思想,不过是以寓言式的隐喻手法,淡化历史事实,淡化情节的复杂性,以至于抽象化为寓言,从而在社会历史层面抽绎出比较持久比较宽泛的共时性意义。

就表现性例释类叙事的形式而言,明显带有这一类叙事特征的就有《五帝本纪》《高祖本纪》《项羽本纪》《吴太伯世家》《伯夷列传》《屈原贾生列传》等。从结构上看,在司马迁着意安排的"三个第一",即《五帝本纪》——本纪第一,《吴太伯世家》——世家第一和《伯夷列传》——列传第一,共同体现了司马迁浪漫主义理想和现实主义的求实精神。

第一,鼓吹天下为公,赞扬以君位相让的"无私"品德,鼓励勤勉艰苦的奋斗精神。

三个"第一"中的"第一"含义很清楚:作为天子也好,王侯也好,臣子也好,在创业守业过程中,首先要明确的第一要务究竟是什么。不是据天下财产为己有,更不以国家社稷作为猎取对象;相反,是以"君位相让"的思想作为新的意识形态,提倡以德治国的强大理念,发展以人为本的物质生产和精神生产。《五帝本纪》用大量的篇幅歌颂尧、舜举贤爱民的美德。尧纪云:"尧知子丹朱之不肖,不足授天下,于是乃权授舜。授舜则天下得其利而丹朱病,授丹朱则天下病而丹朱得其利。"尧曰:"'终不以天下之病而利一人',而卒授天下。""尧死,百姓悲哀,如丧父母。三年,四方莫举乐以思尧。"又写舜时"四海之内咸戴帝舜之

---

① 罗伯特·斯科尔斯、詹姆斯·费伦、罗伯特·凯洛格:《叙事的本质》,于雷译,南京大学出版社2015年版,第92页。

功……天下明德自虞帝始",可见德治理念多么深入人心。

《吴太伯世家》同样如此。吴太伯由于"太王欲立季历以及昌",这样就有了"太伯仲雍二人乃奔荆蛮,文身断发,示不可用,以避季历"以及开发江南的宏图大志。这种让天下的高风亮节和教育后代构建命运共同体的创业精神使国人极为佩服,孔夫子更是赞叹不已:"太伯,其可谓至德也已矣,三以天下让,民无得而称焉!"

第二,张扬人性论,鞭挞反人性的天道论,鼓吹强烈的批判现实主义精神。但是他的批判矛头不单指向"天人感应"式的天道观,也把批判的矛头指向当政的汉武帝政权。由于统治阶级不断播扬既欺骗自己又欺骗人民的天命论——"天道无亲,常与善人""善有善报,恶有恶报"的欺人之谈,甚至像屈原一类人,也在以讹传讹,竟然相信"皇天之无私阿兮,览民德而错辅"的鬼话。司马迁认为正是这些精神糟粕的存在,才使得正义之举得不到伸张,反人性之恶大行其道,以至于悲愤地发出"倘所谓天道,是也?非也?"的呐喊。所以伯夷叔齐的遭遇并非个别,而是整个封建社会精英阶层的一个缩影。由于他们处在一种近乎寓言一类的抽象描写和议论之中,"所以我们无须将他们当作完整的人去理解其行为动机,而是要理解他们在叙事框架中通过自身行为所例释的基本原则"①。

第三,尽管如此,对生活充满信心的人们并没有因为是非不分的"天道"颠覆了有关礼让的乌托邦思想而去崇拜暴力、迷信和慵懒;相反,他们依然在事关国家社稷的重大问题上以自己的实际行动实践礼让、礼赞礼让。例如吴太伯的后裔吴寿梦和他的儿子们,在吴太伯十九世后又自觉地重演了一次历史的美梦,让吴太伯的幽灵再次走进无法逃避的权力更迭之中。原因在于吴寿梦一开始欲立最贤的季札为王,但季札却辞让不当;寿梦无奈,"乃立长子诸樊摄行事当国",但"王诸樊卒,有命授弟余祭,欲传以此,必致国于季札止,以称先王寿梦之意",所以父命难违的季札最终还是做了君王。

第四,从物竞天择的角度看,争权夺利就是为了创造更多的物质财富,这样

---

① 罗伯特·斯科尔斯、詹姆斯·费伦、罗伯特·凯洛格:《叙事的本质》,于雷译,南京大学出版社2015年版,第92页。

做显然有利于个体的生存和发展,有利于扩大生存语义场,从某种意义上讲也能推进社会的发展。然而我们不能不看到,就在扩大个人或集团生存语义场的同时,也在不断缩小个人或集团的生存语义场。因为物质总是有限的,但人的欲望却是无限的。当你的生存语义场扩充到无法得到满足的地步时,整个人类相对稳定的符号域便遭到空前破坏,于是个人的、集团的生存语义场也不复存在了。然而,只要暂时放弃权力之争,以礼让的形式取而代之,那么我们的生存空间不但不会缩小,反而因此扩大。由此可见,礼让这种意识形态也是一种生产力,是一种促进社会走向和谐的原动力。

3. 论辩类

论辩类叙事并非专指"太史公曰"一类的"赞"语,它也包括贯串在"五体"之中或者议论或者评价的话语组织。毫不讳言,《叙事的本质》在叙事的类型学方面给我们的研究提供了许多帮助。但作者斯科尔斯的研究对象和视野从来没有出现论辩类的叙事方法,这当然由西方文学的传统观念和阅读期待所决定;而论辩类的叙事模式既取决于中国的文化传统和诗学环境,也取决于司马迁自身的独创性。这种独创性使得历史叙事变得直接而具体,更加接近历史真实性。

第一,论辩类叙事的最大优势在于与隐含的即不在场的读者直接交流。它一面叙事,又一面加以评议,能够帮助读者了解事件的来龙去脉,辨识历史真相,以正视听。

《平准书》是"书"系中最为重要的一种,而其中的"太史公曰"又是最长的"赞",足见其"赞"的重要性。那么构成这种超越性的原因和意义何在呢?

这自然牵涉《平准书》的叙事内容,了解它的基本内容,也就明白究竟是什么原因促使司马迁撰写这样一种"书"。首先经济是社会发展的基础,只有经济发展了才能谈得上国力和权力的强盛,才能有效地抵御外敌和保障人民群众的生命安全。汉代以前的富国政策包括钱币改革,抑制工商业的发展,都是积极的、有效的。但是有汉以来的统治阶级并没有实行真正利国利民的政策,反而在经济的高速发展面前,利令智昏地对内聚财敛财、巧取豪夺;对外穷兵黩武,大肆扩张,为此他们实行新的经济政策和刑罚制度,从而破坏了正常的经济秩序、政治秩序,破坏了礼乐至上的生态文明,以至于把国家拖到崩溃的边缘。所谓的"平准"使得政治与经济的发展更加不均衡。有鉴于此,司马迁才严肃地指出,平准行而商贾穷,"是以物盛而衰,时极而转,一质一文,终始之变也"。只有按照经济规律运行,坚持儒家的意识形态导向,才不至于过度膨胀而不均衡。这才是真正意义上的平准。

从以上可以看出,太史公在叙述汉代经济政策的变化之后,似乎意犹未尽,又通过"太史公曰"夹叙夹议的形式进一步强化自己关于社会经济运行规律的基本看法,末了又影射汉武帝"外攘夷狄,内兴功业,海内之士力耕不足粮饷,女子纺绩不足衣服。古者尝竭天下资财以奉其上,犹自以为不足也"的杀鸡取卵政策。

第二,论辩类叙事不失时机地点明主题,不仅具有即时性,而且具有针对性,有利于读者对历史和现实进行双向体验和认同。

例如《高祖功臣侯者年表第六》。此表谱罗列了汉高祖时期的功臣侯者及其后裔们荣辱兴衰的历史,表明功臣侯者家族之所以最终走向衰亡,主要原因在于他们自身的骄奢淫逸。但司马迁的用意尚不在此,他还提出如何认识和理解历史对现实的借鉴作用:

> 居今之世,志古之道,所以自镜也,未必尽同。帝王者各殊礼而异务,要以成功为统纪,岂可绲乎?观所以得尊宠及所以废辱,亦当世得失之林也,何必旧闻?……表见其文,颇有所不尽本末;著其明,疑者阙之。后有君子,欲推而列之,得以览也。

(司马迁:《史记》,中华书局1959年版,第878页)

这就清楚地说明,志古自镜,未必尽同。观察功臣侯者为什么受到尊荣恩宠或者自取其辱,也就知道当今的经验教训了,何必一定要以古为训!

第三,论辩类叙事集合了许多警句和语录,这些符号或符号域在叙事中起一种点化主题的效应,或者沉淀为一种历史的经验,成为具有永久魅力的哲理性经典,对后世起提示性、指导性作用。例如:

天亡我,非战之罪也。——《项羽本纪》

三王之道若循环,终而复始。——《高祖本纪》

承敝易变,使人不倦。——《高祖本纪》

或曰"东方物所始生,西方物之成孰"。夫做事者必于东南,收功实者常于

西北。——《六国年表》

形势虽强,要之以仁义为本。——《汉兴以来诸侯年表》

是以物盛则衰,时极而转,一质一文,终始之变也。——《平准书》

鄙语云:"尺有所短,寸有所长。"——《白起王翦列传》

知死必勇,非死者难也,处死者难。——《廉颇蔺相如列传》

诗三百,大抵圣贤发愤之所作也。——《太史公自序》

原始察终,见盛观衰。——《太史公自序》

天人之际,承敝通变。——《太史公自序》

(二)《史记》的叙事本质

一般来说,叙事本质涉及两个方面:一个是叙事性质,一个是叙事功能。前一个问题的实质在于叙事究竟是再现历史事件的,抑或是虚构的诗化的,即再造的一个历史空间。至于叙事的功能,依照笔者的理解应该是,人们在叙事性的作品中,期望获得以及已经获得什么样的信息?这些信息是感性的还是理性的?是否具有真理的价值?是关系到人自身还是历史本体?是可被实证的或者是无须实证的?这些问题尤其关乎叙事性质的讨论在19世纪之前,界限是十分清楚的、不可动摇的。然而,在今天,在新历史主义向我们走来的今天,既有的观念和理论已经受到空前的冲击。

第一,《史记》作为历史文本不可能是历史的复制而只能是主体性的创造。

严格地说,《史记》是模仿历史事实的产物,是历史学家希望看到的那个样子——"不虚美,不隐恶",忠实于历史本来面目的作品。然而,时至今日,说它是"谤书"的攻击性声音仍然不绝于耳。何也?因为接近于事实本身的再现只能相对而言。就司马迁的本意来说,他读万卷书、行万里路的实践,其目的就是要尽可能还原历史或者接近历史,唯有这样,才能使《史记》事实胜于雄辩,从而产生巨大的说服力、影响力。另外,又要"通古今之变,成一家之言",而不是发思古之幽情。于是,又不能不对已有的材料进行必要性选择和改造,以合于自己的创作目的。所以,他对材料的取舍有两种:一种是被动性选择,一种是主动性选择。即便被动性选择,即尽量靠近历史真相的选择,也未必完全贴近历史本身,何况主动性选择又有可能改变历史的某些事实而有悖于圣人,也有悖于儒家之道,势必为某些人所诟病。简言之,《史记》不是报告文学,不是汇报的白

第八章 《史记》的叙事艺术分析

皮书,而是一种创造,是说给人听的故事,尽管还是宏大的历史叙事。因此,历史学家试图在《史记》中发现的"历史事件的连续性"被司马迁以认知叙事学的修辞手段代替了,因而应该被表达的故事意义被修辞效果整合了。在历史文本中任何历史事实系列的整体一致性,都是通过文本故事的一致性实现的。正像列维-斯特劳斯所言:"尽管试图重现历史上某一时刻的生机并占有它是值得的、不可或缺的,但是,应该承认,一个清晰的历史永远不可能摆脱神话的本性。"[①]进一步言,"当历史学家的计划达到一定程度的综合时,在形态上它就变成了神话,因而在结构上也就接近诗歌了"[②]。如前所述,司马迁创造文本,自觉地以最自由的精神生产意义。即便概念模式,也不是用千篇一律的方式去创造或传达意义,而是采用各种形式,甚至用接近形象思维的文学形式诸如散文、诗歌生产意义。诗歌具有强烈感染力,因而也是读者最容易接受的艺术形式之一。

第二,《史记》的历史性叙述,由于主体性的参与,形成不可或缺的历史话语,而历史话语便是意识形态的生产工具或手段。

在史学史的研究中,一向有两种不同的切入方式:一种是以实证主义方法即科学的、求实的精神分析历史文本,把文本中反映的任何事件事无巨细地看作是真实的、已经发生的历史文本,并不区分历史的过程和历史思想的发展过程,如法国的年鉴派。一种是以文学性的虚构的思想看待历史文本,把文本中反映的任何事件、任何人物的行迹,都看作是文学的想象,是合于作家本人情感需要的一种别开生面的创造,因而也是一种意识形态的建构,如法国的符号学家巴尔特以降包括新历史主义理论家。

匈牙利的马克思主义理论家卢卡奇认为,叙述是意识形态在话语中的反映,叙述话语是意识形态生产的手段。他主张只有通过对现实的叙事性理解,

---

[①] 转引自海登·怀特《后现代历史叙事学》,陈永国、张万娟译,中国社会科学出版社2003年版,第173页。

[②] 弗莱语,见海登·怀特《后现代历史叙事学》,陈永国、张万娟译,中国社会科学出版社2003年版,第173页。

历史上人类生活的"无限多样化"、深度和史诗般的广度才能被意识所掌握。[1]如此而论,叙事不仅是意识形态的生产手段,而且还是一种意识形态模式。

毫不夸张地说,《史记》作为一种早熟的叙事类型,不仅具有资格进入上述两种史学史研究中的任意一种思路与方略,而且与同类题材的史书相比较又具有明确的意识形态性质。

正像笔者在前述的文本性质讨论中阐明的那样,传之不朽的《史记》,首先是一部反映汉代以前尤其秦汉时期社会政治、经济、文化、心理的最为翔实的历史,可堪为无与伦比空前绝后的旷世之作,因而也应该是各种科学研究主动吸纳精神养料的源泉。如果从作者与文本的关系看,其意识形态形式不言自明:"究天人之际,通古今之变,成一家之言。"而实现这一目的的最佳途径就是"原始察终""见盛观衰"。由于《史记》还有"赞"的评价形式,客观的主体瞬间转化为主观的主体。换言之,历史话语的言说者同时也成为所描述事件的参与者,"隐在的读者"或许成为现实的读者。这一操作对于读者解释文本,肯定有着先入为主的引导作用。然而在某种意义上,又有可能限制甚至束缚读者的想象力、创造性,这是它的劣势。

但困难不止这些。尽管《史记》有了明确的意识形态指向,但它既不是单纯的科学文本,也不是单纯的文学文本,而是二者的有机结合。尤其作为一部以人物形象为主体的历史画卷,叙述有关人物的情节、语言以及细节,并不为科学本质所规定,因而关于这种文本的研究思路,既不能采用实证主义之法苛求它的一枝一叶,更不能采用架空历史真相、瞎子摸象式的凭空臆造。意义的阐释既要主动吸纳现代解释学的精神,又要坚持传统解释学的方法,但又不应停留在意义的循环之中,从而使《史记》成为一种真正的"记忆"。

就读者的接受而言,所谓阐释就是在阅读的基础上,对包括抽象的概括、议论和生动的情节、细节描写在内的文本意义进行发掘和阐发,以彰显其意识形态的形象化表现;而从传播学的意义看,文本阐释就是受传者对《史记》的解码,即译码,以获取其中的信息和意义。对于科学的文化文本来说,这项工作只不

---

[1] 转引自海登·怀特《后现代历史叙事学》,陈永国、张万娟译,中国社会科学出版社2003年版,第350页。

过是一种近似于翻译电报密码的技术性活动,谈不上真正的阐释。正确意义上的阐释乃是以诗学或者准诗学文本为对象的创造性活动。然而《史记》既然是个特殊的文本,那么这类文化文本的阐释方法肯定不同于上述任何一种单纯文化文本的阐释方法。

这种特殊,首先体现在《史记》的编码规则。即以人物传记为例,人物的生卒年月、地点、主要事迹以及与之相关的典章制度都可以被逻辑的编码所约定;而人物的情感、语言以及司马迁凭借自由想象添加上去的内容则往往溢出逻辑编码之外,形成诗学文本编码规则所允许的那部分内容,而这部分内容恰恰就是产生诗学文本召唤性的意向所在。由于召唤性作用,枯燥无味的历史文本便"活"了起来,使得处于阅读语境中的读者对历史文本感到格外亲切,无形之中缩短了心理上的距离,使他们在把握客观真理性的同时,有可能越过对真理的认同将兴趣位移在文学性上,以至于形成仁者见仁、智者见智的意义生成空间。这便验证了劳特曼的一个观点:解码——永远是重建。而另一方面按照语言和逻辑规则进行编码的文本需要复杂的解码,而解码必然涉及思想的、意识形态的、政治的、宗教的以及社会心理等方面的代码,它必须建立在原文本的基础上,离开这个编码,解码就失去了存在的意义。所以,历史文本并不是一个虚无的文本,它不是可以任意阐释的文本,而是一个实实在在发生过的事件的记录,是一个民族的集体记忆。尽管在解释和被解释的过程中可能发生矛盾和冲突,但作为一种文化阐释,应该尽量通过非过度的阐释保存我们民族过去的记忆——哪怕模糊的记忆和文化语境。在具体做法上,无论采用什么样的阐释方法,只要持之有据,论证有力,远离唯心主义的自我阐释,就不至于陷入德里达式的意义无止境的"异延"之中。这既不损害《史记》文本在流传中的真理性价值,又扩大了它的文化符号域。

总体来说,"叙事艺术的实质既存在于讲故事者与故事的关系之中,也存在于讲述者与读者的关系之中"[1],这对于我们理解《史记》的叙事本质至关重要,因为"两种关系"说已经发展了斯科尔斯在《叙事的本质》第四章提出的叙事的

---

[1] 罗伯特·斯科尔斯、詹姆斯·费伦、罗伯特·凯洛格:《叙事的本质》,于雷译,南京大学出版社 2015 年版,第 252 页。

意义产生于"两个世界之间关系"的论点。根据"两种关系"说,叙事的过程便是意识形态话语的生产过程,而阐释叙事文本的过程更应该是意识形态话语的生产过程。这就是《史记》的叙事本质所在。

二、叙事话语与话语模式

1. 司马迁话语形成的历史经验

"话语"(discourse)"话语形成"(discursive formation)起始于法国后结构主义理论家福柯对陈述的研究。在风靡一时的"话语转向"中,福柯着力于廓清话语的对象、陈述、概念与主题选择是如何进行的,它们的顺序、对应、位置、功能和转换究竟是如何发生的,进而揭示隐蔽于其后的权力和知识的共生关系。详而论之,他是通过观察四个不同层次陈述的形成来研究陈述在跨学科中的作用的。这四个不同层次的陈述是:事物、谈吐情态、概念和策略。福柯强调虽然每一个层次中的话语活动各有不同的性质和作用,但在每一层次上陈述与陈述之间的联系对陈述的形成也至关重要。他认为这些联系体现了"话语形成"(discursive formation)规则。什么是"话语形成"?福柯对此的解释是,"不论何时,只要我们可以在一些陈述之间描述一个离散系统,不论何时,只要我们可以在事物之间描述陈述的各种类别、各种观念以及各种主题选择,我们就可以定义一个规则(一个秩序、彼此的关系、位置和功能,转换)。简单来讲,我们就在做话语形成"。[①] 很显然,他关心的与其说是谁在说话的话语主体,不如说是怎么说和为何这么说的规则。由此出发,福柯由研究陈述通过话语形成的过程扩展到探索如何通过特定机构语境中的话语实践来调节人的行为。这就是话语权力。

笔者之所以引用福柯"话语""话语形成"的主要观点作为依据,甚至作为一个挑战来比较司马迁的话语理论和话语实践,是因为司马迁的话语资源与福柯的试验有许多近似之处。不同之处仅仅在时代,而不在理论本身。

具体而言,福科在建构话语理论,司马迁在创造和实践话语符号。因为叙

[①] 转引自田海龙著《批评话语分析:阐释、思考、应用》,南开大学出版社2014年版,第6页。

事也是陈述,也在探索陈述的章法和技巧。正如笔者在前此的论述中着意强调的,司马迁"成一家之言",既指一定的思想内容,也指言说的构造与方法,更是一种话语的创造。

我们尝试以福柯的话语形成的四个不同层次的陈述来链接司马迁的话语建构:所谓"事物",指的是知识体,是某些学科或领域在某种兴趣的范围内识别出的个体,是这些学科或领域的研究对象。例如《春秋》所涉及的问题为何具有普遍性?"屈原传"可否作为一门独立的学科?所谓"谈吐情态",指的是话语活动的不同类别,如描述,提出假设,等等。例如《项羽本纪》中的乌江之战,《李广列传》中的战争场面描写,以及对战功卓著的李广不能封侯产生疑问。所谓"概念",指的是被一个特定学科用来处理其兴趣领域内的范畴、成分和种类。如吕雉的故事,汉武帝立皇后又赐皇后钩弋夫人去死。所谓"策略",指的是事物、谈吐情态、概念在话语形成过程中产生或被创造的主题或理论。如韩信被杀之后刘邦、萧何等人的反应。由于太史公身份的特殊性,《史记》的叙事在必要的节点上,或者以"假定"的意识形态模式代替本来的历史故事,或者把历史事件转化为戏剧化模式。这种话语操作手段比比皆是,甚至可以说整部《史记》人物的前途和命运都处在策略性的话语操控之中。

就一般理解而言,策略性话语与话语权力的不平等语境具有直接关系。因为话语从来都是社会的、统治机器的、政治权力的。它不仅是社会权力斗争的角力场,更是社会变革的语义场。就司马迁"成一家之言"的抱负来看,他是要破除旧的话语观念,构建新的话语权力的。就他的变革的目的"究天人之际,通古今之变"来看,他的话语实际上是一种不同于一般话语的理想型话语。

理想型话语是在"话语秩序"的语境中与权力话语并生并长起来的,他们共同的社会基础是人与人之间的不平等关系,这种不平等的社会关系则是话语秩序的具体体现。所以理想型话语旨在揭示话语与权力之间的复杂关系,揭露现存秩序的不合理性,宣扬新的秩序的合理性,实现社会的变革。因为在历史上,每一种社会形态都存在着物质资料和精神资料的生产和再分配,不论统治阶级多么花言巧语,舆论上的平等与事实上的不平等都始终存在。这就是中国封建社会铁的秩序:君臣秩序,官民秩序,财产分配秩序,这种秩序就是话语秩序。在这种秩序面前,司马迁和一切有识之士只能处于劣势,而汉武帝及其庞大的官僚机构永远处于优势地位。于是,司马迁只能从符号学的角度实施独特的话语策略和批评话语实践。

这样看来,司马迁的策略性话语相当于我们今天耳熟能详的批评话语。因为策略性话语恰恰是在自己与汉武帝不平等的权力交换中孕育而生的,所以权力构成话语,构成知识,构成社会,构成主体,构成创造性。尽管话语权力不等于权力话语,然而如果从司马迁与汉武帝的现实关系来看,从司马迁的学术个性来看,无论如何批评话语的形成都在有意无意地冲击着汉帝国乃至整个封建社会的伦理防线,因而这种批评话语明显地扮演着意识形态批判的角色,具有强烈的社会问题意识,而这一点又是批评话语的诱惑力所在。

2. 历史话语的转义模式

综上所述,《史记》是一部历史著作,但首先是一种话语运作的试验,具有特殊的语言学品格。正如一些西方历史哲学家分析的那样,要想把属于事实逻辑的部分和叙述的情感部分截然分开是十分困难的。《史记》文本的话语不可避免地会遇到语言学家所遇到的困境:形式与内容的矛盾。事实上,"话语绝不是一套'空洞'的形式,有待事实性和概念性的'内容'去填空,或者附着于世界上预先存在的所指对象之上,相反,它本身在世界上就是处在其他事物之中的一种'事物',而且它在任何既定的言语中现实化之前就已经充满比喻的、转义的和类属的内容,而后才在特定言语中实际表达出来"[①]。可见任何一部历史文本皆具有"转义"的性质和功能。

一方面,《史记》文本的"本义"是什么?

《史记》文本的本义似乎很难用一句话来定义。因为每篇皆有其主旨,这在《太史公自序》中已经说得十分明白,而总的主题则比较抽象。我们只能从他的创作意图理解大概。其创作意图在《报任少卿书》已有明确的表达:"网罗天下放失旧闻,略考其行事,综其终始,稽其成败兴坏之纪""究天人之际,通古今之变,成一家之言"。其抱负、其胸襟于此赫然洞见。假若以司马迁自身遭遇而论,也就有了"意有所郁结,不得通其道,故述往事,思来者"。这既点明了《史

[①] 海登·怀特:《后现代历史叙事学》,陈永国、张万娟译,中国社会科学出版社 2003 年版,第 297 页。

记》文本的本义,又暗示出"转义"的可能性。就是说,既要"通古今之变,成一家之言",又要"述往事,思来者",就不能固守本义而无任何言外之意。这一点,许多明智的文史学者已经窥见到了。所谓"措辞深,寄兴远",所谓"微情妙旨寄之笔墨蹊径之外",所谓"意到处言不到,言尽处意不尽",都道出《史记》文本在阅读中的意义超越文本本义的可行性。

另一方面,实施转义的方法是什么?

历史话语的转义从性质上讲,是比喻功能的体现,"如果说话语中有什么逻辑支配从事实或事件的层面到叙事层面的过渡的话,那就是比喻本身的逻辑,也就是转义的逻辑"①。因为从根本上说,历史叙事"就是对作为基本指涉物的总体事件的比喻表达,把这些'事件'改造成对意义结构的暗示,这是把事件作为'事实'加以直接再现的任何方式所不能生产的"②。从这个意义上讲,历史的叙事就是寓言的创造。尤其历史话语一旦作为批评话语来使用,便会不自觉地赋予文本以象征的意义,这是由它的意识形态本性所决定的。这样的理解可以看作是对话语结构模式深入一步的探讨和阐释。

《史记》文本的转义方式有以下四种。

第一,隐喻。

所谓隐喻就是利用两件事物之间的相似性,将某种意义投射到具有相应特征的人物形象上,使人物形象变成意义的替代,从而改变接受者的思维路向。如《五帝本纪》《夏本纪》《殷本纪》《周本纪》中热情讴歌的黄帝、大禹、汤、文、武就属于隐喻式的典型形象。我们今天之所以将黄帝尊为人文始祖,不仅因为他是开天辟地第一帝,而且也因为他征伐诸侯,统一海内,创造了衣食文化而成为华夏民族的化身。尧、舜为后人称道,是因为在他们的身上凝结着中华民族的传统美德,"六亿神州尽舜尧"大概就是从这个意义上讲的。至于夏禹,其美名流传百世,也是因为他是勤劳和智慧的化身。

---

① 海登·怀特:《后现代历史叙事学》,陈永国、张万娟译,中国社会科学出版社2003年版,第155页。
② 海登·怀特:《后现代历史叙事学》,陈永国、张万娟译,中国社会科学出版社2003年版,第153页。

第二,借喻。

所谓借喻,就是利用两个事物邻近性的特点,从某一形象身上引申出相近的思想观念。一个形象成了一类人的代表,即"以一人例其其余"。《项羽本纪》《高祖本纪》《屈原贾生列传》就是这方面的鼎力之作,体现着作者更为自觉的创造精神。刘邦与项羽是对手,是争夺天下的死敌。二人有着根本不同的战略和策略,有着完全不同的性格和作风,因而也就有着十分相异的归宿(胜利与失败)和结局(喜剧与悲剧)。司马迁的高超之处,就在于用对比式的叙事语境,在不掩饰各自缺点的前提下,通过诸多的叙事手段、心理描写和社会评价,见出"仁义"与"暴戾","礼贤下士"与"妒贤嫉能"等相悖谬的性格类型,使其成为某种精神或观念的代表。屈原、贾谊亦是如此。由于作者深得《离骚》之用意,故而在叙述二人怀才不遇,"忠而见疑,信而被谤"的坎坷遭遇时,借他人之酒杯,浇自己之块垒,吟唱出超越性的弦外之音。此外,《吕太后本纪》也有借喻的功能。

第三,提喻。

所谓提喻,就是利用部分从属于整体并能代替整体的原则对人物形象进行衬托式描绘,使接受者经过想象性加工,树立一个完整的形象来。这种描写相当于以一人之一事例其该人之全体,进而透视出同类人的风格和作为。这对于作者来说,是"以小喻大""小处落笔,大处着眼";对于读者来说,是"窥一斑而见全豹"。《魏公子列传》对信陵君君子风度的精心刻画便是如此。像信陵君这一类人,胸襟很大,名声很远。从正面描写未尝不可,但比较费力。司马迁用衬托的手法,集中笔墨在侯生、毛公、薛公等人物身上悉心刻画,用力渲染,衬托出信陵君独特的个性与品质,其效果反而比正面描写信陵君如何为国建功立业、品格如何卓有风范更为理想。

第四,反讽。

反讽就是利用对立性原则将人物形象置于一种与肯定性概念相反的语境中去创造,从而达到批判或讥讽某种思想的目的。反讽不同于讽刺,讽刺的本体和喻义是一致的,从内容到形式都是讽刺,如果戈里的《钦差大臣》。而反讽的本体和喻义却存在较大反差:表面上的肯定蕴含着否定,或表面上的否定又意指着肯定,如:"此乃传之所谓大圣乎? 岂非天哉,岂非天哉! 非大圣孰能当此受命而帝者乎?"太史公一贯否定天命,不相信天命,在此却例外地肯定天命,肯定刘邦受命而帝的命运安排,这难道不是对刘邦之流乘势而为的投机主义的一个绝妙的反讽吗?《游侠列传》《滑稽列传》同样属于反讽,但却是典型的形象化的反讽。在《滑稽列传》中,太史公在评议游侠存在必然性的基础上,实事求是地揭露游侠被误解被损害的不公遭遇和当时的社会风气,然后以反讽的口吻对不可与季次、原宪同日而语的布衣之侠朱家、郭解等人"言必信,行必果",急人之难,不爱其躯的高尚品质做了铺排和渲染;相形之下,像公孙弘之类的儒生,大多以猎取功名为目的,以阿谀人主为能事的蝇营狗苟之徒或软弱无能之辈,他们虽有高名却于事无补。奇怪的是,阿谀逢迎的儒生却能够得道升天,而那些敢说敢为的豪杰处士却饱受打击,死后仍然蒙受奸盗之名。作者以反讽的形式既表达了对游侠不幸遭遇的深切同情,也暗含着对汉代社会的政治生态、伦理道德的含蓄批评。

《史记》作为历史话语的转义手法(模式)大体上就是以上四种。需要说明的是:①四种转义手法虽则在每篇之中有一个占主导地位,但并不是排他的,有时在一篇之中还可以交替使用其他手法;②隐喻、借喻和提喻,三者之间并无严格界限,批评者不可胶柱鼓瑟机械地加以对待。

从司马迁话语转义的策略可以看出,只有假定过去的事实具有言说的意义,才可能是一种真正的历史话语。通过对隐喻、提喻、借喻和反讽四种模式的分析同样证明,任何历史话语的意义都是在两个层面展开并获得相应的效果的:一个是本体层面,一个是喻义层面。本体层面传达的是信息,诸如政治的、经济的、时间性、环境背景等等;而喻义层面却要通过阐释抽取出它的深层含义。所以一种话语模式就是一部生产意义的语义场,改变话语形式不一定会改变关于其本体指涉物的信息,但必然要改变它所生产的意义。

总之,司马迁秉持"究天人之际,通古今之变,成一家之言"的抱负,在再现历史人物和历史事件的同时,机智地融入理性和感情成分,从而使他的太史公书以其独特的叙事模式,不仅涵盖了美国叙事理论家罗伯特·斯科尔斯衍发的叙事艺术的两种基本形式:再现型和例释型,而且还填补了论辩叙事的空白。在意义的表达上,以话语符号的诗意性突破了一般历史话语的逻辑性,使话语符号成为生产新的意识形态手段。亦即通过历史事实与主体精神在虚构世界里的互动,实现历史叙事与历史话语的统一;通过召唤读者进入对话性的阅读机制,与作者互动,实现历史文本与读者自我认同和自我解释的统一,进而实现意义的单一性、一致性和多元性、复杂性的统一。这样,作为具有审美价值的话语符号,不仅超越了心理性、伦理性,也超越了历史性、社会性,达到一种形而上学的真实性。

第九章　阅读典型(上)

典型,就是典型人物。按照一般的理解,典型人物应该既有鲜明的个性又有充分的共性,即具有一定的社会历史价值同时又具有代表性的一类人物。表现于《史记》中的典型,除了比较明显的个性外还具有充足的类型性,这是由历史文本的性质决定的。我们现在讨论这些典型人物,也是基于两个方面并且侧重于后一个方面的特征而言的。也就是说,人物一方面是活生生的个性化的"这一个",又是思想性很强可以作为例释性的一类代表。但我们又不能将其视为抽象化的符号,像结构主义叙事学那样仅仅把人物当作纸头上的生命,否定他们本身的社会价值;相反,要努力发掘人物的行动、言语和丰富复杂的内心世界,在此基础上,揭示经典的普遍性,肯定其历史价值和历史作用。

况且,从更广阔的文化层面上看,典型又是高级文化形态的艺术化重组和凝聚,甚至是一面镜像(是实在的而非想象的)。在多元化、表面化的今天,艺术创造是否仍然以典型创造为旨归,恰恰是判断古代文化精神是否得以延续的重要指标。因此抱着温故而知新的态度,阐释这些典型的现代意义,也是十分必要的。

以下,我们以阅读现象学和接受美学理论解读秦始皇、伯夷的形象,分解作者的原义和读者的解释义,关注伯夷这类人物在历时性的阅读中意义变化的规律性。再以同一种方法解读项羽、勾践、张良、范蠡等人物形象,但在理论阐述上尽量简略一些,这样做有利于突出典型人物生存语义场的现实意义。总之,阐释典型就是为了肯定读者的阅读在意义传播中的主体作用。从这一点看,笔者也是一个读者,对典型的阅读只能算作一家之言。

一、对话：千古一帝秦始皇

> 劝君少骂秦始皇，焚坑事业要商量。
> 祖龙魂死秦犹在，孔学名高实秕糠。
> 百代都行秦政法，十批不是好文章。
> 熟读唐人封建论，莫从子厚返文王。
>
> （毛泽东《七律·读〈封建论〉呈郭老》，见蔡清富、黄辉映编著《毛泽东诗词大观》，四川人民出版社1992年7月版，第577页）

公元前207年，以秦二世胡亥之死为标志，中国第一个大一统的王国——大秦帝国，在诸侯纷纷反叛秦王朝的声浪中落下大旗，宣布了一个王朝的终结。第一个统一中国的千古一帝秦始皇也淹没在历史的尘埃之中。

一个空前强大的封建帝国就这样结束了，铁腕治国的秦始皇就这样告别了历史舞台，但留下许多疑问，也留下了极其丰富的物质财富，更留下映照现实的精神财富。这些精神财富历久弥新，成为历朝历代统治阶级和历史学家取之不尽用之不竭的资源。我们可以毫不夸张地说，秦始皇虽然实际上在位只有三十七年，然而在"理论上"却伸向无限的时间和空间，一直在与整个历史和现实进行着绵绵无期的对话。

（一）统一意志与历史的重构

在越来越多的历史研究中，有一种观点值得注意：华夏民族的统一不在秦始皇时期，而在黄帝时代。笔者也在其后的《〈史记〉的神话—原型研究》一章中张扬了这一观点。但此处的"统一"，并不是政治、经济的统一，更不是思想的统一，严格地说，在原始社会黄帝的统一天下，仅仅是各个部族之间在组织形式上一致，还谈不上真正意义上的统一。而真正意义上的统一，是具有了一定物质基础的精神上的统一。就此而言，黄帝仅仅是一个象征性的符号。当然，不可否认正是因为有了这样的符号，才有了统一的理想和愿望。

秦始皇则不然。他面临的矛盾是春秋战国以来的诸侯纷争、封建割据。在这样的社会背景下，不仅诸侯国之间杀伐不断，而且由于整个文化符号域的大环境影响，各个诸侯国内部也争斗不断，流血的、不流血的王位更迭，成为有史以来最大的社会危机。无论如何，对于普通老百姓来说，这种危机都不是所谓的机遇,而是无穷无尽的灾难。因为它破坏了生产力,阻碍了生产关系的调整和人类社会的进步。

摆在有识之士和敢于作为的国君面前的问题是,历史到底向何处去?现实生活中的残酷恶斗该不该结束?回答当然是肯定的。结束社会混乱政局的方式大致有两种:一种是如策士张仪所主张的那样:合纵;一种是如策士苏秦所主张的那样:连横。策士的游说虽然善于夸大其词,耸人听闻,"言利处则讳其害,言得处则蔽其失",但其在历史上的作用却不应被否定。

对于正在崛起的秦国来说,策士的游说分析仅仅起到提供机遇选择的可能性,并没有决定性意义。实际上,秦国从秦襄公挽救周幽王之失以至协助东迁开始,就从西陲进入关中,一步一步不断地扩大领地,成为诸侯之王。在战国七雄中,较有实力的还有齐国、楚国,但在硬实力和软实力的较量中,逐步胜出的当数秦国。秦孝公利用商鞅变法,在秦国的实力已经大大超越其他六国的大好形势下,统一天下就成为秦始皇之前几代国君的既定国策和坚定信念,成为一种意志和自觉的理想追求。秦孝公"据殽函之固,拥雍州之地,君臣固守,以窥周室,有席卷天下,包举宇内,囊括四海之意,并吞八荒之心"。当然这种雄心壮志也被六国贵族污蔑为"狼子野心"。从而就开始了有明确目的的争斗,同时也就有了具体的蓝图。在内统一认识、统一思想,剪除异己,诛杀叛臣,秣马厉兵,伺机东出;对外远交近攻,笼络人心,团结可以团结的力量。

最终秦王嬴政在吕不韦、李斯等人的辅佐下,以武力结束了春秋以来五百多年的纷争割据局面,实现了从黄帝以来历代帝王真正意义上统一华夏的理想,为未来的政治经济和文化格局创立了样板。秦始皇当之无愧地成为千古一帝。

(二)存在性与霸权主义

从以上所论可以看出,秦始皇励精图治、发愤图强,已经彻底地改变了秦国的历史地位,秦国不再是一个诸侯国,而是一个消灭了六国之后、大一统的大秦帝国。从而也改变了自己的生存语义场,使自己拥有了至高无上的霸主权力,这个霸权足以使他产生一种获得感、存在感。

但是存在性并不完全体现在霸权,或者对于一般人所谓的权力而言,它还存在于人性或人的本质之中。因为人就其本质来说,是一个非自然的人、处境之中的人。既然秦始皇是一个处境中的人,是个处境的存在者,那么他就应该是一个受限制的人。在霸权欲望不断满足,存在性不断弱化的蜕变中,人之为人的人性越来越淡化了,甚至已经被彻底异化了。就是说,他虽然可以为大秦帝国继续掌握和运用至高无上的权力,但也只能是一个霸权的符号,而不是一个活生生人的符号,这便是他自己的不幸。

按照西方哲学家阿伦特的观点来看,"人存在的境况——人的生命本身,诞生性和有死性,世界性,复数性及地球""这些境况从来不会绝对地限制我们"[1]。而我们一旦突破这些境况构筑的界限,人之为人或许将面临灭顶之灾。

阿伦特实际上认为,人之所以为人,就是诞生并生活在人们中间,在人们中间发挥自己的才能、追求自己的卓越。唯其如此,一个人才真正配得上人之所以为人的尊严。就秦始皇本人而言,他首先有自己的生命本身,这是他赖以生存、继续存在的基本条件,另外他也有自己的"复数":有妻子儿女、宗亲朋友,有自己的"温柔之乡"。但更重要的是,他必须有辅佐自己牢牢掌握政权的谋士和保证他的江山千秋万代不受外敌颠覆的武将。因而他的"复数",只能选择不带任何感情的"复数"。在朝堂之上,在维护大秦帝国的利益上,必须撕掉含情脉脉的面纱,变成一个机器人,这是他无法选择的。要想成为一个具有一般人性的人,一个自由的"孤家寡人",从理想的角度讲,必须离开这个"复数",转换环境,或者改变这个文化符号域,成为一个自由的"孤家寡人"。

但是,处于如此禁锢的生存语义场,谈何容易?尤其在内忧外患,各种矛盾变得十分复杂而又剧烈,自我生存语义场变得比较逼仄的时候,身不由己的秦始皇只能顺应而无力改变这种语义场,而他的个性也因此被扭曲或者加以改变,即使有"仁心"也会异化为"刻薄少恩"。

社会发展的辩证法就体现在这里:人改造环境,环境也会改造人。秦始皇所处的独特环境使得他成为一个纯而又纯的精神符号,而不再是一个活生生的有血有肉有感情的"自由人"。

于此可见,任何一个人,假如违背人性,失去人之为人的本质,即会变成抽象的、毫无生气的纯粹理念的传声筒。他们即使取得了天下,掌握了政权,也会得而复失。以统一天下为己任的秦始皇如此,以更为极端的暴行彻底否定秦始

---

[1] 陈学明等主编:《人的存在方式研究》,人民出版社2018年版,第78页。

皇的项羽更是如此。

问题再清楚不过了：秦始皇因为在泰山封禅受到六国儒生的嘲弄，而具有人性化的土地政策又经过不满朝政的下级官吏的恶意诠释，在得不到普通老百姓支持的时候，他的百姓或者王公大臣就成了他的敌人。也就是说，当他忘记了须臾不可离开的"复数"的时候，其法制由此走向偏颇，其行为也愈加怪异。《史记》对此进行了详细描写：秦始皇滥用刑法，实行高压统治，动用大批人力物力，修葺宫室、陵寝，打击商人，焚书坑儒，实行文化上的愚昧主义。二世即位，有过之而无不及，把中国的封建专制推向更加极端的境地，难免被推翻的命运。

（三）革命还是复辟：政治格局的戏剧性

就这样，秦始皇和他精心打造的大一统帝国，在起义军的烧杀抢掠中土崩瓦解了；汉政权在累累白骨上艰难出世了。中国的历史舞台上，汉高祖代替了秦始皇，统一而又脆弱的封建社会似乎又向前推进了一步。但秦始皇和大秦帝国的政治体制并没有被人遗忘，踌躇满志的刘邦和他的子孙谋臣在历史的大考面前，充分地理解并继承了秦始皇的政治遗产，秦始皇的郡县制和土地政策暂时被保留下来。这叫"汉承秦制"。所谓"祖龙魂死秦犹在""百代都行秦政法"，是现实对历史必然性的认同，当然也是对秦始皇统一思想的无缝对接。

历史似乎在这里开了个玩笑。以救民于水火为旗号，以推翻旧政权和十恶不赦的秦始皇为目的的革命者，却选择了秦始皇的旧体制。他们，包括另一个失败的英雄项羽，是否真正响应了农民阶级的呼声与诉求？进而言之，他们的革命是否应和了历史的必然要求？

一方面，笔者认为，秦始皇统一天下之后，各诸侯国的旧政权并没有被彻底打碎，人心也并没有被征服，加之横征暴敛，六国贵族恶意抹黑，没有统一思想的秦政权始终处在动荡之中。这样，任何一支农民起义军的反秦举动，都可能犹如星星之火，在被暴政压抑太久的"黔首"心中燃起熊熊大火。

如果从项羽接受楚怀王"先入关中者王"的约定开始算作真正有计划的革命，那么，这场革命的性质和目的应该如何评估？笔者认为，如果听命于楚怀王对革命义举的部署，那就注定是一次旧贵族的复辟，而不是名副其实的农民革命。项羽起义军的来源十分复杂，其中一部分便是原有的贵族武装。例如项王常常自恃自己有精兵八千，其实这八千精兵是从被他杀死的吴中郡守手中接收过来的。尽管这支队伍训练有素,屡建奇功,但毕竟是旧政权中的武装力量,故而很难说这支起义军是真正意义上的农民革命军。

另一方面,分封制的复活。秦始皇统一天下的一个目标就是消灭旧的诸侯割据,削弱地方的权力与利益。但是自从兑现"鸿沟之约",项王便开始对有功之臣实行分封,以为大功告成,革命目的已经实现,可以衣锦还乡了。这种心理和外在表现完全出乎有识之士的预料。让一个刚刚被否定了的制度复活,使郡县制有名无实,当然是历史的退步。

如果说,一个没落贵族对于分封制的依恋,是出于对既得利益的贪婪,是一种惯性的作用,那么刚刚取得新生政权的汉帝国对于分封制的痴迷就让人十分费解了。算不上贵族,甚至连个乡长的资格都不够的刘邦,成为皇帝后也搞起分封制来,更令人莫名其妙。也许一开始出于亲子之情和顾念有功之臣,给诸侯一块封地,以安天下。但无论是异姓王还是同姓王,这种待遇使他们的野心不断膨胀,甚至欲壑难填。奇怪的是从高祖刘邦到汉武帝,诸侯们的封地一直被保留,久而久之,随着经济的飞速发展,各个封地的诸侯权力欲望也在不断膨胀,以至于与朝庭分庭抗礼,大搞独立王国,大有图谋分裂刚刚统一的大汉帝国之势。"七国之乱"就是在这种背景下发生的。当代的史学研究者发现,汉帝国与各个分封王的关系并不是中央政府与地方政府的关系,反而更像国与国之间的关系。正像御史大夫晁错对形势的分析:"今削之亦反,不削之亦反。削之,其反极,祸小;不削,反迟,祸大。"所以汉武帝的"削藩"政策是非常及时和完全必要的。

可以看出,汉帝国既接受了秦始皇的宝贵遗产,又汲取了历史教训。秦始皇是汉帝国的光辉样板,日益强大的汉帝国是秦始皇大一统思想的巩固和发展,这就是"汉承秦制"的深层次含义。因而我们说秦始皇没有死,他的思想一直在汉帝国几位皇帝的思想中游荡,一直在统治阶级的意识形态中发酵,中国几千年的政治文化始终跳不出这个藩篱。

据此可以看出,所谓对话千古一帝秦始皇,并不是与秦始皇隔空对话,而是与围绕着如何评价秦始皇甚而否定秦始皇的声音展开直接对话。可以确信无疑的是,这种对话肯定还要继续进行下去。

二、阅读视野嬗变中的《伯夷列传》

《伯夷列传》是《史记》人物传记中最为奇特的一篇,也是让人最揪心的一篇。在全文一千余字的论述中,只用不足三百字叙述了伯夷、叔齐的事迹,不仅文体与其他列传迥异,思想内涵比较复杂,甚至前后观点不统一,因而历代历史学家对它的解释都不尽一致。除文本的结构因素外,这种差异不管过去、现在或将来,既来自文化语境的变迁,也来自特定的文化语境制约下的读者以及他们的期待视野和审美经验。易言之,由于读者期待视野和审美经验不断变化,才形成言人人殊的多元意义场。

"视野是指从一个观察点上可见的一切。"阅读视野指的是从哪一个角度阅读和接受文本的问题。不过期待视野并非任意而为,而是由前理解决定的。所谓前理解,就是读者在阅读一个文本之前已经形成的文化积累、审美需求和阐释能力。当然,这种前理解既然是长期积淀的结果,就有可能既有一以贯之的思维定式,也有变动不居的新思维,它会随着人的知识点增长和阅读经验的不断丰富而发展变化。《伯夷列传》的命运似乎与此相关。它的期待视野的变化可以分为纵向和横向两个方面。纵的方面,自《史记》诞生的那一天起,就有各种各样有关伯夷与其他人物的评说。唐代史学家刘知几、司马贞对《伯夷列传》的编纂目的曾发表过异于常人的见解。明清之际,围绕着伯夷、叔齐的真实性也曾进行过旷日持久的争论,但仍然莫衷一是。这就是期待视野悄悄变化引发的结果。横的方面,同一时代或同一历史时期的不同文化素养的读者阅读《伯夷列传》时都会产生不同的美学需求,因而就有可能从中读出不同于他人的意义来。即使同一个读者,由于阅读视点的位移,也会在不同的时间面对同一文本《伯夷列传》时发掘出不同的意义。当代读者更是趋之若鹜,与此有关的讨论会、学术论文都尽量地有所发现,有所突破。这也是期待视野转变的结果。但不管是纵的变化还是横的变化,一个至关重要的问题始终难以厘清:《伯夷列传》到底是历史文本还是寓言故事?

德国的接受美学大师H.R.姚斯以独特的理论视角和试验将科学的阅读活动(阐释活动)划分为三个阶段。这三个阶段是:①审美感知的理解阅读视域;

②意义反思的阐释阅读视域;③历史重建和审美判断的阅读视域。于此可知,这三种视域是哲学阐释学关于理解(understanding)、阐释(interpretation)和应用(application)三项基本原则的具体运用。运用这三项基本原则解析《伯夷列传》,基本上可以划清寓言和历史的界限。

(一) 审美感知的理解阅读视野

尽管人们可以从不同的视角对伯夷做出种种不同的认识和评价,但有一点可以肯定,即包括《伯夷列传》在内的整部《史记》都是历史符号与文学符号的结合。就此而言,以审美感知的方式去观照它,不失为一种有效的阅读方法,自然也不失为一种理解的阅读视野。

所谓审美理解的阅读,指读者不是以历史学家的眼光,而是以一个文学鉴赏家的眼光看待文本,或者不苛求文学性的历史文本,甚至不问历史人物的来龙去脉,把虚构的历史和人物当作客观的历史事实。另外,面对这样一个文本,审美主体着重领悟的是构成文本的美学要素,例如人物的个性、情节的典型性、结构的曲折性。而直接诉诸审美主体感官的首先是情感,以及情感外形式化的语言的节奏和韵律。南宋罗大经发现,司马迁的《伯夷列传》与苏东坡的《赤壁赋》皆是"文章绝唱也,其机轴略同"。所谓"机轴略同"当然不是故事情节相同或者相似,而是说他们抒情的真实性十分逼近。《伯夷列传》以"求仁得仁,又何怨乎"设问,谓夫子称其不怨,忽而又转为采薇之诗犹若未免要怨,何也?"盖天道无亲,常与善人,而达观古今,操行不轨者多富乐,公正发愤者每遇祸,是以不免于怨也。……况君子嫉末世而名不称,伯夷、颜子得夫子而名盖彰,则所得亦已多矣,又何怨之有?"[1]其情感变化,一波三折,的确引人入胜。明人唐顺之评之曰:"此传如蛟龙,不可捕捉。又曰势极曲折,词极工致,若断若续,超玄入妙。"[2]而清代学者吴见思的见解也许更能揭示个中消息:"通篇以议论咏叹,回环跌宕,一片文情,极其纯密,而伯夷实事,只在中间一顿序过,如长江大河,前

---

[1] 杨燕起、陈青、赖长扬编:《历代名家评〈史记〉》,北京师范大学出版社1986年版,第536页。
[2] 杨燕起、陈青、赖长扬编:《历代名家评〈史记〉》,北京师范大学出版社1986年版,第539页。

后风涛重叠,而中有澄湖数顷,波平若黛,正以相间出奇。""步步顿折,步步呼应,欲止而复起,欲行而又留,如轻云在天,微风拂起,或卷或舒,婀娜万态,吾呜呼测之。"①其评价之精准,后人难以企及。所谓伯夷之怨、史公之怨,皆描述得委婉有致。读者就是在这种相似性的感受中获得道德提升、思想升华的。

这就是理解阅读《伯夷列传》的最初感受。可以看出,这种阅读视野就是一种审美感知性的阅读视野。它始于美感,终于美感,而且审美感知又是与理解同时进行的。理解的对象是什么?当然是意义。所谓意义就是语气、意思、情感、主题等,这些都潜藏在词、词组和句子之中,如果对文本的字、词以及句子不甚理解,则难以将意义解析出来。阅读伯夷其人,首先掌握的就是这一点。在这其中,特别注意的是与"怨"相关联的词语及其语气,理解这些词语,就可以从中把握主题意向的转接方式,即作者如何将"无怨"翻作"有怨",再将"有怨"翻作"无怨"。因而"怨"被肯定,被否定,或者被否定之否定,都是意义的具体化表现。假使读者接受这种变化,哪怕选择了其中一种,只要不自相矛盾,就表明读者已经依据自我的主题——视野结构,理解了其中的意义。

(二)意义反思的阐释阅读视野

意义阐释不同于审美理解,但又与审美理解密切相关。一般认为,在阐释中,我们展开意义与命题的层次,而在理解中,我们通过综合从整体中把握或理解各个部分的意义。"总之,理解和解释是文本意义的生成过程,是一个不创新或推翻过去的理解的过程。客观对象本身没有意义可言,只有当其作为理解者的理解对象时才获得某种意义,而这种意义在他人或后人的理解中又会产生更新的意义,这是一个永无止境的创造意义的过程。"②理解和阐释的对象都是意义,不过阐释是对意义的解析和阐述,理解则是对意义的整体把握。从唐代开始关于《伯夷列传》意义的阐释,就有以下三种不同的观点。

第一,肯定"怨"的合理性。

---

① 杨燕起、陈青、赖长扬编:《历代名家评〈史记〉》,北京师范大学出版社1986年版,第541页。

② 王岳川:《现象学与解释学文论》,山东教育出版社1999年版,第8—9页。

"怨"是列传的核心要素。该传一开篇便列举古代贤杰典范许由、卞随、务光,以及吴太伯、伯夷,认为他们都是德行高尚之士,但遭遇却令人心寒。故"怨"是正常的,无可非议的。《太史公自序》曰:"末世争利,唯彼奔义,让国饿死,天下称之。"后世史学家对此极为激赏,清代李晚芳认为:"伯夷让国谏伐,饿死首阳,其清风高节,乃揖让,后所仅见,孔子称其求仁得仁,孟子称为清圣,自是千古定评。"[①]伯夷叔齐由此成为权力与仁义之争的一面镜子。

第二,否定有"怨",肯定无"怨"。

孔夫子说过"伯夷叔齐不念旧恶,怨是用希",又说"求仁得仁,又何怨乎?"意思是,伯夷叔齐求的是仁德,得到的也是仁德,为什么要怨呢?看来是不应该怨的。也有人根据司马迁的逻辑:伯夷叔齐虽有贤德,只有得到孔子的称赞,名声才能远扬。既然如此,又有何理由怨恨呢?

第三,否定有"怨",批判"怨"的反历史性。

这种对"怨"持否定的观点,也是对历史虚无主义的严肃挑战。持这种观念的读者认为,仁义和恶性只能相对而言,伯夷叔齐虽然以揖让为仁德,但"武王、周公以至仁大义灭商,夷齐奚为恶之?"至于饿死首阳山,更不可取。所以有"怨"等于否定了武王革命,也等于否定了司马迁进步的历史观。

我们由此可知,对"怨"曲折历程的阐释过程,就是对文本意义反复发掘、反复确认的过程。但无论持何种观点,都是在特定的语义场中,对文本意义的阐释和对自我历史观、哲学观的提升和拓展。

然而,读者的主题—视野结构并不是一成不变的。它往往因语境的变化而变化,有时由中心滑向边缘,有时却由边缘滑向中心,意义的显现始终处于变动不居的状态。另一方面,读者总是"欲壑难填"。要想不断满足读者的期待心理,就必须在"山重水复"中开掘出"柳暗花明"的新境界,否则就不能为读者所接受。所以,"每一个别的句子都应当暗示一个特别的视野,但随着阅读的进行,它又被立刻转化为下一个相关物的背景,并在句子之间的相互作用中得到

[①] 杨燕起、陈青、赖长扬编:《历代名家评〈史记〉》,北京师范大学出版社1986年版,第542页。

修正"①。只有在这种"复数文本"的引导下,读者的理解才有可能在无数次的阅读中穷尽文本的意义。

从信息论的角度看,内容越是单调,信息量越小;内容越是复杂,容纳的信息量越大,越会对社会产生较大影响。"怨"几经翻转,以较为充足的信息量,使读者对中国人的古代病——"禅让"有了思想上的飞跃,对其产生的文化效应和心理效应有了历史唯物主义的理解和认识。

(三)历史重建与审美判断的阅读视野

文学阅读的第三个阶段是历史重建与审美判断相融合的阅读视野,这是一种层级最高、最富于历史哲学意味的阅读。这种阅读视野乃在于探讨文本意义历史的生成过程和作品意义在流转中不断聚合及其意义群集的内在特质,同时对文本意义的应用性予以特别关注。

任何文本都是与某种历史相联系的文本,何况真正的历史文本。若按"知人论世"即社会—历史批评的研究方法对作者所处的时代、作者的生平以及作者的创作动机探究《伯夷列传》,肯定会让历史学家大失所望。关于司马迁的创作动机,列传诞生的历史缘由一开始就引起读者的注意,但真知灼见并不多。唐代史学家刘知几首先发难:尹伊、皋陶、傅说并列经诰,名存子史,功烈尤显,太史公何须写一个没有多少历史事实根据的伯夷置于列传之首呢?明代的叶适对作者的创作意图也不甚了了,历数《伯夷列传》五点谬误,说明作者撰写此传并无多大意义。而清代梁玉绳批判得更为激烈,竟然列出十条予以否定。先贤的批评并非空穴来风,伯夷叔齐之事并不可考。既然如此,为何司马迁一意为之,并且编排在列传之首呢?李晚芳对此看得十分真切:不仅伯夷叔齐无可考,许由、务光也是寓言。为无可考之人作传,究竟意欲何为?为此李晚芳臆测:"孔子称其无怨,而传独翻论其宜怨,是史公自写其胸臆之愤。连引颜渊、盗跖,及近世之正、不正两流人,将天道应与善而与不善,反复辩驳,其意盖以颜之正者自况,而以盗跖及不正者比量当世。"至于篇终,"又自虑其过于愤而几于讪也,随即放开笔墨,杂引《论语》之言,自排自解,断以正理之当从者收拾通篇,借

---

① 沃尔夫冈·伊瑟尔:《阅读活动——审美反应理论》,金元浦、周宁译,中国社会科学出版社1991年版,第133页。

贾言《易》语作结构余波,而恨时无孔子,不得附以成名,声施后世,幸伯夷、颜渊,即所以自慨也,其寄意深远矣"①。很明显,李晚芳之所以窥见司马迁"独翻论其宜怨",是因为其人本来就有可怨之事、可愤之情。所谓"自况""自慨",而又能"自排自解",把太史公写作本传的曲折目的和委屈心态,揭示得淋漓尽致。实际上《伯夷列传》的语义场中隐藏着这样一个矛盾心理:假使能像伯夷、颜渊,借孔子之名传扬自己的仁德,虽然有怨也不会再怨了。然而,岩石穴处的隐士、穷乡僻壤的士人却永远没有机会遇上德隆望尊之人,假若遇不上,就会永远湮没无闻,在这样的情况下,让他们不怨,怎么可能呢?太史公一唱三叹,实则是借他人之酒杯,浇自己之块垒,将"人怨"翻成"己怨"。难怪一些史评家说此传"寄寓深远"。可见最后第三个"怨"实则含有肯定与否定双重含义。

现在我们可以将司马迁《伯夷列传》的创作主题归纳为三个方面:①歌颂伯夷的"让",批判现实生活中的"争"。司马迁的真实用意在于,古人以"让"天下为荣,以"争"天下为耻。今人却以"争"天下为荣,以"让"天下为耻。为了争权夺利,不惜牺牲百姓的利益,这和古人的境界多么不同啊!②揭露天道的欺骗性,批判"天道无亲,常与善人"的宿命论。司马迁由伯夷让国饿死,联想到颜渊的短命,再联想到盗跖富乐而逍遥法外的社会现实,以及自己的不幸遭遇,不由自主地发出"傥所谓天道,是耶?非耶?"的呐喊。③以此为出发点,高扬人道主义精神,抵制非人性的道德行为,呼吁改变坏人当道、好人受气的社会风气。

以上三点,既含有太史公的原创意图,也包括我们的理解和认识。当代哲学解释学之所以不同于传统的历史主义批评,就因为在历史重建的阅读中,既能摆脱"前见""先行结构"的局限,客观地认识对象,又能不知不觉地被文本的"召唤结构"诱导,将自我的意识和经验融入阅读文本的过程之中。如前所论,任何理解都带有个人的愿望和目的,因为任何理解和阐释都是对自己的理解和阐释,对自身文化优势发现和检验的一次机遇。从唐代的刘知几、张守节到明代的李贽、清代的李晚芳等,他们在阐释历史、发现历史的同时,也在阐释自己、发现自己。他们在系统阐述历史事件的同时,也在系统地阐述自己的内心世界

---

① 杨燕起、陈可青、赖长扬编:《历代名家评〈史记〉》,北京师范大学出版社1986年版,第542页。

与历史事件的碰撞与构建。这就是至今对否定"影射史学"无法自圆其说的原因所在。质言之,正是这些"偏见""前理解",才使我们与历史发生了联系。历史离开了人的理解,历史将不复存在;理解离开了"前理解",就变得黯然失色、毫无价值。故一味强调文本的客观性、历史性,要求读者不偏不倚地对待历史,实乃一种蒙昧主义表现。我们所能做的,只能像姚斯所希望的那样,让任何一部历史文本或文学文本像演奏一首交响曲一样,在读者多层次递进式的阐释中成为一部"当代存在"。追寻历史文本诞生的历史本身就包含着历史与今天、与现在、与此时的阅读无法割舍的联系。正因为如此,历史上的作品才有了意义。也正因为如此,历史文本才有可能在人们不断的阅读中生发出新的意义。

在现代解释学的语境中,我们完全有理由对《伯夷列传》的各种意义进行比较研究,并尽量选择出具有现实性的意义来。例如"文化大革命"以后的思想解放运动中,我们痛定思痛、毅然决然地从《伯夷列传》的众多意义中,单独选择张扬人性、否定非人性的斗争哲学,以此作为新时期的意识形态主题。而在改革开放之后的较长时间,在经济发展已经成为主流的形势下,我们从司马迁将《伯夷列传》置于列传之首,而把《货殖列传》置于列传最末,二者之间必然产生第三种意义的构想为依据,发掘出其中以义制利的创作意图,自然得出物质文明与精神文明相协调的意义来。这种审美判断丝毫不顾及它的虚构性或真实性,是完全将其当作一篇寓言来阅读的。就此而论,它已经超越了时空界限,抽象为一个精神符号在社会生活中发挥作用,这就是《伯夷列传》的现实意义。唯其如此,我们对历史文本的理解和阐释才能得以进行。换言之,正是基于对文本意义的历史重建,并纳入现实的应用之中,读者才有可能在传统评价和当下评价之间进行调节,不断地进行视野融合。而所谓调节,难免对成型视野的调节,是对过去审美标准的修正。因此,融合不是汇合,不是意义的简单相加,而是站在历史和现实的交汇点上的最新发现和最有价值的审美判断。《伯夷列传》的历史意义和价值,就这样从一个读者传到另一个读者,从一个时代传到另一个时代。在传播过程中每一个读者的视野都是对前一个读者视野的参照(可以站在同一个视野内)、充实(也可以站在不同的视野)、排斥(也可以站在相反的视野上),由此形成个人的理解史、阐释史和文本自身的意义史。

以上所论，是笔者对《伯夷列传》在读者的理解、阐释和历史重建三种阅读视野中，关于意义生成内在规律所作的初步分析。可以看出，视野不同，对文本的解释方法也大不相同。从整体看，三种方法虽然各有侧重，各有千秋，但在具体阅读中，总是相互包容、相互转化的。这一现象告诉我们，任何一种阅读视野都是有局限性的，因为任何一种阅读视野都不可能穷尽文本的意义。"欲穷千里目，更上一层楼"，只有不断地改变阅读视野或者在几种视野的互参下，我们才能到达意义的彼岸。

三、两种不同文化符号域中的西楚霸王

一个理应取得天下的英雄为何对即将到手的江山并不顾恋？一个看似成为喜剧的历史为何莫名其妙地成了悲剧？在历史链条的衔接上，偶然性与必然性、个人境遇与历史理性究竟是如何错位的？这便是两千多年前的楚汉相争最终以项羽的失败留给我们的情感缺憾与无尽沉思。而且，随着时间的推移，这种缺憾越来越强烈，也越来越成为需要我们破解的历史之谜。

历史唯物主义认为，评价一个历史人物，应当放在特定的、具体的历史环境中。人改造环境，环境也改造人。然而，在英雄创造历史的封建社会，这后一面却容易被人忽略。人们只知道英雄创造历史，而忘记了历史也在创造英雄。因而当英雄面临困境，处于极端危险境地甚至绝望的时候，他们或者埋怨天道不公，或者乞求神灵，希望神灵垂青自己，帮助自我战胜命运的摆布。拿破仑失利滑铁卢时如此，项羽在全军覆灭自刎乌江时也是如此。那么，历史真的就像他们所认为的那样，是一场天意对人的意志的捉弄吗？当然不是。英雄的失足或悲剧性的结局既是历史理性对其的改造，也是个人性格对命运的臣服。或如精神分析大师荣格所言，性格决定命运，而命运改变一切。

因此就有学者指出，英雄项羽的悲剧性结局是由他的性格造成的。以项羽的性格与这种观点对号入座，肯定具有真理性，但仍然不够全面。项羽生活在一个无法摆脱只能服从的中华大文化的生存语义场中，他的悲剧性境遇正好凸显中华文化智慧之光的两面性对其性格的遮蔽和侵蚀。在某种意义上，西楚霸王又是阴谋文化的牺牲品。

(一)传统文化符号域对项羽性格形成的影响

中国传统文化的精髓是什么？尽管文化研究者对此有一百个定义甚或还有第一百零一个定义，但可以肯定地说，儒家文化是中国文化的源头，而由西周礼治文明主宰的核心精神便是它的精髓。我们所熟悉的儒家文化中的"礼""乐""仁义""忠信""忠恕"等观念以及相关文本"六经"已经统治了中国思想界近三千年，自公元前500年至今，随着经济生活与政治生活的演进，几经磨砺，已经成为中国传统文化的一个有机组成部分，也非常有效地发挥着它的伦理效应。由于这些观念不仅对社会生活起着一种规范作用，也相应地对人的设计与人的提升起着一种引导作用，甚至流灌到我们的血液中，混化为集体无意识，因此当我们非常自豪地讲到传统文化符号域的精髓时，不能不提到这些已有的文化符号的连续体。然而，任何一种文明或文化类型的发展，本身总是具有二重性。一方面，文明或文化的发展标志着社会与人的自我发展，给予社会与人的自身以利益和幸福。另一方面，文明或文化的发展也可能促使社会和人的本质的异化。项羽复杂而又多变的性格就是中国传统文化异化的结果。就他出身于楚国贵族而言，一般人总以为他有良好的文化修养和道德修养，岂不知他却是在不断抵制和破坏传统文化的过程中成长起来的。他蔑视儒家经籍对他的灌输，认为经籍和剑术缺乏应有的实用性，只有以"敌万人"的兵法武装自己，才可能有效地发挥自己的才能。所以他钦慕秦始皇的威仪，踌躇满志地呼出"彼可取而代之"，并不是一时的兴起。事实也证明，在不自觉地偏离儒家之道之后，项羽比之刘邦更加果断，更没有精神上的重负，故而义无反顾地与秦军交战。他勇猛善战，叱咤风云，为推翻秦王朝的统治建立了不朽功绩。《史记》在对项王的得意之作，诸如"巨鹿之战""破釜沉舟""东城之战"等夸张性的描写中，以浪漫主义精神颂扬了他"力拔山兮气盖世"的英雄气概，这固然反映出作者司马迁对项羽精神和意志的敬佩，对毫无私心的末路英雄的偏爱，也表达出对坐而论道的儒家思想偏颇性的批评态度。然而项羽的精神与意志在灭秦中是一回事，而在灭秦后即在楚汉相争的较量中又是另外一回事，先前的真老虎现在成了纸老虎。他左顾右盼，畏首畏尾，优柔寡断，不断失去把握战机与个人命运的机会，以致兵败乌江。可以看出，当他扬长避短将自己的优点自觉地当作优势,创造性地去发挥的时候,"所当者破,所击者服,未尝败北"①。这时候他是真正的英雄;相反,当他把自己的性格残缺的一面和儒家思想的落后面展示在人们面前,错误地将缺点当作优势去发挥的时候,却是江河日下,走向一个英雄的反面。战争必然带来人性的倒退及非道德化的恶果,从而有悖于起义的初衷。例如,在起义军西行即将逼近咸阳之际,项王竟然下令坑杀已经投降的二十万秦军,确实令人发指。不过这是处于战争旋涡中的人无法意识到的道德,因而我们不能超越历史去指责他。笔者认为需要批判的倒是,在起义的初期,为何一定寻找"楚怀王"这样的符号,将起义名正言顺地昭示为楚国对无道秦国的讨伐,难道在他的心目中,这场轰轰烈烈的农民起义应当是一个诸侯国对另一个诸侯国的战争吗?当这个符号成为他的妨碍时,他又毫无理性地谋害对方,自己取而代之了。难怪在灭秦之后,项羽心安理得地搞"楚河汉界"的分封制了。这就难免让人怀疑其革命的目的就是再一次满足六国遗老的君主美梦。即使刘邦甘愿做一个关中王,历史也不应倒退到诸侯割据的战国时代。这种做法显然有悖传统文化的大一统观念。其次,过于迷恋儒家的仁义道德,并不适当地将其贯串于与流氓刘邦的斗争中,结果反而被刘邦麾下的智囊所利用。不可否认,项羽的人格结构自然地带有传统文化色彩,不管自觉还是不自觉,毕竟是儒家文化熏陶的结果。在他潜意识的土壤中有如"仁爱之心""良知",以及被人曲解的"妇人之心",这些不完全是英雄的幼稚,也是中华文化性格多样性的表现。但是将极其矛盾的性格集中于一位蔑视儒家文化的人身上时,又实在令人不解。正如范增、韩信等人所说,项王"爱人礼士"与"喑恶叱咤""恭敬慈爱"与"僄悍滑贼""妇人之仁"与"屠坑残灭""分食推饮"与"玩印不予",还有像轻信与多疑等,皆相反相违。我们并不否认,人文关怀同样可以成为一种不可或缺的手段,有时或许是一场战争的补充或者继续;然而对于项羽来说,作为配合战争积极手段的仁义道德的实施,如果出现在不该出现的时候,或者出现在不该出现的地方,则是一个悲剧。常识告诉我们:历史决定人性,而不是人性决定历史。项王最典型的"仁慈"行为就是"鸿门宴",由于他的

---

① 司马迁:《史记》,中华书局1959年版,第334页。

沉默与犹豫,刘邦得以逃脱。他"低头不语"的那一刻,也许就注定了自己的失败。而典型的非仁义、非道德则是挟持刘邦的妻子儿女,希望以此与刘邦讨价还价,取得战争的筹码,实际上却是养虎遗患,成为自己的一个包袱。这两者非常矛盾,但又并不十分矛盾。这一方面反映了中国传统文化的局限与不足,另一方面又折射出项王革命的不彻底性。所以尽管从表面上看,项王对传统文化不屑一顾,"奋其私智而不师古",愈来愈远离儒生和儒家文化,实际上却难以抵挡集体无意识中"良知系统"对他的纠缠。奇怪的是,良知系统往往表现出对传统文化错误的解读,从而导致文化的偏离。这样一来不仅失利于军事,同时失利于传统文化,自然也就失去天下。同样面对传统文化的符号连续体,刘邦为什么从开始轻视儒生和儒家思想,到后来愈来愈愿意接受为他效力的儒生们以儒家、道家思想对自己的塑造,"取其短,袭其长",默契配合地成就了自己的事业?唯一可以解释的理由是,项羽并没有真正超越传统的儒家文化,而是被束缚在儒家文化的羁绊之中不能自拔。真正的超越是在对儒家文化深入理解与参与中,自觉地对其进行合理化的吸收与扬弃,而不是从一己之好恶出发,或盲目地推崇,或简单化地拒绝。就项羽的出身和文化背景而言,他还不具备充分消化中国传统文化的涵养与思想准备,历史也没有提供这种可能。项羽的性格带有儒家传统文化异化的倾向。

或曰:假若项羽克服了性格上的种种弱点,那么楚汉相争的历史就应该重写了吧。但是,历史不存在假如,历史只有过去时而没有现在时,历史面对的是铁一般的事实而不是神话。何况,项王的失败乃至悲剧性结局是由多种因素促成的。

(二)阴谋文化对项羽命运的掌控和操弄

项王的失败,不仅在于自身性格的矛盾性、软弱性,还在于阴谋文化对其进行的思想遮蔽。而汉王的成功,恰恰在于对阴谋文化符号域卓有成效的掌控与操弄。

首先需要说明的是,中国的阴谋文化同样源远流长。但阴谋文化并非起源于道家,法家思想的集大成者韩非根据当时新兴地主阶级的需要,提出"权、术、势"概念及相关思想。权,就是权力。术,就是谋略。势,就是通过上下级关系的恰当处理,显示帝王的威仪。对于帝王来说,这三者之中,权力最为重要。但权力的巩固,需要术和势的支撑;而在术和势中,术又是核心。在一般情况下,术是通过权力得以显现的,故而又被人称之为权谋或权术。最近有研究者发现,法国的资产阶级革命,缘于大百科全书派的一次阴谋,所谓攻克巴士底狱解放奴隶纯属一种理想化的虚构。即使如此,也无法否定这场革命的必然性。在中国历史上,从秦始皇建立秦帝国开始,就充满着阴谋与反阴谋的斗争。始皇帝的上台,意味着吕不韦阴谋的胜利;始皇帝病逝后,围绕着权力之间的较量,同样是一场不见血的阴谋斗争。项羽与刘邦的较量一方面见于流血的战场;但更多的方面见于比流血更为复杂的斗智场面。就军事力量的对比,项王强大于刘邦若干倍;但就智囊的力量对比,当时项王只有谋士范增一人,而且由于政见不合又离他而去;而为汉王运筹帷幄之中、决胜千里之外的既有三杰——萧何、张良、韩信,也有先后进入汉王麾下的陈平、郦食其、陆贾、随何、叔孙通、娄敬等等。这个智囊团对秦代以及秦以前的阴谋文化的巧妙运用,几乎覆盖到军事、战术、人事各个方面,甚至每一次战役、每一位敌对阵营中的将领,都做过精心策划,充分显示了他们高超的智慧和斗争艺术。正是由于这个智囊团的积极参与,尤其是张良、陈平据以道家学说对阴谋文化的诠释和实践,汉王对项王的战争才由盲目走向自觉,由单纯冒险走向出奇制胜。既改变了战争的格局,同时也改变了汉王个人的命运。项王曾经对汉王说:"天下匈匈数岁者,徒以吾两人耳,愿与汉王挑战,决雌雄。"汉王笑着说:"吾宁斗智,不能斗力。"[1]可见,在硬实力不及或与对方相当的情况下,如果凭借软实力——阴谋手段去征服敌对的一方,即可取得意想不到的结果。鸿门宴刘邦逃过一劫便是一例。鸿沟之约,不守信用,首先向项王发难,又是一例。而这一切,都为张良、陈平所策划、所左右。张良、陈平他们既是法家阴谋的接受者,也是道家阴谋创造性的接受者、实施者。"留侯一生作用,著著在事外,步步在人前,其学问全在用人。"[2]"陈丞相学问本阴符中,所得甚精,故能以致功名。"[3]所以决定战争胜利的关键不在于谁

---

[1] 司马迁:《史记》,中华书局1959年版,第328页。
[2] 杨燕起、陈可青、赖长扬编:《历代名家评〈史记〉》,北京师范大学出版社1986年版,第520页。
[3] 杨燕起、陈可青、赖长扬编:《历代名家评〈史记〉》,北京师范大学出版社1986年版,第522页。

的力量强大,而在于究竟谁在引领着战争,掌握着战争的主动权。质言之,决定于躲在战争后面的推手——智囊团的作用。由于张良、陈平对每一战都精心布局,运筹帷幄,刘邦集团由弱变强,由被动转为主动,最终走出"山重水复"的阴影,打败了拥兵自重的项王,取得了天下。钱锺书阅读《史记》颇有心得。他一方面为司马迁之生花妙笔对围绕阴谋情节的描述赞叹不已,另一方面又对制造阴谋所精心运用的心术、诡术、骗术深恶痛绝,认为它"绝无政治透明度可言,而且尽量阴伏隐形,掩情匿端,犹如贼鼠藏其状,又似红光显其光,是臣民若敌国然,使玄虚不辨其真弄与故弄,以便保持于不意之中随时出击的主动权"[①]。这当然是就阴谋最为丑恶的一面而言的。实际上,阴谋文化也有其积极的、正面的效应,尤其是当一个阶级处于上升阶段的时候。如前所述,人性不能决定历史,而历史却可以决定人性。就是说,阴谋文化虽然违背了人性,但并不违背历史理性。所以问题不在于阴谋本身,也不在于阴谋实施者,关键在于阴谋文化是否适应历史发展的潮流,进而促进社会的进步。如果实施阴谋引导甚至支配了战争的进程,调整了社会的基本结构,减少财产的无谓损失,使生灵免于涂炭,无论是策划于密室还是点火于基层,都是进步之举;反之,如果造成生产力的极大破坏,甚至开历史的倒车,再光明磊落的阳谋也都是落后的、反动的,是理应加以否定的。历史只承认胜利者,而不一定纠缠胜利者是否使用阴谋,更不会关注阴谋是适当还是过度。有一句话具有无可辩驳的意义:政治斗争无诚实可言,必要时搞一点阴谋诡计也未尝不可。手段的卑鄙并不证明目的的卑鄙。毛泽东在批阅《史记》的时候,就非常感慨地指出:项王不是一个高明的政治家,而刘邦是一个高明的政治家。与流氓刘邦相比,项羽则十分诚实,有时诚实得愚不可及,以至于让刘邦牵着鼻子走。实际上,项羽既不缺乏权,也不缺乏势,他最缺乏的是术——对于阴谋的运用。所以项羽最终不能役使刘邦反而被刘邦役使,无法为刘邦制造悲剧反而成为自己悲剧的制造者。对此,我们只能认同,历史中有阴谋,而阴谋不能构成历史。项王哀叹"天亡我也"或许是阴谋对其的极大讽刺!

[①] 钱锺书:《钱锺书论学文选》(第三卷),花城出版社1990年版,第13页。

（三）项羽的死亡意识与司马迁的评价

如前所论,项羽作为一个贵族出身的历史人物,其性格比较复杂,恶行多于善行。然而性格并不是一成不变的,人在改变客观环境的同时,也被客观的环境所改造。项羽复杂的个性和易变的人格随着斗争形势的发展和变化,也在不断地提高,其中一点就是由愚昧保守型向着对立面的清醒进击型转化,而转化的具体环境便是垓下之战。垓下之战是通向死亡之路。项羽对汉军及诸侯军的战斗是对死亡的挑战,我们从中可以看见一个英雄的伟大之处和渺小之处,同时也可以窥见项羽的死亡意识和司马迁的生死观念。

何谓愚昧保守型个性？愚昧保守型个性是指项羽思想保守,盲目诚信,迷信于分封制一类制度。这说明项羽并无统一天下的志向,灭秦之后,在诸侯仍然林立的情况下,他想到的竟然是衣锦还乡,说什么富贵不还乡就像锦衣夜行,并且把讽刺他沐猴而冠的人扔进锅里煮死了。而分封诸侯之后又沉迷于做一个西楚霸王,以为天下太平相安无事了。其实,这就是典型的享乐主义,是安于现状、不顾长远利益的愚昧表现,也是落后的历史意识的表现。他以倒秦为目的,却无视秦在统一中国方面的进步作用,甚至认为统一是一种错误,从而开历史的倒车。一旦诸侯背叛他,尤其在汉王率兵包围他的时候,他才猛然清醒,意识到问题的严重性。

何谓清醒进击型个性？"清醒"就是指在死神将要来临时,项羽一反往日的优柔寡断,能够以极为冷静的态度应对一切变化。"进击"指的是他重新恢复了以前的大智大勇,把貌似恶的潜能充分发挥出来,与敌人决一死战,以此表明他不是个怯弱者。

会战中的垓下,环境极为险恶而悲壮,对项王极为不利,《项羽本纪》写道：

> 项王军壁垓下,兵少食尽,汉军及诸侯兵围之数重。夜闻汉军四面皆楚歌,项王乃大惊曰:"汉皆已得楚乎？是何楚人之多也！"项王则夜起,饮帐中。有美人名虞,常幸从；骏马名骓,常骑之。于是项王乃悲歌忼慨,自为诗曰:"力拔山兮气盖世,时不利兮骓不逝。骓不逝兮可奈何,虞兮虞兮奈若何！"歌数阕,美人和之。项王泣数行下,左右皆泣,莫能仰视。

（司马迁：《史记》，中华书局1959年版，第333页）

项羽之所以是个英雄，乃在于面临死亡威胁时毫无恐惧之色，将个人生命安危置之度外，把自己当作另一个客体来看待。在极其悲壮的氛围中，项王既没有坐等死亡，更没有投降，而是以仅有的二十八骑向敌人发起攻击，这时的追兵却有数千人，项王自思不能脱险，对麾下骑兵（也是对读者）义正词严地辩解："吾起兵至今有八岁矣，身七十余战，所当者破，所击者服，未尝败北，遂霸有天下，然今卒困于此，此天之亡我，非战之罪也。今日固决死，愿为诸君快战，必三胜之，为诸君溃围，斩将，刈旗，令诸君知天亡我，非战之罪也。"于是分四队出击，冲进冲出，如入无人之境。一人破汉军数十百人，其余人无不叹服。此时项王的武力、威风完全化作一种进击型力量，在追杀敌人中得到充分展现。所以，项王一而再，再而三地辩白"天亡我，非战之罪也"。这并不是逃避责任，而是已经觉悟到因自己指挥上的失误，才失去战机陷入困境的。在死亡之前，他并不怕死，只是不甘心服输，或者心已死，气难平。清人吴见思对此十分动情："会垓下处，精神笔力，直透纸背，静而听之，殷殷阗阗，如有百万之军藏于隃麋汗青之中，令人神动。"[①]

此时项王的人格也发生了重大变化。在此之前，项羽的人格虽有仁慈的一面，但更多的为恶或专横，如烹杀刘邦之父等等。但在这个时候，所有的恶和不仁都变成善良和仁义，以至把自己的头颅交给邀功请赏者。这一细节足以让人消弭先前对项王的一切偏见和误解。当乌江亭长檥船渡他过江时，他想到的是："籍与江东子弟八千人渡江而西，今无一人还，纵江东父兄怜而王我，我何面目见之？纵彼不言，籍独不愧于心乎？"这种一心为他人着想唯独忘却自己的精神，与刘邦在危机时刻只顾自身安危而不顾老父及儿女性命的不义德行，形成鲜明比照。相形之下，项羽的品格更加高尚。西方的心理学家认为，死亡意识会让人失去控制，从而带来巨大的破坏性，原因是人类在死亡到来或意识到死亡来临之际，心理被恐惧所左右，甚至扭曲；为了抵制恐惧，就有可能破坏周围的可见之物借以缓解心理压力，这种破坏力有时甚或施加在亲人身上。项羽则

[①] 杨燕起、陈可青、赖长扬编：《历代名家评〈史记〉》，北京师范大学出版社1986年版，第347页。

不然,他所表现出来的冷静和勇敢,已经超越了一般伦理道德标准,不再是麦克白那样垂死的孤独者。美国人本主义心理学家马斯洛把人的需要分为五个层次:生理的需要、安全的需要、归属和爱的需要、自尊的需要以及自我实现的需要。什么是自我实现? 依据马斯洛的看法,就是天资、能力以及为实现这种能力所做的努力。无论是自然生活还是社会生活,无论是成功还是失败,无论是正剧、喜剧还是悲剧,只要人把自己的潜能发挥出来,只要证明是自己至少存在的一些潜能,都可以看作是自我实现的全部或者一部分。此时的项王就像自我实现全部需要的项王,其余的一切需要几乎可以忽略不计,因而我们才把他看作是脱离了低级趣味的自我。一个纯粹的自我、忘我的自我,因此是一个更高级的自我。所以,项羽为洗刷"获罪于天"的过错,验证"非战之罪"的种种努力,表现出来的英雄气概即最后的生命火花,都理所应当地看作是自我实现的标志。项羽的伟大之处表现在这里,他那可憎可爱毫无掩饰的人格也表现在这里。于此,司马迁指责项羽"'天亡我,非战之罪也'岂不谬哉!"又可以理解为仅仅是道德化的批判而非审美化的批判。

但这并不是说,司马迁对项羽毫无感情;相反,他对项羽情有独钟,可谓深情厚谊。这到底为了什么? 只要通读这篇本纪,就不难发现项羽得意之战,便是司马迁的得意之文。一如清人吴见思所见:"项羽力拔山气盖世,何等英雄,何等力量,太史公亦以全神付之,成此英雄力量之文。"①所谓"成此英雄力量之文",指的是司马迁在写作《项羽本纪》时,情感十分投入,有意识地把项羽当作另一个自己去表现,所谓"不以成败论英雄,是其一生立言主意,所以掩其救李陵之失也"。但"掩其救李陵之失"绝不可以理解为掩饰他在李陵事件上的错误,而是在讴歌项羽英雄行为的同时也表明自己在生死问题上的立场:如果需要的话,他同样可以毫不犹豫地慷慨赴死,而不会怜惜自己的肉身。

这就牵扯到司马迁的英雄观和生死观。司马迁的英雄观就是"不以成败论英雄":既肯定成功的英雄,亦肯定非成功的英雄。一般地说,人类社会的进步,历史理性的发展,既有成功英雄的贡献,也有想成功却最终无法成功的英雄的

---

① 杨燕起、陈可青、赖长扬编:《历代名家评〈史记〉》,北京师范大学出版社1986年版,第347页。

贡献。具体而言,在推翻秦王朝的斗争中,项羽曾经起到过刘邦等辈无法替代的作用,说他是一个不成功的英雄有失公允。司马迁的言外之意是,汉王朝取代秦王朝并不是刘邦一个人的功劳,而是众多诸侯浴血奋战的结果。宋朝词人李清照赞誉项羽"生当为人杰,死亦为鬼雄。至今思项羽,不肯过江东"成为不成功英雄的精神写照。

生死观就是一个人对于生死的看法。司马迁的生死观一方面表现在《太史公自序》和《报任少卿书》中,另一方面,又体现在《项羽本纪》《屈原贾生列传》《伯夷列传》等个人传记中。他在《报任少卿书》中,就已经表明自己在生死问题上的观念:为了完成先父的遗愿,为了对真实的历史负责,自己必须忍辱负重发愤著书,但是这也不妨碍在必要的情况下慷慨赴死,当然也不妨碍他通过项羽之死体验一下"死亡"的感受。

一般情况下,人是不可能体验死亡的。死亡之前谈不上体验,死亡之后又带走了死亡方面的知识,所以死亡不能对象化为知识。事实上当人们讨论死的时候,谈的是别人,对死的理解和体验唯一的办法是假他人去操作。司马迁既然表白不怕死,当然要着实地体验项羽之死。司马迁与项羽同气相求、同声相应,其结果就是将自己的体验,通过垓下之战、乌江自刎的悲剧显现出来:子虚乌有的垓下悲歌竟然让读者悲戚落泪,死前企图验证自己潜能,死后身首异处的惨象淋漓尽致地置于读者面前。加之摇曳多姿的情节描写和真实具体的细节描绘,不能不令人相信这是一次极其壮烈的死亡之旅。然而严格地说来,这既是一次伟大的死,又是对伟大之死的体验。对项王之死的详细描写,引发读者无限惋惜之情,实乃太史公"笔补造化,代为传神"的创造。人们借助于典型化的塑造,补偿性地欣赏死亡,从而减弱死亡本能的压力。然而,不管是现实中的项羽,还是审美对象中的西楚霸王,都是性格造成的悲剧。而所有的过失,"所有的罪行又都是伴随一种心灵的伟大,其中包含着十分崇高的东西,因而我们在悔恨他们行动的同时,对这些行动的根源又表示钦佩"[①]。

从以上可以看出,太史公笔下项羽的性格与人格尽管复杂甚至矛盾,但却

[①] 高乃依:《论戏剧诗》,转引自《悲剧心理学》,人民文学出版社1983年版,第97页。

相辅相成,形成了表面上的对立和实质上的统一,其原因在于他的率真。司马迁一方面对项羽性格和人格可歌可泣的善作了详尽的叙述和赞扬;另一方面又对"恶"之为恶的负面影响,依据"不虚美,不隐恶"的负责精神进行了严正批评,而在批评中又表现出极大的同情和怜悯。于是在太史公笔下,出现了两个项羽形象:一个是符合太史公主体心灵需要的、审美对象化了的项羽;一个是基本符合历史真实性的项羽。两个相互补充,组成了一个客体与主体相结合的项羽。由是成为一个特殊的"本纪",一个具有"现代史"意味的历史文本,这个历史文本可以理解为历史提供给项羽的一种特殊的生存语义场。

通过对中国传统文化的局限与不足和阴谋文化在楚汉相争中的作用的初步揭示,以及对项王失败的历史缘由的剖析,基本上已经明了项羽的悲剧来自对传统文化的错位接受和对阴谋文化的拂逆。那么项羽为什么不用权谋甚至连唯一的一个谋士范增也离他而去呢?因为项王相信武力,同时也信任传统道德对人的约束,而张良恰恰利用了这一点。张良不是法家,而是道家学说的实践者。道家反对一切阴谋诡计,但道家思想的具体应用,在战争中皆起到阴谋文化同样的效果。原因就在于道家哲学是为弱者设计的哲学,是为弱者设计的另外一种生存语义场。刘邦集团一开始就是一个弱势群体,他与道家学说在这一点上有着天然的联系。笔者认为,这种哲学的要害在于"反者道之动,弱者道之用"[①]。"反"首先是对非常态局面的认识,其次是揭示适应这种局面的对策。从思维科学上说,这是一种超越常规的思维。"反"还意味着绝不可以依赖任何现成的原则、态势,而总是在它的反面和反复中窥见事物发展的新动向。"弱"就是在"不争"的面具掩盖下,暂时放弃一些利益,在强势面前避其锋芒。但不争并不是永远不争,它是一种斗争方式和策略,是"以其不争,故天下莫能与之争"的智慧的体现,因为只有不争才能守道。就是说,"天下莫能与之争"的不争者,并非因为不争者是傻瓜笨蛋,而是因为这种不争者乃是为"守道"而做出的一种姿态。守道比"争"更为重要,因为道是民心、是公理。如果说不争者通过不争而争取了民心,而争者通过争得某些暂时利益而失去了民心,那"不争"岂

[①] 老子:《老子》,贵州人民出版社1989年版,第79页。

不是最有意义的吗？正如朱熹指出的，"其不争者，正所以深争也"①。老子说："天下柔弱莫过于水，而攻坚强者莫之能胜，其无以易之。弱胜强，柔胜刚，天下莫不知，莫能行。"②张良则进一步发挥为：以静制动，以退为守，欲取先予，欲擒故纵，等等。演化出争与不争、忍与不忍、仁与不仁的辩证法，指导这场关乎刘邦集团存亡、关乎个人生死的战争。这就是为什么刘邦退居汉中之后，发愤图强，最终又夺取关中，进而取得天下的原因。宋人杨时对老子哲学的价值看得十分真切："老子之学最忍，他闲时似个虚无单弱的人，到紧要处放出来，使人支吾不住。如张子房是也。子房如峣关之战，与秦将讲和了，忽乘其懈击之；鸿沟之议，与项羽讲和了，忽回军杀起，这便是柔弱之发出，可畏！可畏！"③所以"反者道之动，弱者道之用"是最高的斗争艺术和智慧！与刘邦相比，项羽既相信自己的实力，也迷恋自己的权力，而这种权力是楚怀王赋予的。项王绝对相信这种权力的正统性、合法性，在以强对弱、以多对少、以无道对有道的战争中，自我感觉良好的项王总是缺乏应有的智慧与策略。所以，毛泽东才称他为不高明的政治家，于是便有了"宜将剩勇追穷寇，不可沽名学霸王"的警世名言。项羽是认识历史的一面镜子，刘邦、李世民等借鉴项羽的教训登上了政治舞台。项羽又是我们审视现实的一面镜子，警示处于改革艰难阶段的志士仁人，通过不断反省历史机遇，增强清醒把握现实的能力。

　　总之，中国传统文化虽然有儒道合一的说法，但从主体上看，仍然以儒家为主，而道家、墨家、法家总是站在它的对立面，进行必要性的补充、批判乃至超越。况且从处事的智慧来说，道家学说往往优越于儒家。因为儒家是从修身治国平天下的目的出发，而道家学说则是从人的生存性出发，最讲个人的生存意义。因而在中国封建社会里，尤其在楚汉相争中，由于道家思想对刘邦集团的正确引导、对敌对阵营的不断颠覆，直接影响战争的成败，甚至成为一种历史的记忆，从而给汉承秦制的刘汉王朝留下一份不可多得的精神遗产，成为政权建设的思想武器。

---

① 黎靖德编：《朱子语类》，中华书局1986年版，第67页。
② 老子：《老子》，贵州人民出版社1989年版，第155页。
③ 韩兆琦编注：《史记选注汇评》，中州古籍出版社1990年版，第158页。

第十章 阅读典型(下)

四、忍:强者的哲学
——以越王勾践、伍子胥为例

《史记》的人物命运可以分为四种类型:第一类是战争或权力斗争中的胜利者;第二类是战争或权力斗争中的失败者;第三类是在胜利时尚能预见自身的命运而急流勇退者;第四类,在失败时虽不能预料未来的命运,但却能以"忍"的精神发愤图强,艰苦奋斗,扭转不利因素为有利因素最终成为胜利者。如果这是一种情节编排模式(传统的模式有浪漫的、悲剧的、喜剧的和讽刺的),也许是另外一种意义上的情节编排模式。这就意味着,任何一个模式中的任何一个(因素)情节并不是与其他模式的任何(因素)情节任意相容的,也许有些因素尤其人物性格是相互矛盾的,有些甚至是相互排斥的,但司马迁都能利用这些因素之间的张力,在各个对抗或者矛盾的性格之间寻找审美平衡,寻找总体上的一致性,在历史性的叙事中给各类典型人物以诗意的再现,并以生存的本体论给予形象以现实意义。在《史记》中,前两类人多,后两类人少,但由于最后一类人是司马迁忍辱负重精神的体现者,是司马迁精心所造的一类典型,在审美价值和认识价值上都有其重要意义,故不能不作深入研究。

(一)果敢的复仇精神与明智的复仇策略

最能代表第四类的典型是越王勾践和楚国大夫伍子胥,在他们的传记中,揭开他们命运序幕的不是失败,而是权力斗争取得胜利之时。就是说,他们一开始出现在读者面前的形象并不是个弱者。越王勾践是一位与吴王阖闾大战,射伤阖闾,败吴王于檇李的英豪。伍子胥的父兄曾经是楚国的重臣,前程颇为光明。然而春秋时期是一个战争频仍、攻伐不断、兼并四起的时代。一场战争，一次权力之争，就可能一夜之间改变诸侯国的命运和地位，何况个人的前途和命运？越王勾践得知夫差欲报杀父之仇，先发制人，强行发动战争，岂料被吴军打败，困于会稽山，只求夫差饶他一命，这就是"会稽之耻"。伍子胥也没有料到楚王会听信谗言，诱杀自己的父兄，于是便有了"杀父之仇"。他们都是从原先的人臣变成阶下囚，默默承受着命运之神对自己的安排，被迫接受这无法接受的残酷现实。可以预料，当时还可能有一种方式，那就是铤而走险，孤注一掷，不成功便成仁。或者忘掉精神伤痛，忘掉这奇耻大辱，变成一个行尸走肉永远沉沦下去。勾践和伍子胥的可贵之处，就是首先接受这一变故，然后寻找各种生存机会，恢复自己的权力和地位。奇怪的是，曾经一对间接性的仇敌，都不约而同地选择了"忍"这一生存方式，认为"忍"才可以赢得复仇的时间和机会，只有"忍"才能将复仇的策略构想得更为充分、更有实际意义。但这对于越王勾践来说，谈何容易？幸运的是，有范蠡在。在这一艰难选择中，范蠡起着相当重要的作用。在勾践几乎完全丧失信心的情况下，范蠡深谋远虑地亮出自己的策略，他奉劝人主：能够保住自己功业的人，必定效法天道的盈而不溢；能够平定倾覆的人，一定懂得人道是崇尚谦卑的；能够皆知事理的人，就会遵循地道而因地制宜。他希望越王对吴王谦恭，派人给吴王送去礼物，甚至可以亲自侍奉他。这无疑又为越王勾践的命运之舟指出了一个新的方向，黑暗王国于是露出一线生的希望。这里，"天道人道地道"的提出发人深省。他接近于"天时地利人和"的概念，但比"天时地利人和"更为深刻。"天时地利人和"的概念不过是教人如何适应"势"或利用"势"，常常有着被动消极接受的意思。而范蠡提出的"天道人道地道"的观念却重在人道，是与盲动主义相对立的积极退却，或者是一种"退一步进两步"的策略。教人在不利的形势下如何机动灵活、化不利因素为有利因素的生存之道，是依"势"又变"势"之道。它相当于老子的贵柔及"反者道之动"的转化论观点。就像范蠡早就说过的一个意思："日困而还，月盈而匡，嬴缩转化。"（《国语·越语》）但是这一切首先应当建立在对客观规律的正确理解和认识上，"凡物不并盛，阴阳是也；理相与夺，德威是也"[1]。世界上的

---

[1] 韩非子：《韩非子注》（上卷），中华书局1960年版，第122页。

事物总是相互对立的,一方吃掉另一方是常有的事情,关键看你是否意识到这一点,而且还要看你是否能够掌握"反"的主动权,是否能够"祸兮福之所依,福兮祸之所伏"。掌握主动权者就有可能将祸转化为福,没有掌握主动权的既无法守护福,又有可能将福转化为祸。在此问题上,文种也持与范蠡相同的观点。他以商汤被困,文王被囚,重耳、小白逃离,而最终称王称霸的历史说服越王,让他接受这份"福祉"。以此观之,范蠡的哲学并不是消极避世的无为哲学,而是一种具有战略眼光的革命性哲学,为成就越王的君王事业奠定了基础。

(二)"忍"的策略性与目的的长远性

勾践在范蠡、文种的协助下,收买了吴国内奸伯嚭并且骗取吴王的信任后,随即在国内实施努力发展生产、强大国家综合实力的计划。因为"忍"并不意味消极等待,"忍"不是终极目的;"忍"仅仅是对欲望的暂时抑制,是生存压力转化的一种方式。为了达到最终目的,还必须为未来的"不忍"做好物质上的、精神上的准备。对于勾践这个曾经是人质的人来说,还有必要为战略反攻和军事力量的发展做充足的奠基。在这两个方面,勾践都做到了,尤其在不忘国耻,休养生息,发展生产力方面,身体力行,令人钦佩:

> 吴既赦越,越王勾践反国,乃苦身焦思,置胆于座,坐卧而仰胆,饮食亦尝胆也。曰:"女忘会稽之耻邪!"身自耕作,夫人自织。食不加肉,衣不重彩,折节下闲人,厚遇宾客,振贫吊死,与百姓同其劳。

(司马迁:《史记》,中华书局1959年版,第1742页)

作为一国之君,既能"卧薪尝胆",不忘国耻,又能与百姓同甘共苦,发展生产,展现在我们面前的这幅图景肯定不是世外桃源。勾践的表率作用,无疑会产生"不令而行"的积极效果。在这种比较协调的君臣、君民关系中,越国必定会强盛起来,必定会对吴王构成致命性的威胁。

然而,令人遗憾的是,勾践在与吴王作战,把夫差困顿在姑苏山上,准备一雪会稽之耻的时候,经不起吴王大使公孙雄花言巧语的蛊惑,开始动摇了:

> 吴王使公孙雄肉袒膝行而前,请成越王曰:"孤臣夫差敢布腹心,异日尝得罪于会稽,夫差不敢逆命,得与君王成以归。今君举玉趾而诛孤臣,臣唯命是听,意者亦欲如会稽之赦之罪乎?"勾践不忍,欲许之。

(司马迁:《史记》,中华书局1959年版,第1745页)

这里字面上的"勾践不忍"并不是不再将"忍"的策略坚持下去,而是要当机立断了。相反,这里的"不忍"面对的是阶下囚的吴王。所以"不忍"是不要逼吴王太甚,要放下屠刀立地成佛,变霸道为人道。越王何故如此?只因昔日吴王有过不杀之恩,今日欲以回报,故"不忍"。对于这种愚蠢的报恩方式,范蠡极为"不忍",他善意地规劝勾践:"会稽之事,天以越赐吴,吴不取。今天以吴赐越,越其可逆天乎?且夫君王蚤朝宴罢,非为吴邪?谋之二十二年,一旦而弃之,可乎?且夫天与弗取,反受其咎。"[①]大意是,当年吴灭越,今日越灭吴,都是天意的安排。如若不顺应天意,失去千载难逢的机会,就会反受其咎。所谓"得时无怠,时不再来;天予不取,反为之灾",就是经验教训。很显然,后发制人并不是不制人,尤其是面对昔日的仇敌时。大量事实证明:蹈晦仅仅是策略,策略并不等于目的,目的是杀人,而且以十倍的疯狂、百倍的仇恨去杀那些曾经置他们于死地的人。革命的阶级是这样,反革命的阶级也是这样,在"无义战"的春秋时期更是这样。凡行人道皆有可能丧失复仇机会,因而失去权力、失去江山。伍子胥深知这一点,在复仇的紧迫性和残酷性上都远胜勾践一筹。当他与吴兵一起入郢,寻楚昭王不得,"乃掘楚王墓,出其尸,鞭之三百"。当这种残忍的复仇手段遭到好友申包胥的指责时,他理直气壮地加以回绝,坚决要逆情悖理地行动。伍子胥的发疯发狂,正是要"回报"楚昭王,目的就是"以暴易暴"。司马迁对这种极端性的行为不但不指责,反而认为"弃小义,雪大耻,名垂于后世",认为克制忍耐,成就功名,是血气方刚男子汉大丈夫理直气壮应当做的,不应受到非议。可见仁道不当行于不得志之时,而应行之于得志之后。正是对"昨日"噩梦的痛苦回忆,出于可能再次沦为阶下囚而又不愿做阶下囚的心理,范蠡才不顾阻拦冒死谏议,毅然决然地驱逐公孙雄,将夫差百般羞辱逼其自杀。

吴越之间的这种斗争,从上一代延续到下一代,最后以越王勾践的胜利结束,但他们各自的做法值得我们深思,对于历史来说都是一面镜子。一方面,对以复仇为目标而采取"忍"的生存方式应有一个辩证的理解:"忍"的文化符号的时间空间只能限定在策略性而非目的性上,时机不成熟要"忍",但是时机成

[①] 司马迁:《史记》,中华书局1959年版,第1745页。

熟之后仍然再"忍",就是自毁,就是犯罪。另一方面,复仇一定要稳准狠,对于多行不义必自毙的道德信条不要过于迷信。也不能指望老天爷惩罚,而要靠人去惩罚。必要时就是要倒行逆施:敌人不投降,就叫他灭亡,绝不能心慈手软、养虎遗患。否则,就会人头落地,政权得而复失。这种惊心动魄的斗争规律,正是几千年文明史的实质。

(三)患难之中的明君与胜利之后的暴君

如果说,越王勾践于患难之中尚能礼贤下士、善待忠臣,那么,在胜利之后却把这一保证胜利的法宝丢掉了。为了一己之私利,宁可背信弃义、残害功臣。文种便是其中一位,而且是最有影响的一位。他的悲剧最能准确地揭露越王勾践施行"仁道"的虚假本性。为了更好发挥文种的才华,范蠡为勾践推荐文种治理国政,他说:"兵甲之事,种不如蠡;镇抚国家,亲附百姓,蠡不如种。"于是国家大事一概委托文种料理,而把范蠡和大夫柘稽派到吴国做人质。这可以说明两个问题:一是文种确实是个难得的治国之才,勾践也信任文种这样的人才;二是君臣之间同心同德,不存在信任危机。因此文种可以无忧无虑地为越王出谋划策,为恢复生产、发展经济施展自己的才华。事实证明,文种的治国才能是别人无法替代的,理应是越国的功臣。然而,也许他的才能过人,越王无法驾驭的缘故,于是便以莫须有的罪名逼他自杀了。这样,勾践由昔日的明君一下子变成今日的暴君,由能够与臣下共患难的人主变成一个只能独享革命成果的孤家寡人。历史造就了一个复杂的典型。通过他我们对春秋至汉代含情脉脉的面纱之下人主与人臣之间关系虚伪性、实用性的本质看得更为清楚了。其实通观整个封建社会便可发现,此乃一种普遍现象。由于受具体生存语义场的影响,封建统治阶级内部可能出现分化,呈现三类人物形象:一类是忠臣功臣。像文种、韩信、彭越等人,为人主出生入死打天下,但在新政权建立后或者被废黜,或者被暗杀,好人得不到好报。另一类是奸佞之臣。像杜周这样的人,他们见风使舵,察言观色,毫无是非观念,为一己之私利,不惜歪曲事实,落井下石,陷害好人。还有一类属于善于明哲保身的人。这种人被好人不得好报的残酷现实所威慑,从不协调的君臣关系感悟出伴君如伴虎的恐惧,所谓"虽有亲父,安知其不为虎? 虽有亲兄,安知其不为狼?"于是隐退成为他们唯一的选择。

相比较而言,处于休养生息、艰苦创业时期的勾践依然让人难以忘怀。他不忘国耻、卧薪尝胆的做法鼓舞着一代又一代的志士仁人,忍辱发愤成了一份不可多得的遗产。而作为其核心哲学概念的"忍"和退让,形成了著名的东方智慧,反思吴越之间的历史纠葛,发现真正把越国引向胜利之路的不是越王勾践,而是历史转化的规律性,是正确把握和运用这一辩证法的范蠡和文种,因而对他们的不幸遭遇更加同情。

五、隐:智者的哲学
——以张良、范蠡为例

张良是智者的典型。从《留侯世家》可以知道,他和范蠡一样,都是人主的近臣重臣,又是生活在不同时代、侍奉不同人主的谋臣。尽管作者并没有对他们像对待其他历史人物那样浓墨重彩,但他们对后世的影响,无论在有限的文本,还是无限的客观世界中,都超越了一般的帝王和王侯。令人迷惑不解的是,他们侍奉的对象是汉高祖刘邦和越王勾践,这两个典型人物都是曾经的明君,即并非专横独断的暴君(至少在他们两个的心目之中),那么张良和范蠡为何一定要选择退隐这条生存之路?司马迁为他们立传的目的何在?我们对他们作为隐士的生存语义场的意义应作何理解?他们又是如何影响中国的文化建设的?

(一)功成身退,不失君子风范

在《史记》中,张良的事迹除见于《留侯世家》外,在《高祖本纪》《项羽本纪》中也有记载。范蠡的事迹出现在《越王勾践世家》中。既然他们以名士隐者而传世,那是否意味着他们本来就是奸诈狡猾之徒,或者为了自身的利益而置社稷的安危于不顾、置国家的前途命运于不顾的消极遁世者?当然不是。相反,他们对自己的国家有着高度负责的精神,对发展和巩固自己所依附的君王政权,对促进社会生产力的发展尽了最大努力,可以说是功盖天下、成绩卓著。张良属于汉代开国元勋,堪称"三杰"之首。他为汉王击败秦军,争取黥布、彭越,笼络韩信,最后大败西楚霸王设计了一整套方案,所谓"运筹帷幄之中,决胜千里之外"。连高祖刘邦也不得不承认"吾不如子房",不能不对他言听计从,其原因就是张良素有辅弼治邦的智慧和才干。宋代真德秀这样评价张良:"子房为汉谋臣,虽未尝一日居辅相之位,而其实为三杰之冠,故高帝首肯之。其人在伊吕之间,而学则有王霸之杂;其才如管仲,而气象高远则过之。其汉而下,惟诸葛孔明相伯仲。"①张良的智慧才干同样得到黄震的首肯:"利啖秦将,旋破峣关,汉以是先入关;劝还霸上,固要项伯,以是脱鸿门;烧绝栈道,激项攻齐,汉以是还三秦;败于彭越,则劝连布、越;将立六国,则借箸销印;韩信自立,则蹑足就封,此汉所以卒取天下。劝封雍齿,销变未形;劝都关中,垂安后世;欢迎四皓,卒定太子,又所以维持汉室于天下既得之后。凡良一谋一画,无不系汉安危得失,良又三杰之冠也哉!"②这段叙事话语总结并高度评价了张良为大汉江山劳心劳力、鞠躬尽瘁,运筹帷幄、决胜千里的卓越功勋以及不求封侯、无意猎取个人利益的可贵品质。

范蠡是春秋时期越王勾践的"王者师"。他的一切行为虽然以黄老之学为旨归,但同样为越国的强盛付出了大半生的艰辛。尤其在和吴国的较量中,他巧妙地运用道家的哲学,启发越王休养生息、发愤图强,在最后的关键时刻,机智地阻拦了越王几乎毁掉越国社稷的妇人之举——阐述了"忍"的策略性和"不忍"的及时性,逼迫吴王夫差自刎。在这场斗争中,他自始至终起着无法替代的作用。所以我们不能认为张良、范蠡是不负责任的人,相反他们两个都是极有责任心的人。

然而,从春秋战国到秦汉这一封建社会确立的时间段,是阶级斗争最为复杂的历史时期。所谓"君弑臣,父弑子",就是活生生的现实,而"君不君,臣不臣,父不父,子不子"也许是更为严酷的现实。没有夺取政权的企图夺取政权,已经取得政权的又担心政权得而复失。这一现实不可能使任何一个国君哪怕是圣君高枕无忧,即使取得政权也还是心有余悸。当这种余悸膨胀为无法遏止的恐惧时,就有可能失去理智,背信弃义,乱杀无辜,干出亲者痛仇者快的蠢事,从而使谋略过人的张良、范蠡感到痛心、寒心,因而不能不怀有"二心"。虽然他们处于不同的时代,但历史的逻辑仍然使他们不约而同地预见到身边可能重演"飞鸟尽,良弓藏;狡兔死,走狗烹"的悲剧和人主只可与其共患难,不能与其共享乐的潜规则,共同选择了退隐这一在当时被视为最好的生存方式。由此可

---

① 韩兆琦编注:《史记选注汇评》,中州古籍出版社1990年版,第156页。
② 韩兆琦编注:《史记选注汇评》,中州古籍出版社1990年版,第156—157页。

见,隐士的出现乃是政治斗争、权力斗争复杂化的产物,是最高统治者统治思想被异化的特殊性表现。

(二)深谋远虑,对人主时刻保持高度警惕

历史地看,张良、范蠡是功臣,也是千载难逢的"帝王师"。也许正是因为这个人际环境,他们才有着比一般人更为敏感的政治嗅觉,自然而然地选择一种与人主都特殊的人际关系。换言之,他们不可能在任何时候与人主亲密无间,更不可能将自己的命运与人主的命运扭结在一起,而是时刻保持一定的距离,在为君主的命运衷心图谋的同时,也为自己未来的命运做一点设计。张良人在汉营心在韩,并没有把全部精力投入到扶汉灭秦的伟大斗争中来,而且在楚汉相争中仍然念念不忘此事,难免让人怀疑他的真实用意。刘汉政权建立后,连用"辟谷"、称病、"欲从赤松子游"的办法疏远与刘邦的关系。即使遇到颇为棘手的矛盾,也能谨慎处理。汉王欲废掉刘盈,立赵王如意为太子,大臣们无论如何劝阻都无济于事,吕后深感忧虑,不知如何是好。其间有人告诉她,"留侯善于出谋划策,皇上信任他",于是便指派建成侯吕泽胁迫张良:"皇上一直把你作为忠心耿耿的谋臣,现在皇上打算另立太子,怎么能高枕无忧呢?"张良一开始有意回避,只是在吕泽的要挟下,才不得已推荐商山四皓做太子的左膀右臂。孰料商山四皓真的起到阻止刘邦另立太子的作用,这让刘邦痛心不已,身为大汉帝国开国皇帝的刘邦在无奈之中悲哀地唱道:"天鹅高飞,振翅千里。羽翼已成,翱翔四海。翱翔四海,当之奈何?"看到作为皇帝的刘邦如此乏力无奈,戚夫人也抽泣流泪。他们无法想象,请四皓出山的计谋恰恰来自张子房。在这似大实小的空间里,刘邦第一次体验到自己计划实施的有限性、不确定性。

张良之所以不断疏离与刘邦、吕后的关系,还有一个原因,即他直接参与了迫害韩信等功臣的阴谋活动,亲眼见到高祖刘邦翻手为云覆手为雨的恶劣伎俩,故而他选择退隐是深思熟虑、苦心经营的结果。清人郭嵩焘非常敏锐地指出:"吕后用萧何计谋诛淮阴,上闻淮阴侯诛,使人拜丞相何为相国,此特留侯辟谷一年中事言之。其并及立萧何相国,则似吕后诛淮阴侯之谋,留侯亦与闻之。史公于留侯益多微词,故其言隐约如此。"[1]

---

[1] 韩兆琦编注:《史记选注汇评》,中州古籍出版社1990年版,第158页。

相比较而言,范蠡的退隐更为直接,因而也更具有美学的批判意义。从表面上看,似乎没有张良的故事曲折,一般总是把它的退隐时限划归在越王讨伐吴国、诸侯为之庆贺、越王称霸之时。不错,在他离开越国赴齐国后的确有一封劝诫文种的信,信中说"飞鸟尽,良弓藏;狡兔死,走狗烹"。这段话发人深省,已经透露出藏在他灵魂深处的危机感。但这并不意味在此之前他毫无退隐之心,其实,范蠡退隐的念头早就有了。早在越王勾践被吴王赦免回国之时,越国百废待兴,急需有用之才为国效命尽忠。但是范蠡却拒绝了越王的真诚邀请,趁机推荐文种管理国家政务,自谦道:"镇抚国家,亲附百姓,蠡不如种。"文种之才在《越王勾践世家》中多有描述,自不待言,但是否如范蠡所说的那样,他一定比范蠡高明许多呢? 未必。窃以为这句话有可能是范蠡有意而为之的托词、遁词。《越王勾践世家》的后半部分写得十分明白:范蠡离开越国到齐国后,由于有治理才能被齐王任命为国相。而后又觉不如经商自由,于是辞官在陶地聚敛财富,作了个家产万万的陶朱公。特别是在营救二儿子时,其料事如神的本领让人叹为观止。二儿子在楚杀了人,范蠡力主营救,老大自告奋勇前去打理,不过由于老大爱钱如命,优柔寡断,白白断送了弟弟性命。当长子拉着弟弟的尸体返回故里,家人无不恸哭悲伤时,唯独范蠡呵呵一笑,认为一切都在意料之中,无须多此一举。他以长子的性格推测,不能救二子合乎情理。也有人认为此节"必好事者为之,非实也",其实也是不理解太史公意图的表现,作者大概想证明范蠡智慧超人,行事神秘,能够预料身前身后事。恰恰在这一点上,文种不如陶朱公。文种的生存语义场不断地缩小,而陶朱公的生存语义场却不断扩大。所以这一笔并非闲笔,而是特别重要的一笔,它对陶朱公的个性刻画胜过一系列情节描写。

可以看出,张良、范蠡是国君的谋臣,又是社会精英,他们虽然不像项羽、韩信那样既具有气吞万里如虎的勇气,又有坚持到成功的毅力,但同样是具有影响力的人物。尤其张良"其学问全在用人,即从高帝亦为其所用,能用留侯者独老人耳"[①],而范蠡也毫不逊色。他们用一种非常人所见的智慧左右了人主,使

---

① 杨燕起、陈可青、赖长扬编:《历代名家评〈史记〉》,北京师范大学出版社1986年版,第521页。

得人主一直在他们的引导下,按照他们的计谋——他俩设计的路线图行事,一步一步走向成功。换句话说,张良、范蠡创造了历史,也塑造了人主,给人主提供了一个意想不到的生存语义场。这到底是一种什么样的智慧在起作用? 是神秘的智慧发挥了作用。在中国哲学史上,对对象的研究有两种方法:一种诘问对象是什么,一种诘问对象不是什么。在话语的表现上,前一种表达痛快淋漓,直截了当;后一种表达则言不由衷,言在此而意在彼,甚至言行不一。冯友兰先生认为,前一种属于正方法,后一种属于负方法。相对而言,后一种方法比较神秘。从表面看,语境中的人物对待矛盾或突发事件,似乎漫不经心,超然物外,有点事不关己高高挂起的姿态,但从他们"著著在事外,步步在人前"的谋划结果来看,他们的计谋具有颠覆性的力量。这就是负方法的运作结果。可见负方法并不是非理性的,而是超理性的。不但刘邦、勾践无法拥有,有勇无谋的项王、韩信也不拥有。这种智慧给传统的文化符号域增添了新的建设性内容,使得一种文化与另一种文化,一种文化的现在与过去进行对话,让一种文化催醒另一种文化,一种现在的文化催醒它的过去,使文化符号域更具活力,也更具张力。这就是张良、范蠡留给我们的遗产。

(三) 毁耶? 誉耶? 得失唯有史公知

张良、范蠡的处事态度和风格是与人主的关系由密到疏,由和到离的逐渐演变过程同步的。这种同步现象无疑给我们多方面的深刻认识和启示。其中最为重要的一点,就是明君是诞生张良、范蠡这类与人主既相宜又相违人物的气候和土壤,即一种特殊的文化符号域。愈是明君愈是奸诈狡猾,其吏治作风和思维方式既可以滋生圆滑世故、见风使舵的佞臣,也可以培养出智高一筹的谋臣。明君高兴时,也许能倾听臣下意见,乐于用人,善于用人,有一点民主作风;而不高兴时便骄横跋扈,听不得半点批评意见,不仅不用人,必要时还会杀人。所以,明君圣君与昏君暴君之间并没有一个不可逾越的鸿沟,今日的明君圣君可能就是明日的昏君暴君。自春秋至汉代,无数血淋淋的事实已经证明了这一点。张良的退隐念头就是在汉高祖极残忍、极狡猾、极伪善、言而无信、极善于流氓术的思想作风不断暴露的过程中逐渐强化的,而范蠡的退隐念头则是从纵向的历史经验中总结出来的。例如在他逃离到齐国以后,他"狡兔死,走狗烹"的预言在文种身上得到证实,更加坚定了其四海为家的自由主义思想。正是阶级矛盾和阶级斗争复杂多变的残酷现实,使得张良、范蠡不约而同地接受了黄老之术和"柔弱"的战略思想,游刃有余地处理自己与人主的关系,成为完全不受最高统治者控制,屈伸有度、进退适当,既对国家做出巨大贡献,又能保护自己免受身外之灾、头脑十分清醒的功臣。

那么,司马迁对待这类人物的态度如何?塑造这类人物究竟有何意义?这类人物存在的价值和意义是什么?

简而言之,司马迁对张良和范蠡的历史功绩是持肯定态度的。尽管对张良明哲保身、为避祸事苦心孤诣地玩弄各种手法,甚至不惜抛弃原则百般讨好刘邦、吕后的做法颇有微词,然而又认为他处于当时的具体环境,那样行事是可以理解的,完全可以谅解的,所以并没有真正否定他,反而以十分动情的口吻称赞他奇人有奇才、有奇功,无愧于高皇帝对他的评价。对范蠡的态度也是如此,《越王勾践世家》中的"太史公曰",既赞颂了勾践这位大禹之后的继承者忍辱负重、发愤图强的精神,又肯定了范蠡的"三迁"之举:"范蠡三迁,皆有荣名,名垂后世。臣主若此,欲毋显得乎!""三迁"分明为了避世,远离纷扰的人世间,但太史公却倍加赞赏,认为君臣各有志趣,各有风范,相得益彰,同样流芳百世。

严格地说,司马迁并不是个隐士,也不是一个具有避世思想的人。即使自请宫刑,也未曾想到过隐退,相反倒是个入世思想很深的现实主义者。以他的"究天人之际,通古今之变,成一家之言"的志向来看,退隐与他是风马牛不相及的事情。那么司马迁通过张良和范蠡所宣扬的退隐行为是否与自己的信仰相抵牾?表面上看的确有点矛盾,但从深层次看并不矛盾。因为太史公的"一家之言"本身就是道家思想和儒家思想相融合的文化符号域,因而他的世界观本来就复杂,而且如果张良、范蠡将批判矛头指向统治阶级虚伪的意识形态,这恰恰与道家的思想相一致。过去的斗争经验证明,黄老之术是一个极为有用的精神武器,而张良和范蠡就是以黄老之术打扮起来的人,虽然他们的选择方式有别——一个不食人间烟火期望过神仙般的生活;一个却要平民化,过普通老百姓的生活。然而他们都是以追求自由为生存语义域的普通生活者,而不再是为某种政治斗争去奔波去亡命的士人、谋臣。由是,张良、范蠡遂成为那些已经或将要参与皇权争夺的铤而走险者或幻想于功名利禄的狂热追求者的一面镜子。

鲁迅先生说过,太史公"恨为弄臣,寄身于楮墨,感身世之戮辱,传畸人于千秋,虽背《春秋》之义,固不失我史家之绝唱,无韵之离骚矣"![1]"畸人"是什么样的人?据他引用茅坤所举例子知道,"畸人"就是奇人。游侠是奇人,屈原、贾谊是奇人,庄周更是奇人。奇人之"奇"就在于思想荒诞而无羁绊,奇就奇在他们是一些重仁义、蔑物欲、尚精神、轻生死,为正义事业敢于赴汤蹈火,具有高尚道德情操的人。如果一定称他们为"畸人",那也是被黑暗的社会和昏聩的人主摧残的结果。可见,隐士是太史公为了讽刺那些与统治阶级相妥协或死心塌地为逆历史而动的人主服务的奴才,有意树立的一种不愿意与统治阶级或人主合作、愿意以自由意志而活着的典型。张良、范蠡的价值和意义就在于此。他们创造了一种新的文化符号域,一种新的生存空间。所以他们是另一种意义上的英雄,其英雄壮举不仅表现在生命的前期,也表现在生命的后期。前期,他们以自己的谋略改造现实环境,改变历史进程;后期,则以自己的隐退行为影响人们的思维方式,进而影响社会的基本结构,所以他们是对社会有特殊贡献的人。

六、细读《李斯列传》
——历史符号转换中的情节机制

李斯,一个曾经为秦始皇出谋划策,为实现统一华夏大业立下汗马功劳的近臣、重臣,却在大秦帝国轰然倒塌的前夜自杀身亡。缘何如此?他是要魂追秦始皇的亡灵,或者是对以往决策失误的自觉忏悔?都不是。他的死恰恰意味着阴谋政治的终结。

李斯并不是秦汉之际阴谋政治的第一个牺牲者,还有一个令人难以忘怀的英雄项羽。虽然两者都令人唏嘘扼腕,但是项羽之死是由于失败于刘邦的阴谋诡计,而李斯之死则是失陷于自己参与赵高制作的阴谋政治。

(一)情节与非情节

任何一个历史的个案都是胜利者和失败者共同演奏的悲歌。《李斯列传》

---

[1] 鲁迅:《鲁迅全集》第八卷,人民文学出版社1957年版,第308页。

之所以感发后世,就在于通过李斯一生的遭际,非常生动、真实地刻画了一个通过辅助秦王展露自己政治才华,从而改变自己的生存境遇、追求富贵人生而又毁灭于富贵人生的典型人物。

情节是政治人物的活动史,是人物性格的成长史,也是历史符号具象化的历史。《李斯列传》正是通过主人公命运跌宕起伏的典型情节,从侧面真实地再现了秦始皇的光荣与梦想、成功与衰败的历史轨迹。这是太史公"寓论断于叙事"又一成功之处。

具体而言,李斯的命运是由"得时勿怠""五叹""竟并天下""遂以亡天下"作为历史符号组成的。而这四个历史符号的具体展示又是由情节符号的发生发展作为独立导引的,因而情节的机制就牵涉历史符号的逻辑性、因果性和趣味性。

首先,情节的发生机制在哪里?就发生在对厕所之鼠与粮仓之鼠不同待遇的描写中。按理说,这个描写仅仅是一个细节,并不是情节的发生地,它充其量是个楔子,但它奠定了情节的发生机缘,以及可能发展的脉络和方向。就是说,引发了主人公对这一细节的关注,从而悟出"人之贤不肖譬如鼠,在所自处耳",环境不同人的命运也有所不同啊!这一惊叹说明已经极其深刻地刺痛了出身贫贱的李斯,成为他永远抹不去的阴影。这一细节为情节的最终发生发展埋下至关重要的一笔。

而真正的情节开端于李斯西行入秦前与荀子的一次对话。他说:"诟莫大于卑贱,而悲莫甚于穷困。久处卑贱之位,困苦之地,非世而恶利,自托于无为,此非士之情也。"这表明,他入大秦的动机是要改变自己的生存环境,或者将自我生存语义场融入客观的秦文化符号域。这个表白明确地告别了儒家一贯张扬的"君子谋于道,小人谋于利""君子固穷"一类处世哲学。又说:"斯闻得时无怠,今万乘方争时,游者主事,今秦王欲吞天下,称帝而治,此布衣驰骛之时而游说者之秋也。""秦王欲吞天下"是历史发展之大势,关键是如何把握时机,得时无怠。正是怀揣着这么一种思想准备,李斯在入秦后才极有耐心地劝诫秦王:机不可失时不再来,"胥人者,去其几也;成大功者,在因瑕衅而遂忍之"。他认为,秦孝公之后兼并六国的时机与秦穆公当时的形势是完全不同的。如果说秦穆公无法统一天下,忌惮于周王朝和六国的强大;而在秦国军事政治形势无比优越的今天,这些障碍已经不复存在了,可以放开手脚大干一场了。于是秦王接受了他的建议,"阴遣谋士赍持金玉以游说诸侯,诸侯名士可下以财者,厚遗结之;不肯者,利剑刺之。离其君臣之计,秦王乃使其良将随其后"。此后大秦的政治命脉在他的推演下逐步延展,以至于"二十余年,竟并天下,尊主为皇帝"。李斯辅佐秦始皇统一天下的愿望得到实现,自己的私欲和梦想也得到了满足,从此有了话语权,生存哲学得到验证。情节在这里似乎达到高潮,但还不是结局。为了丰富读者通过"互见法"可能想象到的情节,司马迁还有意加进李斯的几篇文章,这几篇文章作为非情节因素又深化了李斯的思想和人格。

其一,是李斯的《谏逐客令》。这是李斯有了生存地位后遇到的第一个坎,一道危机四伏的难题。然而李斯即使在被驱逐之列,也并不惊慌失措,而是从容不迫地亮出自己的观点。他认为拒绝客卿而不接受他们,疏远士人而不重用,这就使秦国既无富足之实,又无强大之名。所以轻视人才并不是统一天下制服诸侯的最好办法;进而言之,陛下抛弃了他们,等于帮助了敌人,排斥宾客就会使他们为其他诸侯国建立功业,使天下有识之士望秦阙而却步,实际上是借武器给敌人,送粮食给盗贼!于是秦王废除了逐客令,恢复了李斯的职位,并适时将其擢升至廷尉,李斯的危机暂时解除了。

其二,是《论督责》。这是李斯在朝堂内外矛盾十分危急的处境中,为救陷于兵火和酷刑之中的大臣和百姓,给二世皇帝胡亥上的一份奏折。这篇《论督责》产生的背景已经不是秦始皇那个时代了,自从与赵高伪造遗诏立胡亥为太子的阴谋得逞之日起,他的命运之舟就开始偏离自我预设的航线,一直游弋在被压抑的愤懑之中,这篇《论督责》就反映了这种苦不堪言的内心状态。

李斯本想尽一个廷尉的责任,给二世提一些意见,然而遭到二世的斥责,加之经过赵高的洗脑,善意与恶意的界限已经模糊,《论督责》竟然成为曲意迎合二世皇帝的违心之作。在《论督责》中,他顺从赵高的思维意向,违背历史真相,故意颠倒黑白,混淆视听,鼓吹极乐主义,污蔑尧和禹体恤百姓,拼命为老百姓干事,那就是百姓的奴仆,而不是统治天下的帝王。说什么让别人为自己献身,自己尊贵而别人卑贱;让自己为别人献身,自己卑贱而别人尊贵,所以自古以来未尝有之。尧、舜为天下献身,失去了所以尊贤的用心,他们就犯了极大的错误,说尧、舜把爱民当作自己的"镣铐"也不为过。如何改变这一被颠倒的局面?那就要反其道而行之:严酷刑法,圣明的君主能久居尊位,就是因为他们独揽大权,精于督责。何谓督责?就是一改慈母培养败家子的做法,对作奸犯科者严加惩处,因此天下才没有继续犯法的人。这就是帝王的统治术。所以实行了督责,君主的欲望才能得到满足,满足之后国家才能富强,国家富强了君主才能享受得更多。

《论督责》虽然讨得二世和赵高的赞许和欢心,但李斯的命运也被赵高牢牢地掌控在自己手中。天下各种矛盾由此愈加表面化,不仅使风雨飘摇中的大秦帝国更加动荡不安,也为赵高和二世皇帝不可挽回的可悲下场埋下祸根。这同样是他们始料未及的。

以此观之,议论作为非情节性因素,不但没有让情节原有的逻辑性受到影响,由于它有明确的指示性、主题性,反而强化了它的说服力;加之运用大量的排比、比喻,无意中又增加了它的文学性、审美性,也增强了它的可读性、趣味性。正如吴见思所见:"文中极胜处,是《逐客》《督责》二书,而立胡亥处,节节与赵高反复,神情相照,权术不相下,如观相扑,如听面谈,文心文笔,两者兼之。"①这样,非情节因素作为一个完整的叙述体中的有机组成部分,与情节相互照应,共同完成对主人公形象的成功塑造。

(二)对话与潜对话

对话和潜对话同样是情节的有机组成要素,也是推动情节发展的主要动力。在现代叙述体作品中,编排故事并不十分重要,对话和潜对话才是至关重要的。而在更高的意义上,对话不仅诞生新的语言,还能创造新的思想。正如著名哲学家巴赫金所言:"思想并不是生活在孤立的个人意识之中,它如果仅仅

---

① 杨燕起、陈可青、赖长扬编:《历代名家评〈史记〉》,北京师范大学出版社,1986年版,第628页。

停留在这里,就会退化以至死亡。思想只有同他人别的思想发生重要的对话关系之后,才能开始自己的生活,亦即形成、发展,寻找和更新自己的语言表现形式,衍生新的思想。"①

且看如下的两则对话:

其一,是秦始皇病死于沙丘之后,李斯与欲立胡亥为太子的赵高的一席谈话。这次谈话的前奏曲首先是说服胡亥进入他所设计的圈套,理由是大凡历史上国君欲立太子,难免有一场你死我活的明争暗斗,与其任人宰割,不如先下手为强。很有意思的是,赵高也明了"得时无怠",即时间的紧迫性。然后他又拉拢李斯,哄骗李斯上他的贼船。当李斯慷慨陈词,陈述自己的态度,坚持不做不忠不义之人,赵高便软硬兼施,鼓吹真正的君子并不循规蹈矩,而是适时应变。说什么"看来平安的可能是危险的,而危险的又可能是平安的!在安危面前不早做决定,又怎么是圣明的人呢?"完全不顾及臣子的操守和情义,而且还用天下的权力和命运都掌握在胡亥手里,不听胡亥的话就是犯上作乱威胁李斯:你想要保住自己的官位,就要听从胡亥的安排,否则就会祸及子孙。所以相机而动的人是能够转祸为福的,你就看着办吧!不用说,两人对话的思想和情感波动之于情节的意义已经让读者知晓了。而且在这设防的和不设防的话语对峙中,李斯和赵高的品质与个性都得到初步揭示。

其二,是扶苏自杀前与蒙恬的对话。为了让所谓的遗诏不节外生枝,发挥真正的作用,赵高又伪造了另一份诏书,以秦始皇的口气指斥扶苏和蒙恬领兵驻守边疆几十年,毫无半点功劳却让士兵死伤不少,反而对君上不满。这是不孝顺的行为,赐剑自杀吧!蒙恬为人臣而不尽忠,也一同赐命自杀。当使者宣诏的时候,扶苏想也不想就去自杀,蒙恬阻止这不辨真伪、盲目崇信权奸赵高的简单做法,希望再做请示,有了回答之后再死也不晚。谁知扶苏却深信不疑,而且还用"父教子亡,子不得不亡"的儒家之训苛求自己,立即自杀而亡。这段对话说明,思想封闭、过分拘泥于宗法礼教者,必然成为构陷人罪的牺牲品;而远离宗法礼教者则有可能免遭杀身之灾。赵高的计谋由此得到或者将要得到

---

① 钱中文主编:《巴赫金全集》,河北教育出版社1998年版,第114页。

实现。

潜对话也是情节发展的重要因素,具有对话无法代替的功能。它的内在机制是互动。只要互动,就意味着人在行动,性格在运行,这就生成情节的叙述。这里仅举两例。

其一,"老鼠哲学"的启示。潜对话也可以称之为在心中与别人的对话,但不一定有所指,因此又可以认为是一种独白。"老鼠哲学"便是如此。这个故事来自李斯所见两种不同境遇的老鼠:一个是厕所里的老鼠,一个是粮仓里的老鼠。前者生存环境十分窘迫,只能偷偷摸摸地吃厕所里的脏东西,每逢有人或者狗走来时,就会受惊逃跑;后者生存环境十分优越,它可以毫无忌惮地吃粮仓里的粮食,不必担心人或者狗的惊扰。于是李斯慨然叹息:"一个人有没有出息,就同老鼠一样,完全取决于自己的生存环境。"

这种见解非常精辟,它活化出一个平民对于富贵渴求的心态。这个故事之所以具有典型性,就是因为它承担了整个情节的发生机制:所有的故事将由此开端,所有的行动都可以在此找到理由。

这样的理解当然不错,然而从物竞天择的自然规律审视,应当受到称赞的是厕所里老鼠的动机和功能。因为每一只寻找食物的老鼠都会不停地执行这种与生俱来的功能,人或者狗对它的每一次惊扰都会使它不断积累失败的经验,久而久之,它就会成为一个偷吃粮食的高手;而躺在粮仓吃食的老鼠总有一天会饿死。这应当是生存哲学最核心的意义。

其二,无法理解的"七条罪状"。李斯不幸被陷害而身陷囹圄,在上书二世皇帝为自己辩护的文字中,痛陈了自己不可饶恕的"七条罪状"。其具体内容是:辅佐秦王,兼并六国,拥立秦王为天子,这是第一条罪状。在北方驱逐胡人,在南方平定百越,以显示秦国的强大,这是第二条罪状。尊重大臣,提高他们的爵位,用以巩固他们与秦王的关系,这是第三条罪状。建立社稷,修建宗庙,以显示主上的英明,这是第四条罪状。统一度量衡和文字,颁布天下,以树立秦朝的威名,这是第五条罪状。修筑驰道,兴建游乐场所,以显示主上志满意德,这是第六条罪状。减轻刑罚,减少税收,以满足主上赢得民心的心愿,使万民百姓都拥戴皇帝,至死都不忘记皇帝的恩德,这是第七条罪状。

其实,无论站在历史还是现实的角度看,李斯上书的"七条罪状"的的确确是七条功绩而不是罪状。李斯十分精明,他名为认罪,实为表功。认罪书成为留给后世的一份功劳簿。这是潜对话的另一种功能——潜台词的功能。

(三)正义与阴谋

李斯是一个集善与恶、智慧与权谋于一身的传奇人物,因而也是一个有争议的悲剧形象。而这一切都是在佐始皇而定天下,与赵高既斗争又妥协的生死存亡的血腥氛围里形成的。无论是与东方六国的战争交易,还是与赵高的权力交易,其核心价值都是正义与阴谋的较量。

毫无疑问,秦始皇讨伐六国、统一天下是正义之举,既然是正义之举,必然深得人心、受到老百姓的拥护。因为"真正的国家就是正义的国家,而正义的国家只能在共同体中实现,这种相互关系有力说明了,国家与正义这两个概念之间必然是彼此依存的"[1]。所谓共同体,实际上指的是国家的灵魂和个体的灵魂的相互统一。作为一个处于上升时期的秦王朝,它的统治思想、正义之举必然是美德的融合,是集体灵魂与个体灵魂的融合。在《李斯列传》中,秦王朝的正义概念和行为都是李斯赋予和执行的,是经过李斯解释而被合法化的。如前述的"七条罪状"都是维护国家利益,维护秦始皇政权的体现。

然而李斯的阴谋也是在秦王朝的不断强大中逐渐膨胀的:"其画策为秦并天下,即其专心为己取富贵,及富贵极矣,身为相,子为守,又虑把持富贵不牢,阴若有人呔而攫夺之者,正写其无时无处而不竟竟于此也。"[2]这就是说,李斯的正义灵魂就是秦王朝的正义灵魂;但不能反过来说,李斯的邪恶就是秦王朝的邪恶。

至于李斯其人的正义与阴谋、美德与邪恶,主要表现在与赵高的一系列较量中。在《李斯列传》中,第一次较量是有关到底是立扶苏还是立胡亥为太子的

---

[1] 柏拉图语,转引自刘小枫《〈王制〉要义》,华夏出版社2006年版,第116页。
[2] 杨燕起、陈可青、赖长扬编:《历代名家评〈史记〉》,北京师范大学出版社1986年版,第629页。

矛盾斗争。而斗争的结果便是私心重、迷权力、重爵禄的李斯失去了以正义之剑处置赵高的大好时机,被动依从命运之神的安排,从而陷入赵高预先设计的圈套之中,沦落为阴谋集团可悲的应声虫,即所谓"此一听之,而天下事无不听之"也。

可以看出,第一次较量的结果,不是正义战胜了阴谋,美德战胜了邪恶,而是阴谋颠覆了正义,邪恶战胜了美德。李斯从此成为出卖良心的千古罪人。

第二次是李斯自觉地践踏正义,以比赵高更高一筹的智谋为二世皇帝提交一份答卷——《论督责》。在这份答卷中,李斯按照实用主义的需要,任意曲解法家思想,颂扬二世皇帝的极乐主义的无耻行径,这无疑把生活在如履薄冰之中的下级官吏和子民,进一步推向更加悲惨的境地。

第三次是李斯正义思想的回光返照。李斯因揭发赵高瞒天过海、欺世盗名、图谋叛逆的罪恶勾当而身陷牢狱。在狱中,他毫无忌讳地揭露了二世皇帝沉迷于声色犬马、穷奢极欲的极乐主义行径;指斥赵高和胡亥违背人性,残酷地迫害忠臣和宗亲兄弟的滔天罪行;表达了自己对横征暴敛、加重百姓负担,引发天下大乱、造反之势有增无减的忧虑。可见,李斯的正义的良心并未泯灭,他那"吾必见寇至咸阳,麋鹿游于朝也"的预言,在刘邦率领农民起义军的呼啸声中得到实现。李斯最终死于阴谋,而赵高因为惯用阴谋伎俩,自始至终滥施非人性的刑法,造成宫里宫外彼此仇恨,互相倾轧,不能一致行动;在个人身上,又导致自我分裂,自相矛盾,因而难以逃脱阳谋的惩罚。

李斯与赵高之流斗争,李斯与命运的交易,给我们提供了值得深思的经验教训,诠释了正义的原始意义:正义是智慧和善行,也是一种苦行,正义不是愚蠢和无知。柏拉图深刻地指出,作为共同体中的个人,正义的人就各司其职,"他应当安排好自己的事情,首先达到自己主宰自己,自己身内秩序井然,对自己友善,当他将自己心灵的这三个部分(激情、欲望和理性)结合在一起加以协调"。在做这些事情的时候,"他都相信并称呼凡保持和符合这种和谐状态的行为是正义的行为,指导这种和谐状态的知识是智慧,而把只起破坏作用的行为称作非正义的行为,把指导不和谐状态的意见称作愚昧无知"。①"因此看来,美德似乎是一种心灵的健康、美和坚强有力;而邪恶则似乎是心灵的一种疾病、丑和软弱无力。"②

正义从来是一种力量,不过按照柏拉图的看法,非正义对于非正义者也是一种力量。把恶还给敌人,也是一种正义。可惜李斯没有意识到这一点,他的心灵早已蒙上一层极端自私的阴影,这便是他与命运交易失败的主要原因。

那么我们今天究竟如何评价李斯临死之前的正义之举?一个最有代表性的看法是,李斯与赵高之流沆瀣一气,构陷人罪,早已失去人格,只能是罪不可赦,谈何正义?如果真是正义,那么所谓正义不过是无可奈何花落去的困兽犹斗,不值得肯定,更不应当予以颂扬。我们认为这是过于苛求主人公的不公正的评价。应当说,一个人的恶或善,只有在特殊的具体的境遇中,才能判断为正义或非正义。我们不能因为过去的非正义而否定他今天的正义行为,也不能因为过去的正义而肯定他今天的非正义行为。因此有关正义价值的判断不是永久的、绝对的,而是可变的、相对的。虽然李斯之死根源于自我道德的混乱乃至崩溃,但他对赵高之流的反戈一击仍然体现了一种敢为大秦帝国负责的悲壮精神。

---

① 柏拉图:《理想国》,郭斌、张竹明译,商务印书馆2002年版,第172页。
② 柏拉图:《理想国》,郭斌、张竹明译,商务印书馆2002年版,第74页。

第十一章 《史记》的神话—原型研究

神话是一切文化形式的原始形态,是文化符号学研究的对象之一。就其形成过程和结果来看,神话又是一个民族想象力的表现,是最遥远的民族文化记忆,因而是一个民族极为宝贵的文化财富。"文化符号学方面的发展,确切地说是按照记忆的规律进行的,过去的没有消亡,没有变为不存在。过去经过选择和复杂的编码后,被保存了起来,在特定的条件下将重新展现自己。"[①]尽管《史记》中的神话经过司马迁的精心过滤,带有历史化的倾向,但它毕竟有资格成为可供阐释的相当完整的神话原型。

一、《史记》中的神话类别

从规模上看,《史记》中的神话有两大类:一是完整的神话故事;一是神话片段(包括演变、交代和谶语),故称之为神话意象。下面就是既考虑上述特点并参照神话分类的内容性原则以及笔者个人的研究,对《史记》中的神话进行分类的。

(一) 始祖神话

始祖神话是指有关人类祖先诞生、衍化及发展的神话。其中最有名望的始祖当然是五帝中的黄帝。他是司马迁着力塑造的一位神,又是华夏民族自始至终敬重的祖先,一位"初始之父",是一直起着加强中华民族凝聚力和向心力作用的"神"。

[①] 尤里·洛特曼:《文化的记忆》,转引自康澄:《文化及其生存与发展的空间》,河海大学出版社2006年版,第84页。

(二)部族起源神话

部族起源神话源自部族始祖诞生、演变,在与其他部族的冲突中,求得发展直至消亡的历史性神话。夏、商、周三朝,秦王朝都是在部族的基础上发展起来的,它们在中国文化发展史上有着非同一般的意义。这些部族分别源于不同的文化地域,各有不同的宗教信仰(祖先崇拜和图腾崇拜)和文化背景,经历了不同的发展道路,因而形成不同的文化符号域。

(三)洪水神话

洪水神话也叫作灾难神话,讲述了人类诞生前后如何在洪水猛兽面前设法躲避进而战胜它们。人类只有不受洪水的侵扰才能得以生存和延续,从这种意义讲,洪水神话具有济世救民的含义。鲧禹治水神话,与欧洲其他民族的神话一样,都具有真实的背景和依据,其中的英雄是各族人民世世代代崇拜的偶像,因此这一类神话又可以包括在英雄神话之中。

(四)自然神话

一般地说,自然神话是指有关神祇(如山神)和怪异禽兽的神话。如同始祖崇拜诞生了始祖神话,自然神话在学者的心目中也是由自然崇拜产生的智慧结晶,如龙、蛇和鱼等。

(五)命运神话

古代的命运神话大多与天意相关,故又称之为天命神话。顾名思义,它来源于人对天道的崇拜,与人的天命观有着必然的联系。人相信富贵穷困、吉凶祸福皆由天定,如此一来就产生了命运神话。在《史记》中与此有关的谶纬神学就是一种命运意象或命运神话。所谓谶,就是谶语即神灵启示或预告人间吉凶的隐语;纬,则是与经相对立的解释性的话语,即从经书中发现具有警世作用的语词或神秘现象。

(六)物占神话

物占神话是通过卜祝作为善恶吉凶的征兆,推究神的意志的一类神话。物占神话也可以叫作天命神话,因为重在物占而不是以隐语或解经形式出现,故也可以作为独立的一类。

以上便是依据内容和功能切分出的几种神话类型,倘若以今天的眼光,则可以分出原创神话与再生神话,政治神话与风俗神话,等等。

二、神话思维与司马迁的神话观念

神话思维就是前逻辑思维、意象思维,是人类最古老的一种思维形式。这种思维形式与原始先民对自己周围环境的认知能力和认知水平有关,在原始人看来,个人以及部族生活的世界是一个充满神灵、处处打上生命色彩的世界。这种万物有灵的混沌意识形成于原始人将自己的情感、认知与其他生物、事物相互交织渗透,并通过这种方式去解释他们与自然的关系,即他们用自己的"大脑图"这唯一可能的途径来解释眼前与自己相关联的表象。这就是法国人类学专家列维—布留尔提出的解释方法"互渗律"。在这样一个主客体不分的世界里,当他们为实际生存与自然力作斗争时,或者因为自己的力量无法企及,或者因为自然力特别强大暂时无法战胜时,在他们的直觉中就会以幻想的形式创造出另一些超自然力的"神"去打败它们。神话就这样诞生了。严格地说,神话世界对于以感性的非逻辑的思维为运作方式的原始人来说并不是幻想而是真实的世界。任何民族的神话都是以生产实践或实用生活为目的的。神话作为一种文化符号,不是幻想、游戏的产物,而是先民生活的实际经验。以此种符号结构起来的世界,也许在现代人眼中是虚幻的,但在原始先民的"知觉"中是现实的,甚至是当下的。所以神话之于原始社会,正像《史记》中的神话之于汉代社会一样具有思想的必然性和现实的必然性。一如洛特曼所言:"尽管记忆的内容是过去的,但它却是现在的思维工具,或者说,记忆的内容构成了过去,但是没有记忆却无法思考'现时'和'此在',这是构成意识现实过程的深刻基础。假如历史是文化的记忆,那么就意味着,历史不只是过去的痕迹,而且也是现在的积极机制。"①

因此,神话将自己的思维方式、自组织方式定格在司马迁的《史记》叙事话语之中,定格在现代历史学的研究之中。神话思维显示出来的种种特征与现象学的还原有异曲同工之妙。所谓还原是在自我之中寻找世界,而不是在世界之

---

① 尤里·洛特曼:《符号圈》,转引自康澄:《文化及其生存与发展的空间》,河海大学出版社2006年版,第86页。

第十一章 《史记》的神话—原型研究

中寻找自我。自我也并非理性的自我、思维的自我,而是自然的自我、身体的自我,即知觉的自我。总括起来就是,主体可以说是知觉经验本身,它是要把知觉经验带向意义的表达,这并不意味着理智的我们从知觉经验外面用语言将它的意义表达出来,而是本身就具有意义的知觉经验通过内在于身体的,即知觉经验自身的姿态、言语来表达自身,显示自身。所以我们的言语就是知觉经验自身的"逻各斯",我们的表达是知觉经验自身的表达。在原始初民的意识中,不但存在与不存在不分,甚至物我不分,思维主体和思维对象不分,似乎一切活动皆有感性特征,包括祭祀和巫术活动在内的神话形式,原始人都不是按照模仿去进行的,反而理所当然地认为他们的一切活动都是直接的具有实际意义的活动。如此一来,神话思维的直接性,已经走进了现象学的直观的思维方法之中。现象学的直观是一种无中介符号的意象思维,以此种思维创造出来的神话被理解为真实的历史,有资格进入真正的历史文本。

不过我们这里所说的神话思维并不等于司马迁的神话思维方式,但是以神话为历史或神话化的历史的神话观念却可以代表司马迁的神话意识。原始社会是无意识创造神话的时代,而司马迁生活的时代却是可以有意识地制造政治神话,并需要以政治神话带动历史的时代。这就是司马迁为何一定要将各种类型的神话撰写到《史记》这部真实的历史之中去的理由。

一方面,应当肯定地说,所谓传之不朽的《史记》是一部真实的历史著作,所有叙事对象和事迹都是历史上实实在在存在的人和发生过的事,而非是虚构的艺术作品。由此断定司马迁在大量的社会宝藏面前所做的工作,就是恢复人的地位和作用,以真诚的"考信于六艺"的唯物主义态度清理那些神话传说,使之合于自己的创造目的。事实的确如此。他对流传于汉代与先秦乃至上古时期历史人物相关的各类神话,以读万卷书行万里路的精神,利用三次壮游的大好时机进行实地考察,尽量剥离因口头承传添加上去的神异色彩,还历史以应有的面目。因此他的兴趣就不在自然神的神话传说之中,而在人文色彩较为浓厚的社会性神话人物方面。这比"六经皆史"的观念已经大大前进了一步。其中,从对舜的传说的取舍就可以见出司马迁新的伦理观念。在汉代流传于沅湘之地舜的传说有两个:一个是舜面对父亲瞽叟、后母及弟象一而再、再而三斩尽杀绝的残忍做法,不但没有实施报复,反而更加孝悌他们,舜由此而名扬天下,得到尧的器重。另一个是娥皇、女英的传说。娥皇、女英是尧的两个女儿,后来奉尧之命嫁给了舜。舜巡视南方,二人未与之同行,后闻舜过于操劳,累死在九嶷山,乃追洞庭及湘水,向南拜望痛心至极,投水以殉夫。据有关资料,司马迁漫游沅湘,是知道这两个传说的,但在作者的笔下,两个传说的命运判然有别:有关舜行孝行悌的故事在《史记》中不但得到详细描写而且情节也十分动人,而娥皇、女英追舜到洞庭、湘水,投水殉情的故事作者却不予记载。那么《史记》对之删削是否有一定标准?当然有。作者在《五帝本纪》中说:"余尝西至崆峒,北过涿鹿,东渐于海,南浮江淮矣,至长老皆各往往称黄帝、尧、舜之处,风教固殊焉,总之不离古文者近是。"可见,太史公对有关舜的传说是按照教化原则进行取舍的。所谓"风教固殊",即是说他所见到的尧舜曾经活动过的地方有着深厚的伦理道德观念,这一点与其他地方不同,因而不便于将娥皇、女英殉情的情节写进来。这并不是说娥皇、女英的事迹不值得颂扬,只是对于舜这位理想化的圣君来说,之所以为千古垂范并不是因为得到了人爱,而是因为暂时得不到人爱反而去爱他人甚至仇人这样的儒家风范更能感化人的缘故。而这正是司马迁钩沉索隐、映照历史、反思现实,推动社会向历史理性发展的目的。所以在《史记》的叙事中,难以看到详细描写帝舜与娥皇、女英的爱情故事,仅有的"观其德于二女"文字,使人联想的也仍然是道德的教化,而不是其他。

另一方面,由于《史记》是一部文学性很强的历史著作,司马迁受楚地浪漫主义风气影响,其叙事写人常常以"奇"制胜,即使无可靠依据,也会根据自己的某种意愿,想象性地涂染一些具有神奇色彩的掌故和逸闻,从而成为传奇人物的典型性细节。如《李将军列传》:

> 广出猎,见草中石以为虎而射之。视之石也。因复更射之,始不能复如石矣。

(司马迁:《史记》,中华书局1959年版,第2871—2872页)
再如《项羽本纪》:

> 项羽已杀卿子冠军,威震楚国,名闻诸侯。……于是已破秦军,项羽召见诸侯将,入辕门,无不膝行而前,莫敢仰视。

> 项王大怒,乃自被甲持戟挑战,楼烦欲射之,项王瞋目叱之,楼烦目不敢视,手不敢发,遂走还入壁,不敢复出。

第十一章 《史记》的神话—原型研究

是时,赤泉侯为骑将,追项王,项王瞋目而叱之,赤泉侯人马俱惊,辟易数里。

(司马迁:《史记》,中华书局1959年版,第307—335页)

以上所述是太史公关于李广、项羽英雄行为的理想主义描写,虽然不构成神话,但确实是神化的结果。他对李广、项羽形象的典型化起到非常重要的作用,倘若没有这些典型性的细节刻画,英雄人物的共时化角色就不那么鲜明了,尤其对于项羽,司马迁之所以有意神化,将其雕琢成一个英雄,就是为了颠覆那种不负责任的负面评价,为此他不惜用"重瞳子"与帝舜链接起来予以印证其身份的特殊性。令人不解的是,司马迁一方面艰难地把神还原为人,另一方面却有意识地把黄帝提升为神——"天帝"。这就说明,司马迁在把《史记》当作文学作品来撰写的时候,不但不剔除神秘化的色彩,反而尽量保留乃至进行超符号化的虚构,其人对待神话传说的态度于此可以了然。

总而言之,司马迁在如何掌控神话与历史的关系上,是沿着两个方向进行的:一个是历史的方向,一个是神话宗教的方向。或者说一个是神话历史化的方向,一个是历史神话化的方向。如为历史负责,则以实录为主,而实录又要以神话传说的伦理化原则或历史理性为导向,最终以令人信服的历史文本说明之、评判之。如要为宗教神话的普适性负责,就不应拘泥于个别事实的真实性,有时为了叙述上的方便,为了使英雄人物的社会效应更加广泛和深入,不但有意识地保留没有多少现实依据的民间创造,而且还可以进行必要的渲染和夸张。于是历史是一个尺度,宗教神话又是一个尺度。二者孰对孰错,孰高孰低?应该说在《史记》中这两个尺度同等重要,不分轩轾。过去说文史相通,就是因为文史同源,都属于古代的神话与传说。"这些神话与传说的记载,即是古代的文学,亦是古代的历史;故文史不分,相沿下来,纂著历史的人,必为长于文学的人。"(李大钊语)很显然,撰写历史的学者因为有文史两个方面的修养:既有历史主义的观念,又有深厚的文学涵养,所以既可以充分利用任意选择的历史资料,又可以游刃有余地将神话拿捏成令人信服的理性史实,文学的表现对象和神话的表达优势丰富了历史表现的空间和意义,这就是"纂著历史的人,必为长于文学的人"的理由。但司马迁毕竟是个史官,所以对于《史记》来说,文史相通仅以神话为依据似乎还不够充分。

187

三、神话与语言

神话与语言的关系在本文中有两层意思：一是神话的语言是一种什么样性质的语言？它与神话本体的结构有什么关系？二是神话可否作为一种拟语言——如列维-斯特劳斯等西方理论家所认同的那种大的符号语言？

在神话与语言的一般关系中，语言是神话传说的载体，是用来叙述神的事迹、表达作者关于神的议论和评价的。司马迁对神话的分解与凝聚就是依赖汉代的通用语言实施的。在原始神话中，语言与神话是同一件事情。确切地说神话是先于语言的，作为人类最早的文化形式，它是语言的发源地，而且是我们今天视之为真正文学语言的发源地。因为所谓文学语言，实乃是以模糊性、多义性为标志的日常语言，它大体上近似于人类最初的语言——神的语言。神话的语言当然是神创造的语言，这是就它的原始性而言的。但语言在发展过程中，逐渐摆脱了神化的纠缠，演变为一种符号，和神话、科学一样有了自己的优势和"世界"，这就是日常语言的世界。它既不同于神话，也不同于科学，而是人类由神话时代迈向科学时代的桥梁。《史记》语言担负的正是这样的职责。

我们之所以将语言与神话的关系进行讨论，其主要原因还在于司马迁生活的时代不仅是收集原创式神话，而且又将原创式神话中的文化信息进行筛选过滤同时进行可行性创造的时代。或者说，是一个自觉地对神话传说深加工的时代。原始文化信息存在于人类最初创生的原始符号的语言与仪式之中，由于历史风雨的剥蚀，留存于原始符号中的文化信息就有可能改变或损失，那么司马迁也就必然会以汉代语言的现代性进行增补和改造。然而这里的所谓"改造"实际上暗含着一个"原型启发"的再生机制。由于符号在进入某种现代语境时，这种信息将会被"催醒"，因而不可避免地使原始文化符号发生意义的变化，所以新的信息永远处在两种文化符号的冲突与融合之中。另外，含有集体无意识的原型的原始文化符号又可能刺激现时的文化信息，使汉代的某种意识变得更加厚重而富于历史意味。而这一切都需要一个标准，于是"考信于六艺"便置于前景。需要说明的是，司马迁的"考信于六艺"不仅是政治标准，也是语言形式遵循的艺术标准。就是说，"考信于六艺"仅仅是个大前提，而"厥协六经异传，整齐百家杂语"才是具体的操作方法。因此，我们在这里所讲的语言与神话和

第十一章 《史记》的神话—原型研究

科学的关系又别于卡西尔语言哲学中所讲的三者之间的关系。语言不是前科学符号,是汉代学术界公认的科学符号。它既是一种文化类型,是一种文化载体,也是一种意识形态。人们在选择语言的同时也就认可了一种认知世界的方式,因而有资格担负改造史前神话的任务,能够进入"厥协六经异传,整齐百家杂语"的角色,同时如果承认"整齐百家杂语"是一种方法,那么就应当包括语言操作的方法在内。换言之,它不仅有如白寿彝先生所说的以可靠的"六经异传"观点和史料充实和完善《史记》,以新的视角对"百家语"进行选择和整合,也含有以新的语言模式和具体的话语方式去评述历史事件和历史人物,以实现"成一家之言"的目标。为此他首先继承了先秦典籍中规范化的语言,其次在具体运作中又杂以俚语俗语,点铁成金,形成以直觉性、暗示性、具象性和音乐性为特征的独创话语,而在叙述过程中,手法变化多端,针对具体叙述对象,予以个性化的描述,所谓"换一种人,作文者换一种笔",绝无雷同重复之感。"直线式发展"的神话就这样被司马迁剪裁为立体式的空间叙事艺术。正如清人吴见思所见:"《史记》一书,以参差错落、穿插变化为奇,而笔法句法,绝无一律。乃开卷第一篇,纯用庄重正练,隐其神奇,故排句学《国语》,而秀句用子书。《尧》《舜》二纪,又采《尚书》古奥,觉另是一种笔墨。盖因作五帝之纪,遂成五帝之文,亦有纯气守中也。"[1]这里有一个矛盾现象:《五帝本纪》属上古之事,恍惚迷离,如何令人相信?只能在极为谨慎的叙事中尽量做到文简意赅,也只能以庄重正练、高古质邃的言语方式去操作,坚持"纯气守中"的基本原则。而现实中的人物如刘邦、项羽他们的"本事"本来就不少,何必添枝加叶率意而为?据笔者理解,上古时代的神话人物距离汉代时间太过久远,故采用"庄重正练,高古质邃"的笔法,愈显其纯正,使人愈加相信五帝的事迹真实可靠。至于汉代前期的典型人物,其英雄事迹几乎家喻户晓,添加一些神秘色彩,甚至有意神化并不损害其真实性,反倒显得摇曳多姿意趣盎然。此外,司马迁笔下的某些人物既生活在现实的语境之中,又被包围在奇妙的神话世界,如果以上述那种语言模式和言说方式操作,必然诞生寓言精神:每个完美的神话故事既叙述历史又指

---

[1] 杨燕起、陈可青、赖长扬编:《历代名家评〈史记〉》,北京师范大学出版社1986年版,第323页。

向现实,是一个具有意识形态性质的符号。这也是神话作为一种拟语言符号的功能体现。

《史记》的神话之所以被看作是一种特殊的拟语言符号,首先是因为神话基本上是象征的或例释的。德国马克思主义文论家弗洛姆认为:"神话作为人类原始艺术的经典样式,是人类童年时期的梦境,因而也是人类早期内心经验的象征与展示,神话与梦一样,讲述的是一个时间和空间发生的故事,这故事以象征语言来表述哲学和宗教观念,来表达神话真正意义之所在的内心经验。"[1]不过他有一点说得不一定准确,神话的象征性是整体象征而非局部性的语言象征。"内心经验"其实可以称之为"集体记忆"。而《史记》则是以史的形式将中华民族源远流长的"记忆"符号当作信史去认同的伟大尝试。就它的基本精神来说,仍然是整体性象征。然而它的象征性由于"成一家之言"主观因素的介入,与原创性神话的象征性在意义的指向上并不相同。

象征就其本质而言,是一种观念与一个客观表象之间建立相对稳定意义关系的符号化过程。作为人类初始形式的神话象征,一开始却并无为一个客观表象寻找观念或意义的自觉意识,只是在语言产生之后,又在不断地生产实践活动过程中,逐步找到文化意义与客观世界的这种联系,其中经历了一个语言和思维形式诸如观念、范畴、原则和规律的由不稳定到稳定,由混沌到有序的发展过程。而在未曾秩序化即未稳定之前,表象与意义的关系是非固定的象征关系。就是说,在某一意义或观念完全清晰之前,它与和它相联系的那个感性形象之间还没有完全区分开来,如黑格尔所说的"还没有把表现一般意义的那个感性形象和这个一般意义本身区别开来"[2]。而当这个感性形象在作为意义符号进入思维过程中的时候,象征才真正发生了。因此表现于原始神话中的某些象征活动,如图腾崇拜和祭祀仪式,虽然从本质上看是一种象征过程或象征思维过程,但由于它是建立在某种特定价值尺度之上的象征符号,因而并不是自觉达到的象征。以此类推,表现于原始文化中大量的象征符号都是非自觉的,尽管这种思维过程和文化发生过程无论在深度上还是在广度上都将无限存在,

---

[1] 弗洛姆:《被遗忘的语言》,见《弗洛姆著作精选》,上海人民出版社1989年版,第257页。
[2] 黑格尔:《美学》第二卷,朱光潜译,商务印书馆1979年版,第13页。

并将永远存在下去。

司马迁生活的时代根本不同于原始宗教时代,它是文化秩序初步建立,文化建设获得较大发展,是社会有机体与意识形态已经形成的较为文明的新时期。抽象思维和形象思维作为两种并行不悖的思维形式开始出现,已经建立起来的意识形式和逻辑关系取代了过去尚在非成熟阶段的意识形式与其象征性意义的关系,任何观念或意义都可以凭借抽象思维或逻辑思维法则建立起自己的生存语义场。因此在此之前为观念或意义寻找寄植体——感性形式的自觉象征艺术出现了,这意味着汉代学人不仅能够区分象征观念和它的感性形式,而且能够认识到在它们之间作为个别形象去象征一般的象征关系结构。黄帝、尧、舜、禹都有明确的稳定的象征意义。《史记》被人窥破的"寓论断于叙事"的话语智慧,既是一个贯串始终的叙事策略,又是一个在神话中暗藏的象征技巧。从这一意义讲,这一时期的历史神话的象征性体现出来的已经具有了符号化的特征,因之神话就是一种符号形式的语言。

在具体运作和调和的方式上,具有象征性的历史神话与一般语言符号大体相同:第一,语言是文化的产物,也是构成文化的一个必要条件;历史神话同样是文化的产物,《史记》中的历史神话既是汉代文化的一个组成部分,又是构成文化个性的一个必要条件,它的发生和发展皆与汉代意识形态及人们的认识水平有关。第二,语言与言语的二元对立同样适用于历史神话。《史记》的神话源头可能只有一两个,这一两个源头就是语言,随着时序的不断发展,就出现了多个解释性版本,这种多个解释性的版本就是言语。如尧、舜、禹的故事,先秦典籍《尧典》《淮南子》《孟子》皆有记载,且各不相同,从而形成言人人殊创造性的言语。第三,语言行为大都发生在无意识思维的情境中,我们说话时,并不对句法和语法规则有所意识。神话也是如此。讲述一个神话故事,不一定符合神话研究者的志趣。第四,语言既然可以重复使用,神话也可以重复讲述。

总之,《史记》的历史神话既来源于史前神话传说,又与其有着严格的区别,它不仅仅反映了汉代文化象征意识的觉醒,也反映出在象征关系上感性形式逐渐与观念或意义趋于同一,从而具备对等性、明确性的特征。

四、神话—原型阐释

作为一种批评模式,神话—原型阐释就是在神话中寻找原型的批评方法。依据荣格的解释,原型是"自从远古时期就已存在的普遍意象",是在人类原始阶段就已经形成的类象。弗莱认为,原型即"典型的反复出现的意象"。而在列维-斯特劳斯看来,一个神话就是一种文化用代码传递给他的成员的一种信息,只要我们适当地排列神话素,就能破译它的代码,解读出信息。根据《史记》神话分布和结构的特点,我们可以进行神话故事和神话意象两个方面的阐释。神话故事涉及黄帝、尧、舜、禹,而神话意象则涉及龙、蛇等神化了的动物。

(一)黄帝的历史定位

《五帝本纪》是《史记》的首篇,黄帝又是五帝中的第一人,毋庸置疑,黄帝的诞生便是中华民族历史的开端。黄帝作为人文初祖,作为中华民族第一人,由他拉开了中国历史的帷幕。这就是司马迁对黄帝的历史定位,也是机智而微妙的定位。黄帝之前有神农、伏羲、燧人、有巢等神话人物,其事迹流布的广泛性、丰富性和生动性绝不亚于黄帝,那么司马迁为何唯独选择了黄帝?或者,司马迁为何不选择"三皇"作为中华民族历史的起始点?其实我们倒可以将这个问题倒过来回答,与其说司马迁选择了黄帝,倒不如说黄帝选择了以"究天人之际,通古今之变,成一家之言"为己任的司马迁。司马迁仅仅发挥了蕴藏在黄帝身上原始意象的意义,凝聚并强化了长期以来流贯于中华民族每一个人身上的始祖情结。质而言之,黄帝之所以被后代学者认同,不仅仅是作者司马迁的创造,也与中国人的集体无意识密切相关。

先秦典籍保存上古部族战争记录的有《尚书》《战国策》《韩非子》和《山海经》等多种著作,而《山海经》最富于神话色彩。《山海经》在叙述黄帝与蚩尤的战争时,表现的不是刀对刀、枪对枪、人对人的搏斗厮杀,而是女魃和风伯雨师、应龙与蚩尤之间呼风唤雨式的超人战争。黄帝在传说中是众部族的首领,蚩尤是一个部族的首领,我们可以把他们叫作黄帝族和蚩尤族,也可以叫作黄帝族和炎帝族,因为蚩尤是炎帝的孙子。仔细推想,他们之间的战争至多是两个部族之间的战争,几乎不存在正义与非正义之别,因为当时并未进入阶级社会。褒扬黄帝、贬抑蚩尤是进入阶级社会才可能有的事情。秦汉之后出于统治阶级

第十一章 《史记》的神话—原型研究

统一思想的需要,黄帝被尊为正统的"皇帝",因而距离原始神话的本来面目越来越远。《鱼龙河图》载:"黄帝之初,有蚩尤兄弟七十二人,铜头铁额,食沙石子。造立五兵威震天下,诛杀无道,不仁不慈。"①《书·吕刑》曰:"蚩尤惟始作乱,延及平民,罔不寇贼,鸱义奸宄,夺攘矫虔……"②《拾遗记》也说:"昔黄帝除蚩尤及四方群凶,并诛妖魅,填川满谷,积血成渊,聚骨如岳……"③于此可见,部族战争神话已经明显呈现一定的伦理倾向:黄帝代表正义和善良,蚩尤则代表无义和邪恶。但另一方面,民间关于蚩尤是造反的英雄、失败的英雄的传说作为非主流的影响力仍然动人心弦。因此之故,司马迁在《五帝本纪》篇末质疑"百家言黄帝,其文不雅驯",大概也包括那些不利于将黄帝尊为正统的"异端邪说"吧!而所谓"雅驯"之词无非是上述那些带有明显倾向性的传说,当然也包括《五帝德》《帝系姓》这些对黄帝形象的评述较为客观的典籍。

这就牵涉一个符号概念和符号的道德化批判,而司马迁的智慧恰恰表现在这里。他对黄帝神话正本清源的过程中已经自觉地输入了传统的道德观念,还有一个极其幸运的证据是《五帝德》《帝系姓》也是把黄帝作为开天辟地的英雄来看待的。将黄帝视为正统,不仅汉王朝最高统治集团需要,普通的老百姓也需要。但司马迁在利用这一传统观念时,又做了新的开掘,他以优选的方法摒弃了过于迷信、过于神化的"三皇",而把断限视点放在半神半人的黄帝身上,并进而把它还原成人,而且是中华民族历史上的第一人。这样,尊天帝就不是尊一个法定的最高帝王,同时也在尊中华民族的始祖。黄帝于是成了中华民族的根,承认不承认黄帝便成了认不认祖的试金石。事实上我们确实需要这个始祖。由于他的存在,中国人的相关理论和理念才具有超时代的意义。当然,黄帝是否存在也是有争议的。这一点过去有、现在有,将来恐怕也还有不同的认识。有人做过考证,认为黄帝在历史上仅仅是一个传说、一个混沌,甚至纯粹子虚乌有。但愈是这样,学者们保卫黄帝的意识愈是强烈,尤其在海外侨居的游子,也正是由于这种意识的支配,他们才知道回家的路怎样走。所以当代人一

---

① 转引自王叔岷:《史记斠证》,中华书局2007年版,第27页。
② 转引自王叔岷:《史记斠证》,中华书局2007年版,第28页。
③ 转引自王叔岷:《史记斠证》,中华书局2007年版,第30页。

个基本的理念便是,保住了黄帝就保住了根;否则就会失去这个根,一个无根的民族将是不可想象的。这大约是至今东西方文化观念不同的根本原因。基于这一点,我们有理由对黄帝及尧、舜形象的深层含义作进一步探究。

1. 黄帝是中华民族大一统的象征性符号

黄帝是中华民族的始祖,这一观念自始至终是维系怀有深厚民族感情的中国人的一个纽带。但同样是祖先,其他的神话人物却起不到这种作用,原因何在?这里有一个只有东方民族才能理解的因素——姓氏。同姓是一家,同姓中的第一人才有资格作为祖先。假使血缘关系是内在的,那么姓氏符号就是外在的。有时候外在的姓氏符号甚至比内在的血缘关系还重要。秦始皇与吕不韦的关系一直为人诟病,原因就是血缘和姓氏的真实性说不清。刘邦与众诸侯杀马为盟:非刘氏而王者,天下共击之。所谓刘氏虽然指的是本质的血缘关系,但姓不姓刘也是一个极为重要的符号。姓氏符号的功能演变从司马迁所述的五帝到三代这一历史时期已经有所交代。《五帝本纪》云:

> 自黄帝至尧、舜,皆同姓而异其国号,以章明德。故黄帝为有熊,帝颛顼为高阳,帝喾为高辛,帝尧为陶唐,帝舜为有虞。帝禹为夏后而别氏,姓姒氏。契为商,姓子氏。弃为周,姓姬氏。

(司马迁:《史记》,中华书局1959年版,第45页)

这就是说从黄帝到周代一概都是同姓。黄帝的姓氏应当是中华第一姓,而有详细记载的夏、商、周的统治者皆为他的子孙,扩而大之,整个中华民族大家庭中的任何一个成员都是炎黄子孙。当然这其中既有种属关系,也有情感关系。从种属关系看,从黄帝到他们的后裔都是一个血统。从情感关系看,它是一个超越历史的文化符号。因而:第一,无论从何种关系看,黄帝实际上都为后世起着开创性、提示性、表率性作用,是他揭开了中华民族史册的第一页,由他奠定了中华文明的根基,没有他,中华民族就不可能形成一个大一统的多民族国家,故而黄帝是一个统一的标志性符号。第二,由黄帝到周代是一个完整的符号域(圈),象征着一个坚实可靠的领袖群体,他们交替出现象征着中华文明之光在承上启下过程中永不熄灭。第三,即使黄帝并不存在,但作为一个完整的文化符号和生存语义场已经深入人心,后世的文化学者仍然可以将其精神继续发扬,正如我们今天宣扬的黄帝代表了文化精神而非黄帝本人一样。所以黄帝可以作为一个精神符号永远流传下去。

2. 黄帝是集体战胜个体的象征

流传到秦汉之际的黄帝神话,无论多么千奇百怪,有一点却较为一致:黄帝是一个大集体或者集团的首领,蚩尤是个小集团的首领。因而蚩尤造反无疑是个体向集体的挑战,且不说有犯上作乱的嫌疑。作为个体的蚩尤尽可以逞凶于一时但绝不会得意于永久,终究落个悲惨的下场。所以后人所说的黄帝对炎帝部族的兼并或曰融合最合理的解释是集体对个体的融合。融合之后的集体才是我们今天称道的炎黄始祖。司马迁利用发掘这一神话,其目的也在于此。总之,承认黄帝就意味着团结,不承认黄帝就意味着分裂。

3. 黄帝是中华科技文化的开创者

黄帝不仅为中华民族始祖,是至高无上权力的象征,而且也是中华科技文化的开创者、引领者。司马迁在《五帝本纪》中高度评述了黄帝的丰功伟绩:自古以来祭祀鬼神山川的要数黄帝最多,黄帝劳苦功高获得了上天赐给的宝鼎,他就用来观测太阳的运行,拿占卜用的蓍草推算历法,预知天气和日月星辰变化,任用风后、力牧、常先、大鸿等治理天下。黄帝又能顺应天地四时的规律,推测阴阳变化解释生死的道理,论述存亡的原因,而后播种百谷草木,驯养鸟兽蚕虫,测定日月星辰以定历法。收取土石金玉,以供民用,身心耳目饱受辛劳,同时还要节约使用水火、木材及各种财物。于此可知,黄帝已经掌握了巫术、历法、气象学、天文学、农牧畜等方面的技术和管理技能。而这些恰恰是中华科技文化开创性的内容,为后世起着一种模范带头作用。没有黄帝就没有汉代恢宏发达的科技文化事业。从这一点看,黄帝又代表着中国最先进也是最实用的科技文化,代表着历史演进中科学文明的发展方向。

(二)尧、舜:中国封建社会最理想的圣君

如果说司马迁将黄帝塑造为道德观念的化身,并且是比较抽象化的道德观念,那么对黄帝之后的尧、舜所做的塑造则是道德的具体化表现。这也是他于黄帝这一形象寄寓深层文化意蕴之后的进一步发展。依照现代人的观点,尧、舜代表太史公理想国中的两个帝王,他们的符号意义之所以作为正能量被太史公一再肯定,是因为这种符号行为构造了一个任用和被任用两者之间关系的语义场。对于尧来说,假使可以用知人善用、唯才是举概括他的胸襟和才华,那么

对于作为尧的权力的接力者的舜来说,就可以用以德报怨、以孝报怨来形容他的贤德。如果说尧是一个明君,那么舜就是一个圣君。二者合而为一,忠实地完成理想帝王道德内涵的塑造,完成由黄帝定位、尧舜定向的中国圣君的道德标准的规范化进程。从这个意义上讲,我们不妨说黄帝体现的是中国人的思想观念中应不应该有一个祖先,而由尧、舜所体现的则是应该有一个什么样的祖先;黄帝回答的是"做"什么样的帝王,而尧、舜通过自己的行为回答的则是"怎样做""如何做"一类的问题。所以黄帝是一个典范,尧、舜也是一个典范,他们都是后世当权者仿效的楷模。

要之,从《五帝本纪》对尧、舜的肯定和赞扬中可以看出,神话人物一方面历史化了,另一方面又寓言化了。之所以历史化,一方面是要将传说中的故事变成历史的事实,将神还原为人,令人对尧舜的事迹深信不疑。另一方面,为了某种政治理想和后世皇帝反观自己德行而设计一个参照系的需要,又不惜将其神化,最终成为一个人们普遍接受的寓言。这是一个十分微妙的二律背反,其中大有深意。

(三)龙、鱼、蛇的蜕变及其所指

龙的神话意象大多集中于《高祖本纪》之中。"本纪"在叙述刘邦起义前有几个神话意象一直缠绕着他,使他一生下来就带有神化的味道:他出生前因有蛟龙伏于其母身上而导致怀孕,似乎是一个龙种。做亭长时好喝酒,喝醉之后别人发现他的身上"常有龙"。押送徒役经过骊山,遇大蛇当道而击斩,被人传为赤帝子斩白帝。连秦始皇也惊恐地发现"东南有天子气",计划在东巡时将其弹压。

类似的记载在其他本纪、世家中也有。而在《史记》之外的神话传说中有关龙的意象更多:黄帝是最后乘龙上天的,舜是被父母迫害化成一条龙走脱的,禹是从鳏的肚子里飞出的一条龙。联系到这些描写,司马迁关于龙的传闻的主旨只有一个:龙是天子的化身,天子则是龙的形式化,龙的生命是永恒的、不灭的。

鱼也有象征的含义,同样代表着天子的降临。《陈涉世家》就有吴广将写好的谶语放在鱼肚子里的记载,这一方面假以天意蛊惑人心,另一方面又借用了"鱼"的生化、繁衍观念。鱼的象征意义包括:①它预示着人心浮动,有可能爆发革命的造反行动;②可以理解为个人或集团的地位将要发生重大变化,古人有

"鱼龙变化能上天"的预兆,而民间也有"连年有余"的说法。这样,"鱼"既含有变化无穷之意,也表达着觊觎天子地位终将成为龙的愿望。

那么,蛇象征着什么呢?蛇也是龙的变异。据《补三皇本纪》记载:"母曰华胥,履大人足迹于雷泽,而生庖牺于成纪,蛇身人首,有圣德。……有龙瑞,以龙纪官,号曰龙师。"《山海经》有言:"轩辕之围,人面蛇身";烛龙"人面蛇身赤足";相柳"九首人面蛇身,自环色青"。闻一多指出,中国神话所谓人首蛇身的诸神形象即是典型的夏民族龙图腾孑遗。照此逻辑,刘邦斩蛇其实隐含的是一龙降一龙(秦始皇曰祖龙)这一所指。所以龙、鱼、蛇都是一种精神符号,虽然具有物占、感生的性质,但对司马迁来说已经不是上古神话,而是汉代的政治神话。这是司马迁提升民族精神,强化大一统思想,利用象征的异延意义拓展神话原型的结果。《史记》中的多层次多角度描写,就是为了昭示这一点。

五、神话的功能类别

《史记》的神话功能结构有两层意思:一是神话在与其他文本结构中的功能;二是神话本身(尤其是神话意象)的结构功能。前一个可以叫作整体性功能,后一个可以叫作局部性功能。以下我们分为两个层次分别予以论述。

(一)整体性功能

整部《史记》的神话功能结构特征可以用四个字来概括:以虚带实。何为"虚"?所谓"虚"指的是非历史性神话或历史性神话中的纯虚构部分。何为"实"?所谓"实"即指历史事实。对此又有两种理解:第一,就每一个神话故事来讲,可能有一部分有事实的依据,但相当一部分是虚构的、不真实的;第二,就整部《史记》的结构来说,《五帝本纪》列于表、书、世家、列传之前,就有一个以传说带动整个历史的意图在。因为从《五帝本纪》到最后一篇列传,似乎是按照从略到详、从简到繁的顺序编排的。从符号学的角度讲,是一个由隐性语义场向显性语义场演进的过程,或者说是一个由弱符号域向强符号域的演进过程。

其实这种结构特征也是自足封闭的系统化表现,并具有循环论证的可能性。所谓循环论证就是前后互相证明。即以"五帝"为龙头带动以后的"本纪""世家",又用除五帝本纪以外的"本纪""世家"印证"五帝"即是他们的源头,自当是真实的历史人物。易言之,以历史化的神话引发历史、映照历史,使其环环相扣,节节相通;反过来又以真实的历史来确证神话传说的可靠性,使其具有真实的历史价值。这样互相论证的结果,黄帝以来的上古史就是真实的、可靠的,而三代以后汉代以前的历史更是真实的、可靠的,被附会的政治神话同样也是真实的、可靠的。关于循环论证方法,亚里士多德有一段精彩的讨论:"如果第一桩事成为事实或发生,第二桩即随之成为事实或发生,人们会以为第二桩既已成为事实,第一桩也必已成为事实或发生;因此尽管第一桩不真实,但第二桩是第一桩成为事实之后必然成为事实或发生的事,人们就会把第一桩提出来当作真实的事件来看待。"①要而言之,不可能发生但却可信的事,比可能发生但却不可信的事更为可取。司马迁显然在理解力上崇拜这一观点,其目的就是要编排一个合情合理的历史线索和一个不言自明的道理:秦汉的历史之所以文明,是因为有"五帝"以及"三王"历史的催生和引导,以此便将真实历史和历史化的神话焊接在一起,促使"三王"以前的意识形态下滑,让两种意识形态互相参正,达到以历史神话映照现实,以现实反观历史的目的。

众所周知,人类是以史前蒙昧状态进入文明时期的。如果以史前状态为自然状态,而以明确的思维工具语言文字出现作为进入文明的标志,那么在这两者之间还存在一个非常漫长的过渡阶段。在这期间,一方面由于劳动生产实践使人类自身求生的技能不断扩张,语言和思维能力不断提高,与此相应的社会文明程度也在不断提升;另一方面,在不断文明化的同时,由于物质生活和精神生活需要不断增强,而又局限于思维能力的低下,于是便创造了文明人诞生之前的神话形式。司马迁凝聚和改革神话功能的意义在于,既能将上古神话正本清源赋予新的意识形态,又给我们描绘了一幅即将彻底摆脱蒙昧社会的蓝图。从客观方面说,大大缩小了人们对从史前蒙昧时代到文明时代思考的时间和空间,与此同时,又能适时地给现实中的文明人以警示。作为已经进入文明社会的思想家,在无数次战争尤其是刚刚过去的楚汉相争确立起来新的社会秩序面前,对汉代不易取得的历史进步和文化成就,不得不进行一次逆向反思:文明和文化实际上是以另一种不文明非文化的方式为代价而取得的,是以竞争、掠夺、欺诈和杀戮的被认同作为代价的。即使在相对稳定的建设时期商贾的乘势攫

---

① 亚里士多德:《诗学》,罗念生译,人民文学出版社1962年版,第89页。

利也不亚于战争时期的你争我夺,至于"军士之勇在为贾,流氓之轻生在为财,妓女之卖笑在为奔富贵"更是社会的丑恶现象,因此"文明每前进一步,不平等也同时前进一步"[①]。于是在物质生产较为发达的同时,私有观念、利己主义不同程度地泛滥,使司马迁感到人类道德的堕落,产生一种失落感。不过由于神话的历史化缩短了这一过渡的时间和空间,因而处于"失乐园"中的人们可以借助于昨日的"世外桃源"暂时得到慰藉。这就是用历史神话映照现实,以现实反观历史的具体含义。

应当指出的是,《史记》中的政治神话体现出来的整体性功能结构特征,集中表达了司马迁对于一个理想境界的设想:一个以黄帝为代表的组织系统和一个以先王为代表的思想系统,二者在既分离又结合的矛盾运动中共同缔造了一个更为理想的社会形态,这是值得我们深而思之的。

(二)局部性功能

局部功能就是神话意象功能,表现为抒情的功能、点化主题的功能以及反讽的功能。

抒情是《史记》作为"无韵之离骚"最重要的美学特征,也是神话意象功能结构极其重要的一个方面。何以如此?因为任何一个神话意象都是呼唤英雄、歌颂英雄的产物。无论是以刘邦的梦蛟龙为代表的感生神话,还是以陈涉起义的谶语为代表的政治神话,无论是对项王英武行为的夸饰,还是对李广武艺的诗化、神秘化,都是浪漫的、抒情的。正像马克思所言"任何神话都是用想象和借助想象以征服自然力,把自然力加以形象化",因而不能不带有抒情的功能。

以往关于神话的产生动因基于两个方面的理由:一是原始人认识世界、改造世界的需要,一是情感表达的需要。认为创造神话不过是以一种文化符号形式表达个体或集体的心理情感——斯宾塞斯如是说,而卡西尔则明确指出神话是人类情感的意象表现。其实关于神话起源于情感的观点正合于艺术的发生乃在于激发情感一说。如果这样来认识神话意象功能不能不说有一定道理,神话的确并非文明社会的意识形式,也不是一种自觉的创造,而是情绪或情感的

---

① 恩格斯:《反杜林论》,中共中央马克思、恩格斯、列宁、斯大林著作编译局译,人民出版社1970年版,第59页。

表现。但这种情绪或情感并不像现代人那样直抒胸臆,作为一种古老艺术是经过符号化的语言系统或图腾舞蹈等巫术活动再现出来的。可以想象,在图腾活动的背后,原始人是多么富有感情!而一般的卜祝更是在充满情感的氛围中展开的。所以在整体性神话中情感的参与不一定自觉,而在神话意象乃至成为政治神话之后肯定渗透着作者的情感欲望。可见神话意象的诞生并非仅仅为了认识和解释自然世界,最为重要的是,它还是人类情感以符号化的形式对心理活动的一种表达。

神话意象的第二个功能是点化主题。所谓点化主题,指的是在尊重神话叙事规律的前提下,赋予必要的政治理念或道德理念,突出主题思想。

点化主题功能首先体现在对一个部族一个国家前途和命运征兆性的暗示中。如刘邦夺取天下之先,就有赤帝子腰斩白蛇之说。这里面隐藏着什么密码,有何玄机?个中消息只在《封禅书》才有所透露:"秦襄公既侯,居西垂,自以为主少皞之神,作西畤,祠白帝。"又说秦"文公黄蛇自天下属地,其口止于鄜衍。文王问史敦,敦曰:'此上帝之征,君其祠之。'于是作鄜畤,用三牲郊祭白帝焉"。白帝既然是秦人的至上神,那么杀白帝则具有"取而代之"的潜在意义。

点化主题的功能还表现在个人命运的安排上。

据《留侯世家》记载,张良为一老翁取履,因其态度虔诚,老翁在反复考验之后赠其一部《太公兵法》。老翁自称谷城"黄石",预言十三年后定会相见。此书使张良在辅佐刘邦打天下定天下的政治军事活动中屡建奇功。根据张良在刘邦取得政权之后急流勇退的思维定式,难免让人猜测《太公兵法》中本来含有道家一类的处世哲学,不然为何在汉王还未建立政权之前就已悟出"狡兔死,走狗烹;飞鸟尽,良弓藏;敌国破,谋臣亡"的道理?这一神话意象的作用就在于它预见到张良这位修养极深的谋臣由隐忍而屈伸又由屈伸走向明哲保身的道家之道。

神话意象的第三个功能结构是反讽。所谓反讽,即是在不露声色、貌似肯定的叙事中,以其结局的相反性暗示出否定性主题思想。《史记》神话意象大多集中于《封禅书》中,封禅之事起源于历朝历代君主因好大喜功而掀起的祭拜天地山神的活动,但《封禅书》并非仅仅记载各朝各代君主祭祀天地山神,而是包括了所有的神祇、所有的庆典之事。最早的祭祀作为一种特殊的文化形式,本来仅仅是为了满足前科学时代人们企图改变自然法则的一种愿望,而引入封禅也只不过为了适应古代帝王为获得政治地位的合法性而寻找神学依据。至于汉武帝的"封禅",纯粹是一种欺骗世人、欺骗自己的迷信炒作,"封禅"实际上成了傻子和骗子共谋的丑剧。由此观之,《封禅书》并不是还原神话或创造政治神话,而是要揭穿李少君一类政治骗子误国误民的真实面目,揭露愈演愈烈的"封禅"活动的虚妄性。当然司马迁碍于君臣情面又不能直接戳穿汉武帝劳民伤财的滥祭淫祀行径,只能采取顾左右而言他的影射之法间接地予以批判。清人牛云震说:"《封禅书》是一篇讽刺文字,开端起手却极庄重高古,似与长卿《封禅书》颂美之文同一格体,令人不觉有其讽刺之旨,此大手笔笔法深妙处。"[1]同时代的学者锺惺对此赞不绝口:"此书妙在将黄、虞历代祭典与封禅合二为一,将封禅与神仙牵合为一,又将河决匈奴诸事与神仙牵合为一,似涉傅会,而其格格不相蒙处,读之自见。累累万余言,无一着实语,每用虚字诞语翻弄,其褒贬自在其中。"[2]正因为《封禅书》有以上"笔法",故非一般讽刺而是故作堂皇之语的反讽。

鉴于司马迁已将上古神话传说文明化、政治化,因而它还有一个更大的功能:结束神话时代,开始人的历史。

---

[1] 杨燕起、陈可青、赖长扬编:《历代名家评〈史记〉》,北京师范大学出版社1986年版,第442页。

[2] 杨燕起、陈可青、赖长扬编:《历代名家评〈史记〉》,北京师范大学出版社1986年版,第440页。

附录：

《史记》研究方法论管见

　　方法论就是论方法，它是在研究方法的过程中形成的理论依据。为什么要对研究方法进行讨论？首先，这是一切科学研究必须解决的问题。方法得当，事半功倍；方法不当，事倍功半。《史记》作为一部百科全书式的巨著，司马迁作为一个享誉世界的文化名人，自然应当接受一个放之四海而皆准的科学方法的探讨和研究，唯有如此才能在更广阔的视野中获得历史性的进步和收获。其次，就《史记》和司马迁的历史研究而言，虽然从《史记》诞生的那一天起，就有不同的意见和争论，甚至发生互相攻讦的不正常现象，但是就整体性的研究局面来看，历代的学者都想见前人之所未见，发前人之所未发，只不过由于方法欠缺，手段匮乏，难以取得大的突破。历史发展到今天，新的时代更需要新的方法，可以说，我们这个新的时代比历史上任何一个时代的文化都更加昌明，因而我们这个时代比历史上任何一个时代都更加重视对《史记》和司马迁的研究，然而现代批评家操持的武器不见得比以往更加精良，他们既不能避免重复别人，也不能够避免重复自己。再次，是《史记》研究走向世界的需要。就一般的理解，走向世界包括两个方面：一是研究成果影响的广泛性，二是研究水平的超前性。前者指的是影响的广度，后者指的是影响的深度。据笔者所知，这两个方面做得都不尽如人意。对于后一个方面，我们还缺乏应有的意识和应对措施。例如对于日本学者研究的印象只停留在对泷川资言的《史记会注考证》上，而此后的研究尤其以新方法进行的研究，并没有引起足够的重视。从司马迁诞辰二千一百四十周年国际学术讨论会收到的论文看，日本等海外学者的研究，不但论理细腻，方法也比较新颖。如大田加代子的《〈史记〉中所见"辩"字之概念》，就渗透着符号学的方法意向。渡边本彦的《〈史记〉中的"三段表现"》就带有叙述学的味道。过去我们总认为中国是司马迁的故乡,中国学者的研究最有权威性,看不到海外学者的优长之处,或者只承认他们对史实的考订翔实,而无视他们接受的新方法,因而难以与海外学人对话,也难以走出循环的怪圈。笔者认为,《史记》研究要与世界接轨,方法论问题不解决,就是一句空话。所以方法论不是一个方法问题,而是一个研究视野和研究理念的问题。它不仅决定着研究的品位和深度,也决定着研究对象的命运,因而方法论的自觉直接影响《史记》的话语权。

一、《史记》研究的历史和现状

《史记》研究几乎与《史记》文本的历史一样悠久。如果从唐代的《史记正义》和《史记集解》问世算起,也已有一千五百年。如果从汉代文人们自觉地传播算起,时间就更长了。其间虽然也有虚妄和谬见,但对于《史记》这一文化遗产的发扬光大毕竟起到有力的推动作用。因而可以说,绝大部分学者的传播态度是严肃的、积极的,就其主导性而论,大致有朴素唯物主义、历史唯物主义。当然这里所讲的方法是个大概的界定,它们并不可能完全分开,况且它首先是一种世界观和世界观制约下的方法论。在某种世界观和方法论的指导下,还可以运用多种具体方法。比如说,对《史记》文本所述人物的事迹、时代语境和典章制度,以及司马迁生卒年月的考证就是一种历史还原法。它试图通过翔实的考证,纠正《史记》文本与史实不尽一致之处,经过有限的复原,还世人一个比较清晰的史实。而考订、补续又是对《史记》文本的还原,简称文本还原法。因为《史记》在长期的交流、抄写、刻印的过程中,个别文字乃至部分章节总有一些人为的讹衍和遗漏,利用经学等方面的知识予以弥补,是顺理成章的事。故而乾嘉学派的考据之风,在新的历史条件下,仍然是一种十分实用的方法。从宏观上看,无论历史还原法还是文本还原法都可以看作是历史唯物主义和朴素辩证法的结合,而具体的方法则接近于乾嘉考据之法。此外还有个别学者运用比较史学观念,对人物或历史事件进行横向比较,如《班马异同论》《〈史记〉与英国小说比较论》,而比较无非是为了扬长避短、增进交流,所以应该是一种跨语言、跨文化的深层次研究。

正因为前贤和同辈学者部分地运用了较为科学的方法,孜孜不倦地为《史记》研究注入新的理论血液,《史记》和司马迁研究不断得到突破,取得的成果越来越丰硕,也越来越可靠,《史记》由此成为一门"显学"。但也不能不承认,无论过去还是现在,在方法上还存在一些值得商榷的地方。

人们也许还记得,20世纪50年代由于受某种思潮的影响,历史学界、文学界莫名其妙地掀起一股美化古人的风气,表现在司马迁研究中就是将具有"人民性"的《史记》夸张为"人民的历史",视《史记》的作者为人民历史的开创者。这种反历史主义之风,既不符合司马迁的创作思想,也不符合《史记》所述的客观历史,理所当然地受到抵制。几乎与此同时,有人又从极"左"的角度全面否定司马迁和他的《史记》,他们歪曲《史记》的"人民性"思想,将司马迁说成是地主阶级的代表。这实际上是用今人的标准苛求古人,用一种现象掩盖另一种现象,这就使本来正常的《史记》研究陷入进退维谷的境地。

今天,当思想解放的春风吹遍神州大地的时候,昨日的梦魇一去不复返,在这种气氛中,苛求贬低司马迁的做法不可能再有了,但是混淆是非、颠倒历史的暗流却似断实连,突出的表现就是通过虚构史实,利用司马迁对待刘邦和项羽的不同态度和矛盾心理,刻意美化楚汉相争的失败者,从而达到改写历史、颠覆历史理性的目的。另外,也有人不自觉地将司马迁打扮成"全知全能"的上帝,将《史记》看作一部无所不包的"百科全书",认为它的功能无远弗届,变相制造有关司马迁的"神话"。其突出做法表现在以下几个方面。

第一,从实用主义出发无限制地阐发司马迁的经济思想。

新时期以来,随着经济建设的需要,经济思想研究成了一项重要课题,借鉴古代的、外国的经济理论成为一种时尚,于是也就有了对司马迁经济思想的发掘,这本来是一件极为正常的计划,无可厚非。可以说目前这方面的研究尚处于初级阶段,亟需进一步挖掘。因为《史记》中确实记载着汉代和汉代以前的经济现象,充斥着一定量的经济活动,尤其像《货殖列传》,由于它集中反映了司马迁在物质生产和精神生产、商品生产与商品流通方面的辩证思想,因而受到特别的关注,开掘得也比较深入。然而也有个别学者在此问题上不够慎重,当他们发现《史记》已经不能完全满足自己旁门左道的理论诉求时,不惜采取"六经注我"的方式"走捷径",不负责任地将处于初级阶段的经济观点引申为商品经济思想,又将略带商品流通的思想阐释为市场经济思想,然后用它来指导我们今天的经济建设。这种做法实际上违背了司马迁的本意,无论如何都是不可取的。

第二,为研究而研究,扩写《史记》。

有一种流行的观点认为《史记》是一部百科全书。笔者认为这句话是在非严格意义上讲的,不过是一句形象的说法而已。《史记》或许涉及天文、地理、农学、兵学、医药卫生等方面的内容,但并不一定表明它在这些方面都有精准的见解和深刻的论述,因此学者没有必要殚精竭虑地在每一个领域进行整理或开掘,也不需要将属于蛛丝马迹的一丁点知识夸大为一个系统来研究。有学者不是从《史记》的现有文本出发,而是从一己之趣味出发"做文章",将"项羽是个成功的英雄"一说写为一部专著,这就走到了学术研究的反面,没有任何意义了。

第三,将"《史记》所述"全部误作司马迁的观点予以张扬。

这是一个极为普遍的问题。长期以来,一些学者在分析研究《史记》时几乎都未曾意识到这一点,认为凡《史记》记载的内容都表达了司马迁的观点,反映了司马迁某种意识或观念,因而理所当然地将"《史记》所述"的全部内容当作司马迁本人的观点加以评价,忽略了这部史书"实录"的基本特征。有人认为,"实录"同样可以证明作者对某一人物、某一历史事件的基本态度,为何一定要将它与司马迁本人硬性地区分开来?这话要作具体分析,假如实录的是文物、河流(例如《河渠书》)和社会风俗,那么这种实录一定是客观的;假如实录的是人的历史、人心的历史以及某种社会现象,那就一定带有作者主观的理解和评价。它们的关系相似于艺术中的符号与艺术符号的关系。前者具有指称性、客观性,而后者具有表情性、主观性。如果对此不加以区分,笼统地将《史记》文本中的自然现象、社会现象、精神现象当作司马迁的思想来看待,势必引起意义解释中的混乱。

以上所述的几种错误做法,已经或正在形成《史记》研究中的负面效应,如不加以纠正就会造成更大的矛盾。怎么办?我们只能求助于新的历史唯物主义——或者称之为开放型的历史唯物主义。

二、坚持开放型的历史唯物主义

依笔者所见,历史唯物主义是唯一正确的历史科学方法论。正如列宁所指出的:"唯物主义历史观始终是社会科学的同义词"[1],而且"是唯一的科学历史观"[2]。又说:"历史唯物主义已不再是什么假设而是科学检验的理论了;十分自然,这种方法也必须适用于其余社会形态。[3] 因此,坚持历史唯物主义应是历史科学工作者共同持有的态度。历史唯物主义本身就是在与唯心主义的斗争中诞生的,也是在与唯心主义的斗争中发展起来的。它犹如一把解剖刀,曾经无情地揭露过形形色色的非历史主义思潮,为科学的历史研究方法的确立立下了汗马功劳。

尽管如此,历史唯物主义仍然面临各种各样的挑战。一概否定历史唯物主义学说的观点在今天已经退场,但是对历史唯物主义产生误解的还有一定市场,而误解多半来自认识上的模糊性。"这种模糊认识可以归纳为两种类型:把历史唯物主义方法理解为唯物史观的一种功能,而不是把这种方法看作唯物史观的本质规定;或者反过来,将历史唯物主义仅仅视为一种具体方法,而不是当作世界观中的方法论去运用。

针对第一种认识,笔者想指出的是,历史唯物主义既是望远镜又是显微镜,没有这种方法,就不可能产生历史性变革。反之,唯物史观本身也是一种方法,一种社会科学的研究方法。它是历史本体论和历史方法论统一性的结合,这种统一性是唯物史观赖以安身的根本,因此不能说唯物主义只解决世界观问题而不具备方法论性质。

第二种观点也是站不住脚的。唯物史观固然是一个根本的方法,但与这种方法相联系的还有阶级分析法、现代解释学、科学抽象法、归纳法、演绎法等。可以说没有历史唯物主义这个根本之法,其他的具体方法便不会诞生,即使诞生也会短命。总之,历史唯物主义是马克思主义的历史哲学,这是迄今为止我

---

[1]《列宁全集》(第一卷),人民出版社1984年版,第112页。
[2]《列宁全集》(第一卷),人民出版社1984年版,第112页。
[3]《列宁全集》(第一卷),人民出版社1984年版,第115页。

们研究纷纭万状的历史现象唯一正确的道路,我们没有丝毫理由放弃这一先进的方法论。当然唯物主义的历史观并不是一个封闭的、以终极真理为目的的体系,它没有也不可能成为一切历史问题的现成答案。认为它是可以包罗一切现成答案的学说,恰恰是故步自封的表现。我们希望看到的是,历史唯物主义必须面对各种挑战实行自我反省、自我超越。同时也正像历史唯物主义的诞生是一种思维方式的变革一样,历史唯物主义在今天的发展同样需要一场思维方式的转变或革命,而思维方式转变或革命的前提是唯物主义的"怀疑论"。根据以往经验,"怀疑论"恰恰是颠覆思维定式的动力源。

怀疑并不是怀疑一切。怀疑的目的是解构既成思维的局限性、研究视野的狭隘性。"科学史和思想史告诉我们:科学家甚至对自己最好的理论也是非常怀疑的。牛顿理论是科学所曾产生的最有力的理论,但牛顿本人不相信超距的物体相互吸引。因此不管怎样虔诚,都不能使信仰成为知识。盲目相信一个理论不是理论的美德,而是理论的罪过。"[①]包括笔者在内,所有研究《史记》的同人是否应该反省一下:既然司马迁的思想中有儒家思想、道家思想,那么为何不能有一个"司马迁思想"?与此并行不悖的道理是,既然司马迁以怀疑精神草创《史记》,那么有无必要用这种精神怀疑一下司马迁本人?既然两者都是怀疑,我们为何对前者赞赏有加,而对后者避而不谈、讳莫如深呢?这个现象难道不值得深思吗?

三、批评模式的选择与应用

怀疑思维是思维变革的前提,也是历史唯物主义获得发展的前提。依笔者看,历史唯物主义要在当代获得更大进步,就必须注意批判、合理吸收现代西方历史哲学和历史理论的优秀成果。如果忽视对现代社会历史理论的汲取,将自我同现实的、社会的问题隔离开来,历史唯物主义就有可能沦为贴标签的工具,而不是放之四海而皆准的锦囊妙计。在此我们虽然不赞同它与后现代主义、弗洛伊德主义搞无原则的"捏合",或者用弗洛伊德主义、结构主义行使历史唯物主义的权力,但却应该而且可以在唯物主义思想的指导下,对新的社会科学研

[①] 伊·拉卡托斯:《科学研究纲领方法论》,兰征译,上海译文出版社1986年版,第11页。

究方法予以清理,尽可能地让它变成"攻玉"之石,为我所用。

笔者认为,在《史记》研究的方法论选择中,至少可以引进原型批评、精神分析批评、现代解释学、新历史主义批评及结构主义符号学等批评模式。

(一)原型批评

原型批评,顾名思义就是在文学作品中寻找"思想原型"或"精神原型"的一种批评模式。这种原型可以是神话人物、主题思想,也可以是其结构与形式,但主要是精神类型、品格范式、原始意象(集体无意识)。原型批评认为,每一个时代每一个作家事实上都在以不同形式、情节和手法叙述同样的故事。各民族的文学就像各民族的神话一样,具有普遍的原型和循环演变程式。原型批评家的任务就是以神话的眼光,从文本中辨认其基本形态,发现那些反复出现的原型因素,破译文本中的遗传密码,变成我们所理解的东西。因此原型批评是侧重神话学、文化人类学、图腾与仪式等方面的研究。

依照原型批评理论,对司马迁其人生地的研究,对司马迁深受影响的汉代各种思想的研究,都可以划归到原型批评模式之内。在这一方面,王增斌先生《司马迁生地与祠堂是一个地方》中的"龙文化"研究就是原型批评的一个很好的实践,可惜没有拓展开来。至于《史记》本身,更有文章可做。《史记》记载了大量的图腾与仪式,倘若对其进行发掘整理,一定会有新的发现。人物传记也是一个重要的研究方面。人物传记开首几篇所述的尧、舜、禹的事迹和品行,一方面是历史的追踪,另一方面又是作者经过长期观察和分析,对积淀、埋藏于汉代以前人们心灵深处的集体无意识的发掘和弘扬。《史记》中的神话人物和历史人物影响之大,竟然成为后世不少文艺作品的原型,这是难以想象的。后世小说、戏曲中的情节,在表现主人公诞生、发展、遭难、逆转或死亡时,大都与《史记》描写的故事情节有着一定的渊源。这说明,在《史记》中自觉引进原型批评方法,不仅可以做,而且可以做得更好。

(二)精神分析批评

精神分析批评是现代心理分析批评的一个分支。创立这一学派的代表性人物是奥地利精神病医生弗洛伊德。他奉行的理论是无意识,并且认为,人的心理是由本能冲动、前意识及意识三个部分组成。本能冲动也叫潜意识或下意识;前意识处于潜意识和意识之间,是它们二者的调停者,目的在于阻止无意识的本能欲望进入意识之中;而意识是按照道德原则压抑无意识本能冲动,只能使其得到伪装的满足。弗洛伊德认为在这三个部分之中,无意识占主导地位,是起支配作用的。弗洛伊德学说有五个支撑点——无意识、婴儿性欲、恋母情结(俄狄浦斯情结)、抑制和转移,其中恋母情结对文学影响较大。弗洛伊德学说的核心是非理性主义,认为本能的升华是文学创作的目的和任务,张扬本能的优越性,反对理性化的文艺创作。

由此可知,精神分析学说是建立在非理性主义基础之上的理论。如果认真加以改造,取其精华,去其糟粕,仍然可以作为分析司马迁心理效能和精神创伤的武器。如前所论,《史记》是司马迁在被处以宫刑的精神压抑下完成的。男子被阉割,自然萌生一种"自卑情结",产生一种偏执和嗜好。所谓"发愤著书""传畸人于天下"就是被压抑的性本能的一次成功的转移。他为孙膑立传,为项羽立传,其动因固然来自一个史学家的职责,但不可否认,也是性压抑导致的结果,是残疾的肉体和被伤害的心理自我疗救的方式之一。弗洛伊德在分析达·芬奇何以成为成就颇高的画家时指出,造就他的不朽的不是他的才华,而是他的性压抑——性压抑促使他完成了世界级名画《蒙娜丽莎》的创作。我们可以说,造就司马迁不朽的不仅仅是他的才华,而且有他的性压抑——性压抑促使他完成了世界级的文化名著《史记》的创作。

可见精神分析批评是一种十分有效的批评模式,可是这种模式并没有广泛地征服学界。学界不无担忧:如果将司马迁"性压抑"转移这一个案加以推广,是否有以偏概全之嫌?或者说,"发愤著书"能否当作普遍真理来看待?笔者认为精神分析批评的另一个理论家荣格的一段话语也许更具说服力:"艺术家的生活不能不充满冲突,因为他身上有两种力量——一方面是渴望幸福、如意和宁静生活的普通人,另一方面是无限的创造激情,他可能走得那么远,以至使艺术家的每一个人黯淡无光。因此作为通例,艺术家的生活总是不称心的,且不说是悲惨的,这并不是命运险恶,而是因为他们在作为人和作为个人方面,是逊人一等的。一个人必须为他创造之火的神圣天赋付出高昂代价,这条法则是鲜有例外的。"[①]毫无疑问,当司马迁"为他创造之火的神圣天赋付出高昂代价"的

[①] 转引自陆扬《精神分析文论》,山东教育出版社1998年版,第126—127页。

时候,不但"发愤著书""愤怒出诗人"的普遍性在他身上得到验证,而且促使"发愤著书""愤怒出诗人"这一普遍规律的动力——潜意识等非理性因素的作用也同样得到确证。

(三)结构主义、符号学与叙事学的批评模式

《史记》的结构框架、述史模式,是近一个时期许多学者都在探索的问题,尽管此举并非严格的结构主义批评,但与之总有一定的联系。依笔者之所见,司马迁在构筑《史记》这一伟大工程时毕竟有一个企划模型,这个模型应该体现一个什么样的观念,作者是明确的。在这个模型中,先构造什么,后构造什么,何者为纲,何者为目,作者也是清楚的。十二本纪、十表、八书、三十世家、七十列传,作为抽象的十二、十、八、三十、七十数字都有其意向性蓝图。这些前人虽有研习,但是仍然有人不甚明了,因此需要从结构主义的角度进行分析。

流行于西方的结构主义理论却是在"二元对立""深层结构"这样的关键词上大做文章。所谓二元对立,就是将《史记》分出若干结构成分,并在这些结构成分中找出对立的、有联系的、排列的、转换的关系,从而认识到《史记》不是单一的平面结构,而是复杂的网状结构。就它们的关系来说,整体决定部分,部分是整体的一个有机组成物,部分变化必然引起整体变化,因此各个部分之和必然大于整体。

将上述理论贯彻到典型人物的分析之中可以发现,在刘邦、项羽等人物身上,人物性格内涵都是由极其矛盾的两个方面组成的:善与恶、真与伪、谦恭与骄横、自尊与自卑、聪明与愚蠢、气壮如牛与胆小如鼠、有礼与无礼等等。但"二元对立"是方法,不是目的,目的是要重组一个形象的符号世界。

结构主义相当注重"深层结构"研究,但这里的"深层"是不能直观的,而是凭借思想来探寻、来建构的。美国结构主义文论家居莱恩提出,文学史也有一种系统或结构倾向,"在那缓慢然而又是不停变化的这个文学领域内存在的一种顽强、深刻的'秩序意志'"[1],这就是文学发展背后的深层结构。故而结构主义强调文学的结构模式,而建构模式是为了抽象和规范每篇作品的叙述内容,使其变成可操作性的研究——例如人物传记虽然各篇有各篇的写法,但整个传

---

[1] 克劳迪欧·居莱恩:《作为系统的文学》,普林斯顿1970年版,第375页。

记都有着一致的写作程式。所以总的说来,结构主义批评偏重于对形式因素的研究。

符号学或文艺符号学与结构主义有一定联系,又有很大区别。简言之,符号学侧重于语言的用法和意义、艺术形象的意义的探究。在人物传记中,对叙述人称、叙述风格、叙述时间和空间的研究也属于符号学或文艺符号学的范畴。

后现代主义叙事学也是近几年引进的新的研究方法,此种叙事学也被称为新历史主义叙事学。创立这一理论的美国学者海登·怀特以"元历史",尤以"思辨的历史哲学"风靡一时,他的方法论力图建立一整套阐释原则的框架,以说明历史发展的规律性。在"元历史"的光环之下,历史不再是以偶然的、非连续的事件展开,而是一个必然的、连续的演进过程,于是给人类历史提供了一个自我封闭的解释模式,从而为历史发展的整体进程展示一个总方向。在海登·怀特看来,历史的理解是一种语言结构,是"以叙事散文话语为形式的语言结构",对这一结构的研究属于"深层结构研究"。而叙事话语或者历史话语的提出以及话语转义的几种方式给我们年深日久的历史学研究开了新生面,他认为话语是一种权力,话语的基本功能是阐释,阐释使历史更加诗意化。

除了以上几种批评模式,还有传统的解释学和现代解释学方法、实证主义方法等等。这些是更实用更有价值的几种方法论,由于笔者在前述的某些章节对它们已经作了较为详尽的讨论,此处不再赘述。需要说明的是,上述几种新方法,并不是一个单纯的技巧,而是在新观念指导下的新的批评模式。新方法的引进实际上是一场范式革命和思维方式的变革,是以一种新视角观察历史现象、分析历史人物的尝试,因而能够使司马迁和《史记》研究出现一个前所未有的新景观。

1998年立春于陕西师大红楼

参考文献

[1]杨锺贤,郝志达主编.文白对照全译史记:第5卷[M].北京:国际文化出版公司,1992.

[2]杨燕起,陈可青,赖长扬编.历代名家评《史记》[M].北京:北京师范大学出版社,1986.

[3]张新科.史记学概论[M].北京:商务印书馆,2003.

[4]沈国元.史记论赞[M].西安:陕西师范大学出版总社,2015.

[5]司马迁与《史记》研究,西安:陕西人民教育出版社,1995.

[6]韩兆琦.史记选注汇评[M].郑州:中州古籍出版社,1990.

[7]韩兆琦.史记通论[M].桂林:广西师范大学出版社,1996.

[8]韩兆琦.史记题评[M].西安:陕西人民教育出版社,2000.

[9]张大可,俞樟华,王明信,等.司马迁一家言[M].西安:陕西人民教育出版社,1995.

[10]陈桐生.史记与今古文经学[M].西安:陕西人民教育出版社,1995.

[11]柯林武德.历史的观念[M].何兆武,张文杰,译.北京:商务印书馆,1997.

[12]海登·怀特.后现代历史叙事学[M].陈永国,张万娟,译.北京:中国社会科学出版社,2003.

[13]斯科尔斯,费伦,凯洛格.叙事的本质[M].于雷,译.南京:南京大学出版社,2015.

[14]李幼蒸.理论符号学导论[M].北京:中国社会科学出版社,1993.

[15]叶秀山.思·史·诗:现象学与存在哲学研究[M].北京:人民出版

社,1988.

[16]张祥龙.海德格尔思想与中国天道[M].北京:生活·读书·新知三联书店,1996.

[17]田海龙.批评话语分析:阐释、思考、应用[M].南京:南开大学出版社,2014.

[18]章建刚.马克思主义实践观与符号概念[J].哲学研究,1993(3):24-32.

[19]邓生庆.传统文化典籍的符号学特征与典籍阐释[J].哲学研究,1993(1):26-33.

[20]赵沛霖.中国神话的分类与《山海经》的文献价值[J].文艺研究,1997(1):95-104.

[21]庞朴.一分为三[M].深圳:海天出版社,1995.

[22]朱立元.当代西方文艺理论[M].上海:华东师范大学出版社,2005.

致　　谢

我的《〈史记〉文化符号论》一书是在1998年由陕西师范大学出版社出版的。二十多年后修订这本小书,感到有许多话要说。

我是1994年春天无意中走进符号学这个深不可测的殿堂的。确切地说,是我的好友陈建忠教授将我带入这个神圣的学术领域的。当时的文化背景是,符号学刚刚传入中国,许多大学就有了接受的愿望,外国语学院的老师捷足先登,不仅开设了符号学这门课,而且还利用少有的学术刊物,发表了一些论文。受到这种风气感染,在难得一见的日本著名符号学专家池上嘉彦先生的《符号学入门》的启发下,我也尝试着写了一篇题为《意向的符号学分析与矫正》的论文。这篇论文发表在《陕西师范大学学报》上,引发了不小的轰动。就是这篇论文使我有资格参加1994年的全国语言—符号学成立大会暨第一届年会。所以我首先应该感谢陈建忠教授的引领。

让符号学与《史记》研究联姻,并不偶然。司马迁是陕西韩城人,研究司马迁是我义不容辞的义务。这位文化先行者的思想,倘若能在我辈的努力下发扬光大,则是我们的荣光。而这个愿望就成了我将司马迁和《史记》研究进行到底的无穷无尽的动力。从1993年起,我几乎年年参加司马迁和《史记》研讨会。在此期间发表了多篇论文,经过筛选,我将其中的一部分结集为《〈史记〉文化符号论》并出版。这部专著同样得到同行专家的好评。因此我应当向对我的学术研究给予充分肯定并不断提供研究条件的张新科教授、吕培成教授表示衷心的感谢。

国内著名符号学专家、现任语言与符号学学会会长、天津外国语大学副校长王铭玉教授在他的《中国符号学》的长文中,肯定了我的研究成果《〈史记〉文化符号论》。引领符号学研究的大家、著名西方文艺理论家赵毅衡教授却从我的《史记》研究的视野和态势,看出中国学界形式主义转向的可能性。这一关注令我感动。在这里,谨以知音的名义对赵毅衡教授表示感谢,尤其对长期以来与我交往甚善并且在学术上一如既往支持我的王铭玉教授表示特别的感谢!

随着专著《〈史记〉文化符号论》《人的自我发展与符号形式的创造》和有关论文相继问世,《北京大学学报》等刊物不断转载我的论文,我的新朋友越来越多。他们十分热情地邀请我参加有关学术会议,给我更多的交流机会。随着国际上符号学研究的广泛开展,我的研究视野也不断地拓展。最近几年我已经深入到较为陌生的现象学和生命符号学研究领域。这是一个较有难度的深水区,对自己来说无疑又是一个更大的挑战。

感谢老校长赵世超对我学术研究和文学创作的大力支持!没有他的支持,某些重要学术会议我是无法出席的。

感谢父母的在天之灵!没有他们,我的论文只能写在被郑国渠浇灌的庄稼地里。

感谢一直以来全心全意关心我、支持我的妻子和女儿!没有她们,我则无法走出"忧郁的热带"。

谨向对我的教学和研究一贯关心和鼓励的畅广元先生表达弟子的感谢之意。

感谢杨辉教授、马佳娜博士一直执弟子之礼对我生活和学术研究给予特别关心,尤其感谢他们在我修改《〈史记〉文化符号论》过程中给予的技术性支持。

最后,还要再次感谢张新科院长对我的《〈史记〉文化符号新论》即修订增补版的《〈史记〉文化符号论》出版的慷慨资助。

向陕西师范大学出版总社编辑冯新宏同志的辛勤劳作表示谢意!他一丝不苟、求真求美的严谨作风使我的新著锦上添花。

齐效斌
2020 年冬月于老校区 2 号高层寓室